U0487749

教育部人文社会科学重点研究基地四川大学南亚研究所

中印制造业贸易与投资合作研究

肖进杰 梁淋渊 金冥羽 ◎著

国际文化出版公司
·北京·

图书在版编目（CIP）数据

中印制造业贸易与投资合作研究 / 肖进杰，梁淋渊，金冥羽著 . ——北京：国际文化出版公司，2022.6
ISBN 978-7-5125-1416-4

Ⅰ．①中… Ⅱ．①肖… ②梁… ③金… Ⅲ．①制造工业-国际合作-研究-中国、印度 Ⅳ．① F426.4 ② F435.164

中国版本图书馆 CIP 数据核字（2022）第 068300 号

中印制造业贸易与投资合作研究

作　　者	肖进杰　梁淋渊　金冥羽
统筹监制	吴昌荣
责任编辑	马燕冰
品质总监	张震宇
出版发行	国际文化出版公司
经　　销	全国新华书店
印　　刷	北京虎彩文化传播有限公司
开　　本	710 毫米 ×1000 毫米　　16 开 17.75 印张　　　　　　280 千字
版　　次	2022 年 6 月第 1 版 2022 年 6 月第 1 次印刷
书　　号	ISBN 978-7-5125-1416-4
定　　价	88.00 元

国际文化出版公司
北京朝阳区东土城路乙 9 号　　邮编：100013
总编室：（010）64271551　　传真：（010）64271578
销售热线：（010）64271187
传真：（010）64271187-800
E-mail: icpc@95777.sina.net

目　录

绪论 …………………………………………………………… 1

第一章　核心概念及理论基础 ………………………………… 39

第二章　中印制造业贸易与投资合作现状 …………………… 57

第三章　中印制造业贸易与投资便利化——基于南亚国家面板数据的测算与实证 …………………………………… 103

第四章　中印制造业贸易与投资合作面临的机遇 ………… 145

第五章　中印制造业贸易与投资合作面临的挑战 ………… 165

第六章　中印制造业贸易与投资合作潜力实证分析 ……… 217

第七章　中印制造业贸易与投资合作的对策建议 ………… 245

参考文献 …………………………………………………… 255

后记 ………………………………………………………… 277

绪论

第一节 研究背景

2008年全球金融危机以后，世界各国经济有所复苏，全球制造业出现过短暂的活跃期，甚至在一定时期内呈现出大幅度增长的现象，例如"2014年第一季度世界制造业产值上升了5.1%"[①]，同时也推动了全球制造业贸易与投资发展，如2010年全球制造业贸易出口额年增长率达到了20.38%；全球（含制造业在内的）FDI[②]流量在2016年至2018年连续三年下滑之后，2019年有所回暖，2019年全球FDI流量达到1.53万亿美元。[③]然而，随着全球化的发展以及各国之间的制造业贸易与投资活动越来越普遍，全球制造产业链上任何环节的断裂都会产生巨大冲击，特别是全球重大公共卫生突发事件——新冠肺炎[④]疫情——对全球制造业商品供应与需求，以及制造业投资供求关系都产生了巨大的负面影响。除中国之外的全球其他地区的新冠肺炎疫情在持续恶化，极大地阻碍了全球经济复苏的步伐，全球制造业增速放缓，制造业贸易与投资呈下降态势。据联合国贸易与发展会议（UNCTAD）统计数据[⑤]显示，受新冠肺炎疫情影响，全球制造业贸易出口额年增长率由2019年的负9.53%增加到2020年的负10.72%；包括制造业在内的全球外国直接投资流量总额由2019年的1.53万亿美元下降到2020年的1万亿美元，下降了三分之一以上，是自2005年以来的最低水平，比2009年全球金融危机后的低谷又低了近20%。一方面，由于世界范围内疫情反复无常，在

---

① 数据来源：联合国工业发展组织数据库，www.unido.org/statistics。
② FDI（Foreign Direct Investment）在国内主要指外国直接投资的流入，有些文献会称之为外商直接投资。所以在本文中用FDI指代外国直接投资的流入。
③ 数据来源：联合国贸发会议数据库，https://unctadstat.unctad.org/EN/。
④ 全称为新型冠状病毒肺炎（COVID-19）。
⑤ 数据来源：联合国贸发会议数据库，https://unctadstat.unctad.org/EN/。

中印制造业贸易与投资合作研究

一定程度上扰乱了全球市场制造业产品的需求;另一方面,由于制造产业原材料价格过快上涨推升了世界各国经济运行成本,给世界各国制造产业供给侧的复苏带来巨大的影响,全球制造业发展再次陷入低迷阶段。与此同时,受国际经济、科技、文化、安全和政治等格局深刻调整,以及一些国家逆全球化政策的兴起,保护主义和单边主义抬头,经济全球化和区域经济一体化遭遇挫折,全球制造业发展格局出现新的变化,也给全球制造业贸易与投资活动带来一系列的不确定性。不过,从历史的视角看,全球重大公共卫生突发事件等灾难只能是短暂地影响经济发展,如鼠疫与新冠肺炎疫情等事件虽然导致经济保护主义的回归和国际贸易量与投资量的波动,但这并不能阻断经济全球化的进程。

作为两个相邻的大国——中印制造业贸易与投资关系也不可避免地受到新冠肺炎疫情的冲击以及地缘政治与边界摩擦等因素的影响,进而使中印制造业贸易与投资合作关系受到负面影响。经过改革开放40多年的发展,中国已经成为发展中经济体中规模最大的外国直接投资的来源地和目的地[①],而且包括制造业在内的中印双边直接投资也保持了一定的增长态势。中国对印度(含制造业的)直接投资流量由2003年的15万美元,上升到2015年的7.05亿美元。印度对华投资则由2003年的1593万美元上升到2015年的8100万美元。然而,近年来受中印双边关系波动等不利因素的影响,中印双边(含制造业的)直接投资发展又有所减缓,2019年中国对印(含制造业的)直接投资流量仅为5.35亿美元,而印度对华的投资仅为0.26亿美元。[②]2020年,在中印两国于加勒万河谷边境地区发生冲突[③]时,印度

---

① 2019年中国的OFDI流量和存量分别占全球当年流量、存量的10.4%和6.4%,世界排名分别为第2位和第3位。数据来源:联合国贸发会议,《2020年世界投资报告》,https://unctad.org/。中华人民共和国商务部、国家统计局、国家外汇管理局发布的《2019年度中国对外直接投资统计公报》,http://images.mofcom.gov.cn/hzs/202010/20201029172027652.pdf。

② 数据来源:中华人民共和国商务部、国家统计局、国家外汇管理局发布的对应年度的《中国对外直接投资统计公报》;中国国家统计局编印的相应年份的《中国统计年鉴》。

③ "西部战区发言人张水利大校就中印边防人员位加勒万河谷地区冲突发表声明",中国军网,2020年6月16日,http://www.81.cn/jmywyl/2020-06/16/content_9836202.htm,2020年10月11日。

以涉嫌危害国家安全为由宣布禁用了超过200款中国APP。①同时,受到新冠肺炎疫情等因素的影响,2020年中国对印直接投资流量也降至2.05亿美元,印度对华直接投资流量仅为0.12亿美元。在制造业贸易方面,中印双边贸易总额在2019年和2020年连续下降。新冠肺炎疫情以及"印度禁用大量中国APP"事件为中印制造业贸易与投资关系造成了损害。

尽管如此,中印两大新兴经济体的制造业产业链、供应链与价值链不可能被人为因素或疫情因素所阻断。或许,这些暂时的不利因素将为中印制造业贸易与投资合作孕育新的契机。印度商工部公布的数据显示,2020年中印贸易总额达到了777亿美元,中国超越美国重新成为印度的最大贸易伙伴国,这主要得益于中国在新冠肺炎疫情中的出色表现;②同时,印度一直是中国在南亚地区最大的贸易伙伴。制造业作为发展经济的支柱产业,引起了两国的高度重视。中印两国分别制订了促进制造业发展的战略规划。作为"制造业大国"的中国,正在"加快建设制造业强国,加快发展先进制造业",提出了制造业转变战略,由"制造业大国"转向"制造业强国",并且制定了《中国制造2025》行动纲领;2014年莫迪政府上台以来,提出了"印度制造"计划,并出台了《国家制造业计划》。中印两国在制造业领域有很多互补的地方。经过几十年的发展,中国制造业有很多技术先进、绿色环保低碳的优势产业,且具有较强的国际竞争力,如汽车、钢铁、水泥等多种工业品的产量居世界首位,其中机床产量、造船完工量和发电设备产量分别占世界38%、41%和60%。③同时,中国和印度是世界上发展最快的两大经济体,是

---

① 在2020年6月29日,印度信息技术部宣布已禁用59款中国应用,参见赵觉理:"又拿'安全'说事!印度宣布禁用59款中国应用,包括TikTok和微信",《环球时报》,2020年6月30日。印度电子和信息技术部在9月2日发布公告禁用118款中国APP,参见"印宣布禁用118款中国APP,称其'参与危害印度主权与完整的活动'",环球网,2020年9月2日,https://world.huanqiu.com/article/3ziqjJLg14I0,2020年12月12日。在11月24日,印度电子和信息技术部宣布禁止43款中国APP,参见"印度再次宣布禁用43款中国APP,外交部:严重关切",澎湃新闻,2020年11月25日,https://www.thepaper.cn/newsDetail_forward_10134653,2020年12月12日。

② "外媒:中国重新成为印度最大贸易伙伴,且为最大贸易逆差来源",环球网,2021年2月23日,https://baijiahao.baidu.com/s?id=1692469095994860612&wfr=spider&for=pc,2021年4月1日。

③ "外交部长:外交部将为中国企业'走出去'牵线搭台",中国政府网,2015年4月28日,http://www.gov.cn/xinwen/2015-04-28/content_2854620.htm,2021年2月8日。

广大发展中国家的楷模,在国际贸易中存在着水平分工[①],这为中印制造业贸易与投资合作创造了良好条件。因此,中印制造业贸易与投资有着较大的互补性和广阔的合作空间。在全球制造业发展的新形势下,中印两国制造业应该抓住机遇,推动"中国制造2025"和"印度制造"战略对接、相互契合[②],深化中印制造业贸易与投资合作关系,将促使中印制造业贸易与投资成为中印经贸合作关系中更为重要的组成部分。而且正因为中印边界冲突所造成的政治互信不足,更需要大力推动以制造业贸易与投资为引领的中印经济合作关系的深化与发展,并使之成为中印政治、安全、外交与文化交流关系的"压舱石"。或者说,在中印政治和文化关系这两根重要支柱都不稳定且更容易出现新的变化之际,努力发展中印制造业贸易与投资合作关系以强化中印经贸联系,是稳定中印双边关系的关键之策。

第二节 研究意义

一、理论意义

第一,中印制造业贸易与投资合作是经济全球化和区域经济一体化的具体体现,是中印制造业生产要素流动的全球化,也是中印制造业产业链、价值链与供应链延伸全球化的有机组成部分。因而,中印制造业贸易与投资合作研究在理论与实证层面,拓展了经济全球化和区域经济一体化的理论研究视域和空间。

---

① 中国社会科学院城市与竞争力研究中心课题组(倪鹏飞、袁匡济、康珂):"中国与印度的国家竞争力比较——《2010国家竞争力蓝皮书》成果系列",《中国市场》,2011年第3期,第24—34页。

② 中国外交部:"中印产能合作面临'天时、地利、人和'良机——驻印度大使乐玉成在'莫迪访华助推中印产能合作'研讨会上的讲话",2015年6月11日,https://www.fmprc.gov.cn/web/gjhdq_676201/gj_676203/yz_676205/1206_677220/1206x2_677240/t1272226.shtml,2020年6月7日。

绪论

第二,中印制造业贸易符合产业内贸易的理论要求。产业内贸易是有差异的同类产品内部进行的贸易,或者是一国同时出口和进口相同产业内具有较为严密的生产替代或消费替代关系的同类型的制成品的贸易活动。研究表明,中印制造业贸易合作属于产业内贸易活动。因此,本著作围绕中印制造业产业内贸易合作情况展开深入细致的分析与研究,力图促进产业内贸易理论发展,同时也丰富与验证了产业内贸易理论原理。

第三,本研究成果利用投资诱发要素组合理论和产业生命周期理论,来研究两个具有一定差距的发展中国家间的制造业相互投资合作关系,希望对中国与其他发展中国家之间和发展中国家与发展中国家之间制造业投资合作具有一定的启示作用。

第四,由于中印两国经济资源特点和制造业发展模式的差异形成了各自的优势产业,中印制造业产业互补性与竞争性同在,特别是中印两国制造业贸易与投资合作可以发挥两国各自的比较优势,从而实现优势互补,实现共赢性发展。因而,中印制造业贸易与投资合作研究能在一定程度上丰富与印证比较优势学说的合理性与实践应用性。

第五,从产业经济角度来看,当工业扩张到较大规模、工业制造高度发达,必然过渡到现代服务业快速发展的阶段。即使到了这个阶段,也不能走上"去制造业"的道路,因为制造业是技术创新的载体,也是一个国家竞争力的重要组成之一。[①]而且,从产业经济的角度来看,在市场经济条件下,各个产业之间均需要利用国内与国际两大市场、两种资源来实现协调发展。因此,在中国大力推动制造业高质量发展和印度大力振兴制造业的背景下,探索中印制造业贸易与投资市场合作关系的本质特性,并从学理层面来印证产业经济学的理论原理。

二、现实意义

第一,调整产业结构和转变发展方式,促进产业结构升级。中国经济进入新常态,需要转变传统的发展方式,促进经济向中高端产业发展;印度经

---

① 张雷:"后危机时代印度制造业政策调整及中国应对",《理论月刊》,2015年第6期,第183—188页。

中印制造业贸易与投资合作研究

济处在向高速发展的阶段，需要产业带动经济，扩大增量。中国可以利用印度巨大的市场需求，扩大发展空间，合理转移部分产业，转变经济发展方式；印度可以利用中国的资金、技术、人才、相关先进的设备促进本国制造业的发展，促进制造业升级，进而带动经济的快速发展。研究中印制造业贸易与投资合作现状，可以为双方制造业贸易与投资合作提供更好的合作方式。

第二，能改善双方贸易与投资合作状况。一直以来中印之间的制造业贸易存在巨大的不平衡，中国保持长期顺差，印度长期处于逆差状况。长期的贸易不平衡制约着中印制造业贸易的深化扩展，在这种情况下，加强制造业贸易就成为中印双方平衡贸易合作的有效路径。与此同时，我国可以将一部分过剩的制造业产能通过投资方式转移到印度，促进印度制造业快速发展。这既有利于加快我国制造业的优化转型升级，同时也能在很大程度上通过推动印度制造业发展，创造就业机会，解决印度国内的就业问题，而且还有利于促进中印制造业产业内贸易关系，缩小中印制造业发展差距，化解国际收支不平衡问题。

第三，能推动中印经济关系以及中印双边关系的改善。加强中印制造业贸易与投资合作，能够对中印经济关系的改善起到一个很大的推动作用。例如，中印制造业贸易与投资合作有利于拓展中印双方的经贸合作空间，促进两国的 GDP 增长，能够扩大中印两国的经济规模，增强双方的综合实力，提高中印两国的经济竞争能力；有利于促进产业创新，培植新的产业，增加就业，改善国民生活水平。因而，作为经济实力和国际影响力日益增强的两个发展中大国，开展制造业贸易与投资合作，是改善中印经济关系所需要的。

与此同时，中印制造业贸易与投资合作关系是中印关系的重要支柱之一。近年来，以小米、OPPO、VIVO、YUHO、TCL、海尔、美的为代表的一批中国公司纷纷奔赴印度投资，利用其廉价的劳动力和庞大的内需市场优势，获得了可观的经济利益。然而，如今印度政府却通过几次修改法律法规，对中国制造业相关产品及投资设置重重障碍，不仅加大了中国制造业相关产品出口到印度的难度，还提高了中资企业赴印进行制造业投资的门槛。因而，在中印关系遭遇近 40 多年来最大的冲击后，中印制造业贸易与投资合作关系，对双边关系的重要性更加凸显。

为此，通过分析中印制造业贸易与投资合作的发展现状和存在的问题，探索新形势下中印制造业贸易与投资合作面临的机遇与挑战,研究中印制造业贸易与投资合作关系的便利化水平及发展潜力,寻找一条修复乃至提升中印制造业贸易与投资合作关系的路径,具有十分重要的现实意义。

第三节 文献综述及评述[①]

一、关于中印制造业贸易与投资合作的现状

(一)关于中印制造业贸易合作现状

1. 中印制造业贸易规模呈现逐年上升的趋势,贸易结构也日渐改善,且表现出升级之态。中印两国主要的贸易形式是以工业制成品为主的制造业产品之间的贸易,制造业合作是两国经济合作的主要领域(张立,2020)[②],"除了2004年,2001—2012年双方工业制成品的贸易额占两国总贸易额的比重全部在60%以上……其贸易规模总体呈增长趋势"(洪洞洞,2014)。[③]而且"中印制造业贸易在货物贸易中所占比重由2011年的80.19%上升到2015年的95.23%"(秦卫娜,2017)[④]。中印制造业贸易结构主要以化学品及其相关产品和运输及机械设备两类商品为主,其占比在中印制造业双边贸易额中达到70%左右。目前中国对印度制造业出口以高技术含量制成品和低技术含量制成品为主,尤其是"在中国对印度出口制造业产品中,机电产品成为第一或第二大类商品,高附加值的工业制成品逐渐受到印度消费者

[①] 本节关于投资的内容部分参考了罗建的硕士毕业论文,参见罗建:《21世纪以来中印双边直接投资研究》,硕士学位论文,四川大学,2021年。

[②] 张立:"'一带一路'背景下中印安全困境的变化及应对",《南亚研究》,2020年第3期,第59—91页。

[③] 洪洞洞:《中印制造业产业内贸易及影响因素实证研究》,硕士学位论文,云南财经大学,2011年,第31页。

[④] 秦卫娜:《中印制造业互补性与竞争性研究》,硕士学位论文,四川大学,2017年,第20页。

的肯定和欢迎"(包益红,2003)。[1]而印度以资源性制成品(对华出口)为主,中等技术含量制成品增长较为明显,并且高技术含量的产品比重在不断上升(李涛和秦卫娜,2019)。[2]或者说,中国对印度出口的商品种类较为集中化;中国从印度进口的商品主要是资源密集型和劳动密集型产品,如矿物、纺织服装及化学制品等,但是(中国从印度进口的)商品结构优化滞缓,商品种类较为分散(宋周莺和韩梦瑶,2019)。[3]因而,我们认为"印度被中国视为重要的制造业产品市场,而中国被印度视为投资来源地和服务出口市场"。[4]

2. 中印制造业贸易互补性较强,在国际市场上的整体竞争并不激烈。中印两国在制造业发展道路上由于国情、政策等因素的不同,两国在制造业结构上各有长短,具有一定的互补性,印度的弱势正是中国的优势,反之亦然(李启迪,2008)。[5]虽然印度对中国的制造业优势互补行业没有中国对印度的制造业优势互补行业多,但是整体来说,中印之间存在较强的互补性。尤其是,中印两国在资源型制成品方面,印度具有比较优势,在工业制成品方面,中国处于优势,印度处于劣势,两国互补性较强(杨文武和蒲诗璐,2017)。[6]又如,中印制造业贸易总共有28个行业,中国出口和印度进口贸易互补性指数大于1的制造业行业主要有纺织业、皮革毛皮及其制成品、木材加工及竹藤棕制品业、家具制造业等17个行业;印度出口和中国进口贸易互补性指数大于1的制造业行业主要有食品加工与制造业、纺织业、皮革毛皮及其制成品、化学原料及制品制造业等7个行业(秦卫娜,2017)。[7]由

---

[1] 包益红:"发展机电产品贸易 促进中印经贸合作",《世界机电经贸信息》,2003年第8期,第24—28页。

[2] 李涛、秦卫娜:"'一带一路'倡议下中印制造业产能合作——基于价值链与比较优势视角",《南亚研究季刊》,2019年第4期,第93—100页。

[3] 宋周莺、韩梦瑶:"'一带一路'背景下的中印贸易关系分析",《世界地理研究》,2019年第5期,第24—34页。

[4] "外媒:中印搁置争端 促进贸易增长符合两国共同利益",中国日报网,2014年8月8日,http://world.chinadaily.com.cn/2014-08/08/content_18273071.htm,2020年7月11日。

[5] 李启迪:《产业全球化下中印制造业发展研究》,硕士学位论文,四川大学,2008年,第37页。

[6] 杨文武、蒲诗璐:"后金融危机时代中印贸易合作研究",《西南民族大学学报(人文社科版)》,2017年第2期,第142—151页。

[7] 秦卫娜:《中印制造业互补性与竞争性研究》,硕士学位论文,四川大学,2017年,第37页。

此可见,中印制造业在国际市场上的整体竞争性并不是很强,而两国制造业竞争性较强的行业主要集中在劳动密集型制造业中的食品加工业、纺织业、皮革毛皮及其制成品以及资本密集型行业中的有色金属冶炼及压延加工业和石油加工及炼焦业、非金属矿物制品业(秦卫娜,2017)。[①]也就是说,尽管中印制造业在一些行业具有较强的竞争性,但是由于中印制造业竞争优势所在行业分布差距较大,在国际市场上的整体竞争性并不强。

3. 当前产业内贸易是中印制造业贸易主要的构成部分,但其差异产品的贸易水平比较低。中国出口印度的产品主要以资本、技术密集型产品为主,而印度出口中国的产品主要是劳动密集型产品为主(李静,2020)。[②]中印制造业贸易以水平型产业内贸易为主,且不同行业间出口复杂度存在较大的差别(任同莲,2017)。[③]具体而言,劳动密集型产品产业内贸易水平高于技术资本密集型产品,产业内贸易发展水平不均衡并且持续下降,水平差异产品的产业内贸易居主导地位。比如,在中印贸易的产品之中,选取10类极具代表性的制造业产品,根据其贸易数据分析50%以上都是水平差异产品的产业内贸易(洪洞洞,2014)。[④]但是,随着两国经济的发展,中印制造业以低垂直型产业内贸易为主,水平型产业内贸易和高垂直型产业内贸易为辅,且其产业内贸易以按原料分类的制成品的贸易为主(李静,2020)。[⑤]

(二)关于中印制造业投资合作现状

一般认为,中印双边直接投资主要以制造业等产业的投资为主,但国内外还没有专门对中印制造业投资进行专门研究的著述(高萱,2020)。[⑥]研

[①] 秦卫娜:《中印制造业互补性与竞争性研究》,硕士学位论文,四川大学,2017年,第37页。

[②] 李静:《中印制造业产业内贸易及影响因素研究——基于引力模型》,硕士学位论文,云南财经大学,2020年。

[③] 任同莲:《中印制造业出口复杂度及其影响因素的比较研究》,硕士学位论文,云南师范大学,2017年。

[④] 洪洞洞:《中印制造业产业内贸易及影响因素实证研究》,硕士学位论文,云南财经大学,2014年,第31页。

[⑤] 李静:《中印制造业产业内贸易及影响因素研究——基于引力模型》,硕士学位论文,云南财经大学,2020年。

[⑥] 高萱:"中国与印度双向直接投资分析",《对外经贸》,2020年第6期,第28—30页。

中印制造业贸易与投资合作研究

究了中印两国近年来相互投资的金额和行业分布的变化,发现中国对印度投资以制造业、IT 服务业和基础设施行业为主,而印度则主要投资于中国的食品、软件开发、钢铁等行业。截至 2016 年,中资企业对印投资头两大行业为制造业和城市基础设施与公共事业(黄征学和潘彪,2019)[①],截至 2017 年末,中国对印投资以制造业、城市基础设施有关行业为主,占中国对外投资的比重仅为 0.23%(龚秀国和谢向伟,2018)。[②]当然,也有人认为,中印建交以来两国投资逐渐活跃,特别是印度在华的产业园区项目的投资和中国在印的工程承包上成果颇丰(黄梅波、陈凤兰,2018)。[③]总体而言,包括制造业在内的中印双边直接投资规模较小,仍需要发展。虽然随着中印贸易联系不断加强,中印双边直接投资也有所发展,但中印相互投资规模水平仍较低(龚秀国和谢向伟,2018)。[④]中国对印度 FDI 的贡献度很小,中国对印(包括制造业在内的)投资占中国 OFDI 的比例也一直较低(代俊,2016)。[⑤]与此同时,中印双边(包括制造业在内的)直接投资与中印两国对外直接投资的联系程度和发展程度都不高,而且中印两国相互投资发展并不平衡(刘岩,2013)。[⑥]从后金融危机时代的中印双边直接投资关系来看,中印双边(包括制造业在内的)直接投资额、投资产业分布、区位选择等方面存在差异性(杨文武等,2017)。[⑦]

[①] 黄征学、潘彪:"深入推进中国和印度经贸合作的建议",《中国经贸导刊》,2019 年第 12 期,第 48—51 页。

[②] 龚秀国、谢向伟:"中国企业对印度直接投资的决定因素研究",《商业研究》,2018 年第 5 期,第 86—95 页。

[③] 黄梅波、陈凤兰:《一带一路框架下中印贸易投资关系》,"2018—2019 年南亚形势研讨会"论文及摘要,2018 年 11 月,第 121—126 页。

[④] 龚秀国、谢向伟:"中国企业对印度直接投资的决定因素研究",《商业研究》,2018 年第 5 期,第 86—95 页。

[⑤] 代俊:"中国对印度投资现状分析",《现代商业》,2019 年第 26 期,第 36—37 页。

[⑥] 刘岩:"中印相互投资的关联性研究",《商场现代化》,2013 年第 19 期,第 196 页。

[⑦] 杨文武、王彦、文淑惠:"后金融危机时代中印投资合作研究",《南亚研究季刊》,2017 年第 1 期,第 49—57 页。

二、关于中印制造业贸易与投资合作的问题

(一)关于中印制造业贸易合作的问题

1. 中印制造业产业整体发展水平较低,这不利于进一步拓展中印制造业贸易合作空间。中印制造业与发达国家的规模和水平存在较大差距,创新能力低,科研水平薄弱,缺乏自主知识产权;尤其是与发达国家的跨国公司相比,中印制造业大企业集团不论在规模还是经济效益水平上也存在巨大的差距。从中国和印度制造业贸易的商品结构来看,两国在资本密集型和技术密集型产品贸易上规模较小,两国在资本密集型和技术密集型制造业产业内贸易合作水平较低,限制了两国制造业贸易合作空间的拓展。

2. 中印制造业贸易不平衡、产业内贸易水平低以及贸易利益冲突与竞争不断加剧。中印制造业贸易总额不断扩大,但贸易不平衡凸显(秦卫娜,2017)。[1]与中国相比,印度供应链稳定性较差,进口高度依赖中国原料,印度国内"短链"加工贸易的附加值较低,这些不可避免地使两国制造业贸易结构存在不平衡性(潘怡辰等,2021)。[2]中印制造业贸易结构有待进一步改善;中印两国的制造业仍处于国际分工价值链的低端环节,中国对印度出口的高附加值工业制成品在印度市场上所占份额还很小,且从印度进口的商品结构较为单一,中印制造业产业内贸易水平较低(杨文武,2016)。[3]基于行业维度上的贸易利益冲突测算结果,中印两国贸易利益冲突主要是在制造业领域,这成为阻碍两国进一步开展经济贸易合作的因素。中国制造业发展较为快速,被称为"世界工厂",而近年来印度也在大力发展制造业;中国出口到印度的产品给印度相关产业带来了较大的竞争压力,这就导致中

---

[1] 秦卫娜:《中印制造业互补性与竞争性研究》,硕士学位论文,四川大学,2017年,第21页。

[2] 潘怡辰、袁波、王蕊:"RCEP背景下印度对中国贸易逆差及合作潜力",《亚太经济》,2021年第3期,第74—85页。

[3] 杨文武主编:《后金融危机时代中印经贸合作研究》,北京:时事出版社,2016年。

印在大部分制造业行业竞争性较大,且贸易冲突较为严重(牛志信,2021)。[①]新冠肺炎疫情刺激了印度与中国的制度模式之争,全球产业链重塑也加速了两国的产业脱钩以及未来制造业竞争(楼春豪,2020)。[②]甚至有人认为中印两国(包括制造业在内的)经贸摩擦会进一步升级为边境冲突和科技竞争对抗,中印两国贸易面临"脱钩"风险(王蕊等,2020)。[③]

3. 全球制造业出现新的变局,尤其是贸易保护主义对中印制造业贸易合作构成不利影响。首先,在后金融危机持续以及新冠肺炎疫情蔓延背景下,全球制造业出现新的变局为中印制造业发展及其双边贸易带来了巨大的挑战。在后金融危机时代以及新冠肺炎疫情流行的情况下,全球制造业体系及其原有产业链、供应链体系将面临技术升级的挑战,正在进行"范式转移"。新一轮制造业争夺战已经在全球范围内展开,以美国为首的发达国家,相继实施以发展先进制造业为核心的"再工业化"战略,其真正的目标是抢占全球产业科技的制高点,掌握高端制造业的领导权,重夺国际制造业竞争主导权。部分先进制造领域向发达国家回流的"逆转移"的趋势已初步显现(张雷,2015)。[④]全球技术创新与制造业中心正在分离,如美国并未谋求全球制造业中心,而是利用全球技术创新中心地位和综合国力来控制全球制造业中心(李洁,2004)。[⑤]即使中印两国有朝一日成为全球制造业中心,但依然会受制于发达国家(李启迪,2008)。[⑥]由于更低的成本优势,一些发展中国家和地区成为接纳国际制造业转移的新阵地(张茉楠,2013)。[⑦]与

[①] 牛志信:《贸易利益冲突视角下的印度对华贸易保护预测及应对研究》,硕士学位论文,河北大学,2021年。

[②] 楼春豪:"新冠肺炎疫情与印度对外战略新态势",《外交评论(外交学院学报)》,2020年第5期,第25—51页。

[③] 王蕊、潘怡辰、朱思翘:"印度对华经济脱钩的动因及影响",《国际贸易》,2020年第10期,第12—18页。

[④] 张雷:"后危机时代印度制造业政策调整及中国应对",《理论月刊》,2015第6期,第183—188页。

[⑤] 李洁:"世界制造业发展趋势与中国制造业的发展对策",《世界经济与政治论坛》,2004年第3期,第25—30页。

[⑥] 李启迪:《产业全球化下中印制造业发展研究》,硕士学位论文,四川大学,2008年,第34页。

[⑦] 张茉楠:"全球价值链中的位置决定竞争力",《中国经贸》,2013年第3期,第89页。

此同时,尽管全球制造业在新冠肺炎疫情流行下仍在逐步复苏,由于受全球经济总体复苏较慢且不稳定的形势影响,制造业整体复苏也不够强劲均衡,经常出现波动。总体来说,制造业仍有衰退的风险。且从长周期理论来看,制造业的全面高速发展有待时日。如此等等,这些都为中印制造业发展及其双边贸易合作带来了巨大的挑战。其次,全球范围内的制造业贸易保护主义对后金融危机时代以及新冠肺炎疫情背景下中印制造业贸易发展构成冲击。在后金融危机时代特别是新冠肺炎疫情肆虐背景下,国际间制造业产品贸易摩擦加剧,贸易保护主义盛行,各国纷纷出台一系列围绕保护本国制造业的贸易保护措施,并采取大量不合理的贸易限制与贸易救济措施。贸易保护主义盛行的外部环境对中印制造业贸易合作构成了挑战。

4. 中印政治互信问题、印度贸易保护主义、中印经济发展战略的相似性等因素不利于中印制造业贸易合作与发展。首先,中印政治关系中政治互信问题依然存在。两国自建交以来,关系错综复杂(倪鹏飞等,2011)。[1]特别是"印度国内的一些民众对加强中印经贸合作一直保持着审慎的态度,主要是由于中印两国的历史遗留问题,如两国的领土争端,以及大国地缘政治经济等"(申现杰,2014)[2],这在一定程度上对中印制造业贸易合作产生较大影响。其次,印度贸易保护主义抬头(罗伯特·吉尔平,2006)[3],强化贸易保护政策(张雷,2015)[4],限制了部分来自中国的制造业产品的进口,进而加剧了中印贸易摩擦。印度对本国的制造业实施了贸易保护政策及各种纷繁复杂的非关税措施,阻碍了中印两国贸易往来(李晨,2016)。[5]一方面,由于中国的制造业发展程度高、竞争力强,这对印度国内的制造业产生了致命的

---

[1] 中国社会科学院城市与竞争力研究中心课题组(倪鹏飞、袁匡济、康珂):"中国与印度的国家竞争力比较——《2010国家竞争力蓝皮书》成果系列",《中国市场》,2011年第3期,第24—34页。

[2] 申现杰:"中印经贸合作:新一轮经济开放下面临的机遇",《国际经济合作》,2014年第10期,第46—50页。

[3] 罗伯特·吉尔平:《全球政治经济学——解读国际经济秩序》,上海:上海人民出版社,2006年,第178页。

[4] 张雷:"后危机时代印度制造业政策调整及中国应对",《理论月刊》,2015第6期,第183—188页。

[5] 李晨:《中国与丝绸之路经济带六国贸易竞争性与互补性研究》,硕士学位论文,河南大学,2016年。

冲击(王丹丹,2017)。[1]另一方面,从竞争力角度分析,中印两国的制造业优势领域重叠导致两国贸易摩擦加大(于蕾,2012)。[2]再者,中国对印度工业制成品贸易为顺差,这不但加剧了中印两国之间的贸易摩擦,而且也促使印度政府下决心采取措施,以降低对华贸易逆差(孔令岩,2014)[3],并强化了印度的贸易保护主义政策倾向。据有关部门统计,从印度开始对中国产品发起反倾销调查以来,1992—2013年这20多年间,印度对中国产品一共发起了"163起反倾销调查、1起反补贴调查、9起特保措施调查和17起保障措施调查,其中主要为制造业产品"。[4]尤其是金融危机发生后,中印制造业产品贸易摩擦数量激增,两国制造业产品的同质化竞争使得印度频繁使用贸易救济措施保护本国产业,印度对中国的出口产品密集发起了包括反倾销、反补贴等多起贸易救济调查,这些措施涉及的产品主要包括化工、钢铁制品、机械器具及电子产品等(张雷,2015)。[5]2014—2020年,在印度发起的涉华贸易救济案件中,反倾销案95起、反补贴案8起、保障措施案14起,涉案产品涵盖了制造业多个行业。[6]印度还对中国启动了关于中印经贸来往的风险评估,认为中国向印度倾销产品,严重危害了印度本土的制造业发展环境(吴琳,2020)。[7]而且,在新冠肺炎疫情冲击全球经济以及印度经济增长失速的背景下,印度的贸易保护主义加剧(潘怡辰等,2021)。[8]印度联合日本、澳大利亚,提议共建《供应链弹性倡议》,试图调整和建立新的供应链

---

[1] 王丹丹:《中印贸易竞争力分析》,硕士学位论文,延边大学,2017年。

[2] 于蕾:"中印经贸关系的竞争性与互补性研究:基于竞合理论的分析",《社会科学》,2012年第10期,第44—50页。

[3] 孔令岩:《中印汽车制造业产业内贸易发展问题探讨》,硕士学位论文,山西财经大学,2006年,第24页。

[4] 中华人民共和国商务部:《国别贸易投资环境报告(2014)》,上海:上海人民出版,2014年,第182页。

[5] 张雷:"后危机时代印度制造业政策调整及中国应对",《理论月刊》,2015第6期,第183—188页。

[6] "日澳印建供应链联盟 全球打响供应链争夺战?",欧洲时报网,2020年9月4日,http://www.oushinet.com/china/eiec/20200904/362232.html,2020年11月19日。

[7] 吴琳:"印度对中美竞争的认知与应对",《国际问题研究》,2020年第4期,第62—81页。

[8] 潘怡辰、袁波、王蕊:"RCEP背景下印度对中国贸易逆差及合作潜力",《亚太经济》,2021年第3期,第74—85页。

网络,以最大程度减少对中国供应链的依赖[①],这对中印制造业贸易合作形成不利影响。最后,经济发展战略的相似性以及印度的对华戒备心理等不利因素,对中印制造业双边贸易产业了不利的影响。中印经济发展战略的相似性,一定程度上抑制了两国部分制造业贸易的发展,而且印度一直对中国的制造发展心存戒备。例如,2005年9月,印度国家制造业竞争力委员会发布了《印度制造业国家战略白皮书》,明确提到欲与中国竞争全球制造业中心地位[②],开始重点推出印度国家制造业振兴战略,决定打造赶超"中国制造"的"印度制造",成为全球制造业中心(陈凤兰和黄梅波,2018)。[③]亚洲开发银行首席经济学家、印度人伊夫扎勒·阿里很早以前就公开宣扬"中国威胁论",称"亚洲的公司必须学会提高生产率,否则就会毁灭在制造业主神中国的手里"[④],这种认知对中印制造业贸易合作产生了不利的影响。除此之外,中国的市场经济地位印度始终不予承认(任佳,2010)。[⑤]印度贸易救济保护措施的过度使用以及对中国制造业发展的认知偏见,严重影响了中印制造业贸易合作与发展。

(二)关于中印制造业投资合作的问题

关于中印(包括制造业在内的)投资合作问题,主要有印度的投资壁垒和两国政治互信不足以及制度机制性问题,这些严重影响了中印制造业投资合作(陈凤兰和黄梅波,2018[⑥];李松虹,2015[⑦])。而且,印度宗教文化对

[①] "日澳印建供应链联盟 全球打响供应链争夺战?",欧洲时报网,2020年9月4日,http://www.oushinet.com/china/eiec/20200904/362232.html,2020年11月19日。

[②] "印度国家战略力挺制造业",中华人民共和国驻印大使馆,2006年4月19日,https://www.fmprc.gov.cn/ce/cein/chn/jjmy/jmxw/t247289.htm,2020年7月9日。

[③] 陈凤兰、黄梅波:《中印两国制造业国际竞争力比较分析》,《亚太经济》,2018年第3期,第88页。

[④] 蔡一飞:"中国生产力'磁铁'效应 印度重工巨头扎堆中国",2004年09月01日,http:finance.sina.com.cn/g/20040901/0757990675.shtml,2020年8月9日。

[⑤] 任佳:"金融危机背景下的中印贸易发展趋势及合作建议",《东南亚南亚研究》,2010第1期,第1—4页。

[⑥] 陈凤兰、黄梅波:"中印两国制造业国际竞争力比较分析",《亚太经济》,2018年第3期,第87—96页。

[⑦] 李松虹:《中国与印度间投资障碍的制度经济学分析》,硕士学位论文,云南大学,2015年。

中国企业的进入模式、投资运营、内部管理等各个方面都有巨大影响(胡瑞，2020)[①]；印度加快了融入全球经济体系的步伐，但印度仍存在贸易投资保护主义倾向，特别是对来自中资企业的投资和商品设置了多重障碍(王是业和李灿，2019)[②]。通过对两国之间的大量投资数据分析后发现，中印双边直接投资占各自的总体对外投资比重较低，中国企业在印度受到歧视严重，中印(包括制造业在内的)投资机制不够健全(杨文武等，2017)[③]。通过探讨"一带一路"背景下的中印投资的变化趋势，有学者认为两国(包括制造业在内的)投资合作关系，难以取得重大进展的主要阻碍因素，存在于经济、政治和文化三个层面(杨润宇，2017)[④]。在探讨中资企业对印(包括制造产业在内的)投资的困境时，认为地缘政治博弈和双边互信不足是阻碍投资的主要原因(赵伟东，2019)[⑤]。甚至还有人认为中印贸易不平衡是影响两国(包括制造产业在内的)投资合作关系的主要原因之一(陈富豪和朱翠萍，2020[⑥]；张家栋，2017[⑦])。甚至有学者从印度认知、印度投资政策等视角出发，认为中印两国政府存在合作力度不够和投资制度不完善等问题(牛学利，2020)[⑧]。还有人认为印度屡次以"危害国家安全"为由，阻碍中企对印制造业等行业投资(陈富豪，2020)[⑨]。

[①] 胡瑞："印度宗教文化对中国企业投资的影响"，《南亚研究季刊》，2020年第1期，第44—51页。

[②] 王是业、李灿："印度贸易投资保护主义与我国对印经贸合作战略"，《南亚研究季刊》，2019年第2期，第34—43页。

[③] 杨文武、王彦、文淑惠："后金融危机时代中印投资合作研究"，《南亚研究季刊》，2017年第1期，第49—57页。

[④] 杨润宇："'一带一路'下的中印投资贸易"，《中国外资》，2017年第21期，第38—39页。

[⑤] 赵伟东：《"一带一路"下中国企业对印度投资的困境及对策研究》，硕士学位论文，河北大学，2019年，第16—24页。

[⑥] 陈富豪、朱翠萍："中印贸易发展的阻碍因素与对策研究"，《南亚东南亚研究》，2020年第1期、第64—78页。

[⑦] 张家栋："'一带一路'战略倡议现状与发展趋势"，《印度洋经济体研究》，2017年第2期，第41—65页。

[⑧] 牛学利："'一带一路'背景下中国对印度直接投资风险的原因浅析"，《经济师》，2020年第6期，第71—73页。

[⑨] 陈富豪：《中印贸易不平衡的影响因素与对策研究》，硕士学位论文，云南财经大学，2020年。

三、关于中印制造业贸易与投资合作的机遇

（一）关于中印制造业贸易合作的机遇

1. 中印政治关系的不断改善、《曼谷协定》的签署、中印两国贸易自由化程度以及"一带一路"建设等均为两国制造业贸易提供了有利的条件。近年来,中印两国高层领导人不断进行互相访问,不断加强在政治层面、经济层面、文化层面的交流与合作,两国的互信度不断提高。如在2005年4月中国国家总理温家宝到印度访问,并取得了良好的效果,之后两国宣布建立"面向和平繁荣的战略合作伙伴关系"（彭沛,2010）[①]；2006年11月国家主席胡锦涛对印度进行访问,双方签署了《联合宣言》,中国国家主席10年来首次访印,是"两个亚洲巨人跨越喜马拉雅的握手"；2008年1月印度总理辛格对中国进行了正式访问,推动两国在政治、经贸、防务、科技和文化等多领域的进一步合作,标志着中印关系进入了发展的快车道（李启迪,2008）[②]。在2010年两国发表的《中华人民共和国和印度共和国联合公报》中,两国表示将加强在信息技术、电信、基础设施、投资、环保等领域的合作关系,双方确立了新的经济目标,在2015年的时候,中印双边贸易总额达到1000亿美元（杨文武和徐菲,2012）[③]。中印政治上的良好氛围推动了两国包括制造业在内的经贸关系的发展。

2016年,中印两国签署了《关于开展产能合作的原则声明》,明确了双方在基础设施、能源、制造业等领域的合作重点,此外亚洲基础设施投资银行则为中印经贸合作提供了支持,这些都为深入中印经贸合作创造机遇条件（黄征学和潘彪,2019）[④]。2019年10月13日在印度金奈举行的中印领

[①] 彭沛：" 从上海合作组织视角看中印战略合作伙伴关系",《学理论》,2010年第33期,第17—19页。

[②] 李启迪：《产业全球化下中印制造业发展研究》,硕士学位论文,四川大学,2008年,第36页。

[③] 杨文武、徐菲："后危机时代中印经贸合作研究现状探析",《南亚研究季刊》,2012年第4期,第69—75页。

[④] 黄征学、潘彪："深入推进中国和印度经贸合作的建议",《中国经贸导刊》,2019第12期,第48—51页。

中印制造业贸易与投资合作研究

导人第二次非正式会晤上,两国领导人决定建立高级别经贸对话机制,以加强两国贸易和投资合作关系,更好地促进中印经贸合作及其平衡发展;同意探讨建立"制造业伙伴关系",鼓励双方在具有潜力的领域相互投资,这必将为中印两国制造业合作,尤其是为中印制造业伙伴关系建立注入新的推力。[①]同时,《曼谷协定》的达成为中印制造业贸易带来了潜在机遇。2003年2月,关于中印适用《曼谷协定》的问题,中印达成双边协议,表示将相互提供更为优惠的关税待遇,从而进一步减少贸易障碍,更好地促进中印双边制造业贸易合作(储玲,2007)。[②]而且中印两国贸易自由化的程度在逐渐提高,使两国的贸易成本逐渐下降,为两国制造业贸易的发展带来了机遇(李静,2020)。[③]"一带一路"建设促进了中印制造业合作,中印借助这一契机,实现制造业深度合作,在"一带一路"倡议的促动下,已经有相当一部分中国企业到印度投资(彭蕙和亢升,2017)[④],中国提出的"一带一路"倡议和印度"东进"战略的实施,给中印带来了更多合作的可能性(陈富豪,2020)。[⑤]特别是中国提出的"中国制造2025"和印度实施的"印度制造"计划,给两国在制造业产能合作方面提供了合适的契机,再加上中印两国具备制造业合作的基础和条件,加强制造业合作对两国意义重大,这对深化中印两国经贸关系、逐步缩小两国的贸易差距有积极作用,同时也有助于推动两国经济的发展。

中印两国分别制定了关于制造业发展的政策,以加快两国制造业的发展,为中印制造业贸易合作奠定了政策基础。2011年10月25日,印度首次

---

① "中印制造业合作潜力巨大",中国贸易新闻网,2019年10月22日,http://www.ccpit.org/Contents/Channel_4117/2019/1022/1213393/content_1213393.htm,2020年9月10日。

② 储玲:《中国与印度纺织品贸易竞争与合作研究》,硕士学位论文,东华大学,2007年。

③ 李静:《中印制造业产业内贸易及影响因素研究——基于引力模型》,硕士学位论文,云南财经大学,2020年。

④ 彭蕙、亢升:"'一带一路'建设与中印制造业共赢合作",《宏观经济研究》,2017年第7期,第68—80页。

⑤ 陈富豪:《中印贸易不平衡的影响因素与对策研究》,硕士学位论文,云南财经大学,2020年。

批准了《国家制造业政策》。[①]2014年,印度又出台了新的《国家制造业政策》,并制定完善了《国家投资与制造业园区》政策(胡凤雅,2017)。[②]2015年5月,中国国务院发布了《中国制造2025》和《关于推进国际产能和装备合作的指导意见》,积极支持发展高端装备制造业和大力支持中国企业到国外投资(陈利君和杨凯,2016)。[③]

中印两国制造业在结构上存在互补性,为提高中印制造业产业内贸易水平奠定了基础。中印两国在制造业产业结构上差异较大,具有较强的互补性。在劳动密集型产品结构方面,中国在IT及消费电子制造、电动工具、家电、自行车、摩托车等制造业领域的产品物美价廉,符合印度市场需求,而印度在食品、饮料、烟草、木制品、橡胶等领域内的优势可以弥补中国的劣势。在技术密集型和资本密集型的产品结构上两国的产品也具有互补性。近年,印度的制药、汽车零部件、钢铁、电子制造、钻石加工等行业在全球市场上占据领先位置,中国大力发展汽车、汽车零部件、机械设备、电子器件、化学制品等行业,国际竞争力日益提高(李启迪,2008)。[④]印度大力模仿中国制造业发展模式,希望制造业领域能为印度国内日益庞大的劳动力提供就业机会(杨文武,2016)[⑤],而中国则希望向印度学习其高端的IT和成熟的医药行业。中印双方需求的互补性,使得双方(包括制造业在内的)的贸易合作能较好发挥各自的比较优势,以达到互利共赢的效果(张雷,2015)。[⑥]同时要素禀赋的差异以及由此带来的利益,也促使着中印制造业贸易的合作。

[①] Government of India Ministry of Commerce & Industry, "National Manufacturing Policy", 25 October 2011, http://commerce.nic.in/writereaddata/pressrelease/National_Manfacruring_Policy2011.pdf, 1 October 2020.

[②] 胡凤雅:"中国制造2025"与"印度国家制造政策"的战略对接研究,《经济体制改革》,2017年第5期,第163—164页。

[③] 陈利君、杨凯:"'一带一路'背景下的中印产能合作",《学术探索》,2016年第10期,第36—43页。

[④] 李启迪:《产业全球化下中印制造业发展研究》,硕士学位论文,四川大学,2008年,第38页。

[⑤] 杨文武主编:《后金融危机时代中印经贸合作研究》,北京:时事出版社,2016年。

[⑥] 张雷:"后危机时代印度制造业政策调整及中国应对",《理论月刊》,2015第6期,第183—188页。

中印制造业贸易与投资合作研究

印度经济环境的改善以及中国"走出去"战略、向西开放战略、贸易平衡战略和丝绸之路建设的有效实施,进一步推动了中印制造业贸易合作。自2008年金融危机以来,印度为了完善本国制造业发展的行政环境,进一步优化政府服务职能,同时减少了投资审批环节,扩大了"自动生效"的范围,近年来印度制造业规模逐步扩大(张雷,2015)。[1]印度降低相关制造业关税,逐步减少在制造业方面的反倾销及贸易壁垒。如近年来印度持续下调家电产品及配件基本关税(包益红,2003)[2]等,为进一步扩大中印制造业贸易合作奠定了基础。同时,中国"走出去"战略、向西开放战略、贸易平衡战略和丝绸之路建设的有效实施,以及电子商务等服务业领域的外资准入限制的有序放开,将帮助印度引进中国制造业技术和改变当前自身对外贸易进出口产品结构(申现杰,2014)[3],为中印制造业贸易合作提供了新机遇。除此之外,2016年印度发布《萨格尔马拉国家远景规划》,确定"港口导向型发展"战略,通过优化货物运输,降低物流成本,提升配套基础设施和产业集聚的竞争力,以吸引世界制造业向印度转移。因此,中国应深入研究中印发展战略,在两国政府的推动下,对接印度港口导向型发展战略,共同开发南亚市场(任佳,2020)。[4]

中印两国消费结构的优化和人均收入水平的提高带动了中印制造业贸易增长。一国人均GDP越高,需求就越多样化,消费者需求多样化就会导致产品差异水平的提高,进而加深产业内贸易,因而不断增加的人均收入和日益优化的消费结构,必将加快中印(包括汽车在内的)制造产业贸易合作进程(孔令岩,2006)。[5]比如,在机电行业,无论是从城市还是农村看,印度都是一个潜在的巨大市场。发展中印机电贸易合作,机遇大于挑战,前景

---

[1] 张雷:"后危机时代印度制造业政策调整及中国应对",《理论月刊》,2015第6期,第183—188页。

[2] 包益红:"发展机电产品贸易 促进中印经贸合作",《世界机电经贸信息》,2003年第8期,第24—28页。

[3] 申现杰:"中印经贸合作:新一轮经济开放下面临的机遇",《国际经济合作》,2014年第10期,第46—50页。

[4] 任佳:"印度的港口导向型发展战略及其影响",《南亚东南亚研究》,2020年第2期,第56—65页。

[5] 孔令岩:《中印汽车制造业产业内贸易发展问题探讨》,硕士学位论文,山西财经大学,2006年,第19页。

广阔(包益红,2003)[①];再如,印度是人口大国,拥有广阔的市场,具有较强的消费潜力,印度市场是中国信息产业制成品出口世界市场的重要组成部分。而且,基于要素禀赋和外部环境的变化,中国正在向投资和消费双向驱动转变,产业结构转型升级加快,印度则以投资制造业为抓手发展经济,又加上两国在劳动密集型产业、基础设施和信息技术产业等方面具有互补性,决定了两国经贸合作具有广阔的空间(吕赛和钟昌标,2019)。[②]

6. 全球制造业格局的调整为中印制造业发展及其贸易合作提供了新的机遇。20世纪90年代以后,第三次全球化浪潮给发展中国家承接产业转移、实现产业结构的调整与升级带来了发展机遇。进入21世纪以后,全球制造业发生了深刻的变化,特别是2008年的全球金融危机、欧债危机以及新冠肺炎疫情发生以来孕育了新一轮全球制造业变革,美国、欧洲和日本等制造业发达国家在全球范围内进行着新一轮制造业资源的优化配置,全球制造业正在出现多样化的格局,制造业的发展趋势是多中心和多层次的。"制造业仍是新兴市场国家总体经济增长的主要驱动力"[③],摩根大通集团专家认为,"制造业活动上行趋势将会一直强劲"(Jones,2014)。[④]由于中印两国有着廉价的劳动力和巨大的市场潜力,已经成为世界制造业大规模转移和抢滩登陆的一个重要市场(李准锡和王立杰,2003)[⑤],中国已经成为世界头号制造业大国,印度也早已将振兴制造业作为经济增长的新驱动力(张立,2020)[⑥],中国制造业的优质零部件供给对印度数字经济的发展作出了很大的贡献,印度实现产业发展是无论如何都绕不过去中国作为世界制造业

---

① 包益红:"发展机电产品贸易促进中印经贸合作",《世界机电经贸信息》,2003年8期,第24—28页。

② 吕赛、钟昌标:"新国际关系格局下中印经贸协调与合作研究",《印度洋经济体研究》,2019年第6期,第60—80页。

③ United Nations Industrial Development Organization, International Yearbook of Industrial Statistics 2014, Cheltenham: Edward Elgar Publishing Limited, Northampton: Edward Elgar Publishing, Inc, 2014.

④ Claire Jones, "Growth in manufacturing activity fuels global recovery hopes", *Financial Times*, 3 January 2014.

⑤ 李准锡、王立杰:"石化装备企业现状及发展对策分析",《企业活力》,2003年第7期,第46—48页。

⑥ 张立:"'一带一路'背景下中印安全困境的变化及应对",《南亚研究》,2020年第3期,第59—91页。

的中心这一事实,中印两国唯有通过合作才能实现双赢(刘小雪,2020)。①

(二)关于中印制造业投资合作的机遇

关于中印制造业投资合作的机遇,有研究基于比较优势和价值链分析视角,发现中印在文教体育用品和医药等部分制造行业的出口复杂度和比较优势存在错位,有利于中印产能"互补合作"(李涛和秦卫娜,2019)。②还有人认为中印制造业产能合作面临着世界经济格局变化、两国发展倡议或战略、印方投资环境趋好三方面的机遇(谢向伟和龚秀国,2018)。③当然,还有部分学者从中印(包括制造业在内的)直接投资的具体领域进行研究发现,认为两国的农业投资政策环境、农业机械化程度提高和丰富的农业资源,为完善两国农业投资合作提供了宝贵契机(陈德洲,2018)④;印度基础设施薄弱的状况,为中国对印在基础设施领域进行直接投资带来了可能性(岳鹭,2014)。⑤

四、关于中印制造业贸易与投资合作的潜力

(一)关于中印制造业贸易合作的潜力

一般认为,中印在制造业贸易上开展合作具有较强的可行性和必要性,两国在制造业贸易合作上具有较大的提升潜力。中印两国若能够抓住机遇,正确面对两国制造业的发展形势,顺应产业全球化的潮流趋势,在互利共赢的基础上探索出新的合作发展模式,中印制造业贸易合作与发展就一定会走向新的里程碑,实现真正的"龙象共舞"与合作双赢。一方面,中印两国

---

① 刘小雪:"'印度制造',火得起来吗",《世界知识》,2020年第15期,第38—39页。
② 李涛、秦卫娜:"'一带一路'倡议下中印制造业产能合作——基于价值链与比较优势视角",《南亚研究季刊》,2019年第4期,第93页。
③ 谢向伟、龚秀国:"'一带一路'背景下中国与印度产能合作探析",《南亚研究》,2018年第4期,第135—137页。
④ 陈德洲:"中国与印度农业投资合作的基本状况与完善途径",《对外经贸实务》,2018年第2期,第79—82页。
⑤ 岳鹭:"中国企业赴印度投资的机遇与挑战分析",《对外经贸》,2014年第4期,第42—44页。

制度距离呈现逐渐缩小的趋势,也有利于进一步释放中印两国制造业产业内贸易的潜力(李静,2020)[1];中印都有高度多样化的经济和制造业结构,同行业中间制成品贸易合作的空间非常大,其发展具有光明前景(Batra,2006)[2];中印产业结构存在差异,经济发展模式不同为双方贸易提供可能性,(包括制造业在内的)贸易合作前景广阔(田丰,2014)[3];中国制造业性价比较高,印度消费市场潜力巨大,两国应在最具有合作潜力的制造业领域开展产能合作(阿斯耶姆·尤力瓦斯,2020)[4];中印两国制造业发展阶段不同,中国走的是要素驱动—市场驱动—科技驱动的工业化道路,而印度恰好与中国相反,是科技驱动—市场驱动—要素驱动的工业化道路,这为两国制造业发展战略的对接提供了合作的空间(李涛和秦卫娜,2019)。[5]另一方面,在国际市场上中印制造业竞争并不是很激烈,存在互补性,拓展潜力大(李涛和秦卫娜,2019)[6];中国在国际市场占有率较高的是劳动密集型的制造业产品,而印度在国际市场占有率较高的集中在资源密集型产品,从而可以看出中印两国的贸易商品在结构上有极强的互补性,并且有着极大的发展潜力和合作空间,合作前景广阔(王丹丹,2017)。[7]而且,制造业领域的合作是"一带一路"框架下中印合作的重点领域和方向,中印两国在制造业发展的产品需求、技术水平、攻关领域和人才状况等方面都比较接近,容易实现匹配与耦合效应(黄梅波和陈凤兰,2018)[8];在基于"一带一路"背景下中印产能合作的框架下,由于印度承接产业转移潜力大、中国制造性价比高和

---

[1] 李静:《中印制造业产业内贸易及影响因素研究——基于引力模型》,硕士学位论文,云南财经大学,2020年。

[2] Amita Batra, "India's Global Trade Potential: The Gravity Model Approach", *Global Economic Review*, Vol. 35, No. 3, 2006, pp.327-361.

[3] 田丰:"中印经贸合作前景展望及政策建议",《国际经济合作》,2014年第10期,第51—55页。

[4] 阿斯耶姆·尤力瓦斯:"中印巴非均衡性互补及产能合作研究",《合作经济与科技》,2020年第24期,第96—98页。

[5] 李涛、秦卫娜:"'印度制造'与'中国制造'并非零和",《环球时报》,2019年2月21日,第14版。

[6] 李涛、秦卫娜:"'一带一路'倡议下中印制造业产能合作——基于价值链与比较优势视角",《南亚研究季刊》,2019年第4期,第93—100页。

[7] 王丹丹:《中印贸易竞争力分析》,硕士学位论文,延边大学,2017年。

[8] 黄梅波、陈凤兰:《"一带一路"框架下中印贸易投资关系》,"2018—2019年南亚形势研讨会"论文及摘要,成都,2018年11月,第121—126页。

中印制造业贸易与投资合作研究

印度消费市场潜力巨大等,制造业领域是两国最有潜力合作的领域(谢向伟和龚秀国,2019)[①];"一带一路"倡议的实施可以大幅度提升中国对金砖国家的(制造业)出口潜力,尤其是中印制造业贸易合作存在巨大潜力(赵雅文,2018)。[②]因而,从整体上来看,中国与(包括印度在内的)南亚国家在发展水平、资源禀赋、技术能力、产业产品上互补性极强,具备比较优势和规模效应,制造业贸易合作空间极大(孙久文,2017)[③];中国对印度(包括制造业在内的)贸易潜力由成熟型向拓展型转化(周水洁,2017)[④];袁利勇和王明辉,2019)[⑤]。从中印两国的制造业贸易紧密指数来看,中印两国可以根据本国制造业的优势及伙伴国的劣势调整出口贸易结构,使两国的贸易潜力被真正释放(李涛和秦卫娜,2019)[⑥];基于GVC(全球价值链)视角,中国制造业整体及各细分行业均处于GVC的中上游环节,具有竞争力优势,印度制造业劳动密集型和资本密集型行业处于GVC的中上游环节,而高技术行业竞争力较弱,处于中下游环节,"印度制造业"和"中国制造业"应该响应"一带一路"倡议,实现优势互补,加大贸易合作(屠年松和朱光亚,2020)。[⑦]

(二)关于中印制造业投资合作的潜力

关于中印制造业投资合作潜力研究成果,散见于中印双边直接投资相关研究论述之中。例如,有人专门选取中印双边贸易额、中印两国距离以及印度国内生产总值等三个因素,运用贸易引力模型计算出中国对印度(包括

[①] 谢向伟、龚秀国:"'一带一路'背景下中国与印度产能合作探析",《南亚研究》,2018年第4期,第112—153页。

[②] 赵雅文:《"一带一路"背景下中国与其他金砖国家贸易合作研究》,硕士学位论文,陕西师范大学,2018年。

[③] 孙久文主编:《中国区域经济发展报告(2017)——新时代区域协调发展的理论与实践》,北京:中国人民大学出版社,2017年,第278页。

[④] 周水洁:《中国对其他金砖国家出口贸易潜力研究》,硕士学位论文,辽宁大学,2017年。

[⑤] 袁利勇、王明辉:"中国对其他金砖国家出口贸易潜力测算——基于面板数据引力模型",《闽南师范大学学报(自然科学版)》,2019年第4期,第109—114页。

[⑥] 李涛、秦卫娜:"'印度制造'与'中国制造'并非零和",《环球时报》,2019年2月21日,第14版。

[⑦] 屠年松、朱光亚:"'印度、越南制造'会取代'中国制造'吗?——GVC视角下中印越制造业国际竞争力的对比",《未来与发展》,2020年第5期,第28—33页。

制造业在内的)投资拥有很大的潜力,且在通信等领域大有可为(王丽丽,2006)^①;还有人则利用 GM(1,1)模型预测中资企业对印度(包括制造业在内的)直接投资额将持续增长,且得出中国对印度(包括制造业在内的)直接投资仍有较大潜力的结论(赵伟东,2019)^②;还有人认为中国对印度(包括制造业在内的)投资增加的主要原因是印度稳定的国内政治环境和外资政策的放松(黄梅波,2013)^③;同时也有人认为由于中印在市场和政策环境方面的差异,使中国对印度(包括制造业在内的)直接投资拥有较大的潜力(王帆和沈玉芳,2007)。^④还有人认为中国可以扩大对印度的开放,将一部分过剩的制造业产能、中低端的制造产业有序、有选择地转移至印度,这样可促进中印制造业产业内贸易发展(李静,2020)^⑤;或者说,中国应该增加对印度的制造业投资,可以将一部分过剩产能转移到印度,这样能推动我国产业转型升级,同时也要加强产业内投资,才能在贸易中形成有效的合作与分工(洪洞洞,2014)。^⑥尽管中国对印度(包括制造业在内的)投资潜力的挖掘必将受到印度不佳的投资环境、政府的阻碍和较为敏感的中印关系等制约因素的影响(赵伟东,2019)^⑦,但无论如何,中印两国加强制造业、基础设施建设、产业园区合作,有利于发挥各自国家的"人口红利",两国基于"人口红利",在制造业投资方面合作潜力很大(查文仙,2019)。^⑧

---

① 王丽丽:"中国对印度直接投资潜力探讨",《南亚研究季刊》,2006年第1期,第116—119页。
② 赵伟东:《"一带一路"下中国企业对印度投资的困境及对策研究》,硕士学位论文,河北大学,2019年,第25—32页。
③ 黄梅波、王珊珊:"中国与印度相互投资的现状及前景",《东南亚纵横》,2013年第2期,第71—74页。
④ 王帆、沈玉芳:"中印投资环境比较研究及前景展望",《亚太经济》,2007年第5期,第64—67页。
⑤ 李静:《中印制造业产业内贸易及影响因素研究——基于引力模型》,硕士学位论文,云南财经大学,2020年,第49页。
⑥ 洪洞洞:《中印制造业产业内贸易及影响因素实证研究》,硕士学位论文,云南财经大学,2014年,第70—71页。
⑦ 赵伟东:《"一带一路"下中国企业对印度投资的困境及对策研究》,硕士学位论文,河北大学,2019年,第17—24页。
⑧ 查文仙:《印度的"人口红利"研究》,硕士学位论文,云南大学,2019年。

五、关于中印制造业贸易与投资合作的对策

(一)关于中印制造业贸易合作的对策

1. 充分发挥中印两国政府的能动性和创造性,扩大中印制造业贸易规模。首先,两国制造业合作要有成效和互利,两国政府的指导和协助是必不可少的。中印两国政府加强法律制度和经济制度建设,降低关税和非关税壁垒,减少贸易摩擦,促进货币、投资、贸易、金融和商业自由化的发展(李静,2020)。[①]在两国经贸合作的协议、宣言中应进一步扩大经贸合作的范围,这样才能延伸到制造业合作的多个领域;中印政府向两国的制造企业提供贸易政策、法律法规、市场行情、供求等信息,努力解决制造企业的实际困难,管控分歧,大力消除贸易投资障碍,为中印两国的制造企业提供公平、便利的发展环境;印度政府应该适当降低关税,增加本国市场活力,优化双边贸易;中印政府应努力消除两国贸易中的歧视性政策,减少贸易摩擦,广泛签订商品、投资等领域内的法律、法规、协议等,以增强两国制造业贸易交流活动,建立系统化的非关税壁垒解决机制,加强两国在司法方面的制度安排职能,促使中印两国贸易纠纷解决的系统化、制度化,并协助企业积极参与,积累经验;中印两国政府对内要积极协助制造业企业进行改革,逐渐完善与世贸组织不相称的规则,为参与国际市场竞争提供便利化的条件,通力合作,谋求互利;中印政府应大力增加对制造业科研经费的投入,实行产学研相结合。其次,制造业企业应加强交流,扩大企业的交流渠道和范围;两国制造业企业界要有走出去的意识(楼春豪,2009)。[②]中印两国还可通过多种方式和途径实现优势互补,如共建(如纺织)工业园区以及企业购并(高巍,2006)[③],为开展制造业贸易做好准备;积极参加展览会和交易会(高巍,

---

[①] 李静:《中印制造业产业内贸易及影响因素研究——基于引力模型》,硕士学位论文,云南财经大学,2020年。

[②] 楼春豪:"中印经贸合作面临的新挑战",《亚非纵横》,2009年第4期,第28—31页。

[③] 高巍:"中国和印度纺织业竞争力比较与合作建议",《国际贸易》,2006年第8期,第13—17页。

2006）[1]，在充分宣传自己的同时，切实感受对方行业的发展，对其市场进行准确的定位，培育自己的品牌优势，强化产品的差异性。再次，在制造业贸易方面，继续加强传统制造业贸易，发挥比较优势，挖掘互补性行业需求；同时要不断扩大制造业贸易的领域，挖掘制造业的贸易潜力。两国的制造企业要把握两国关税不断降低的契机，扩大相互贸易。最后，应充分发挥商会、行业协会和学术团体等半官半民组织的服务功能，如发挥中国制造厂商协会、印度制造商协会、中国国际贸易促进委员会、印度贸易促进委员会等的中介作用。协会之间建立定期磋商机制，不断研究两国制造业之间合作的新方式和新领域，为两国企业创造交流平台。

2. 进一步优化产业结构，提高两国制造业自主创新能力。嵌入全球价值链中高端，要进一步推动中印制造业贸易合作，进一步优化两国制造业产业结构（李静，2020）[2]；同时，政府要制定创新政策，强化技术创新，加大对制造业科研经费的投入，建立联合实验室，实现两国间的产学研相结合，加强双边技术合作，提高各自的自主研发能力，提高产品质量，打造自主品牌，发展差异化产业，有利于推动制造业产业内垂直差异产品的贸易（李毅中，2010）。[3]同时，中印两国可以大力发展产业间和产业内贸易，从而使两国的制造业贸易投资合作最终发展成为以产业链为纽带的深度合作（张立，2020）。[4]

3. 加强制造业产业园区建设与运营，促进中印制造业贸易合作。一是中国可以把制造业园区的发展与管理经验向印度制造型企业分享。二是支持中国加工制造型企业在印度设立制造业加工厂，并购或建立技术研发机构、制造基地等，为促进印度的经济繁荣做出积极贡献，不仅可以提高就业

---

[1] 高巍：“中国和印度纺织业竞争力比较与合作建议”，《国际贸易》，2006年第8期，第13—17页。

[2] 李静：《中印制造业产业内贸易及影响因素研究——基于引力模型》，硕士学位论文，云南财经大学，2020年。

[3] 李毅中："加快产业结构调整 促进工业转型升级"，《求是》，2010年第6期，第34—36页。

[4] 张立："'一带一路'背景下中印安全困境的变化及应对"，《南亚研究》，2020年第3期，第59—91页。

率,还可促进中印制造业贸易合作(申现杰,2014)。①三是建立中印边境产业园区,开展家电、农产品、食品、农用工业、轻纺日用品等制造业合作(马文霞,2016)。②四是加快建设中印产业园区,并根据两国的比较优势,确定两国制造业合作的优先领域,探索适合中印两国关于制造业产业转移合作推广模式(李涛和秦卫娜,2019)。③中国可以发挥自身制造业的优势,将"中国制造模式"打造成"印度制造"的借鉴模板,实现两国制造业的对接,实现两国经贸关系的动态平衡(张可可,2020)。④

4. 加快自由贸易区谈判进程,创建面向21世纪的高标准自贸区,扩大中印制造业贸易合作空间。目前,中国与印度自贸区的协定正在研究之中,加快建立中印自贸区,推进中印两国制造业领域的全面开放,中国与印度可以相互开放服务业领域,如教育、金融、文化等,实现中印双方多领域全方位的合作,以助推双边制造业产业内贸易(申现杰,2014)。⑤

5. 减少"信任赤字",两国应减少地缘和现实政治安全担忧,增信释疑是保证双方制造业持久与深度合作的基石(彭蕙和亢升,2017)。⑥加强政治互信,增进相互了解,为中印制造业贸易合作营造良好的政治环境。除此之外,中印两国应加强政治、安全、外交、人文等方面的交流,缩小分歧,消除隔阂,相互取长补短,增进两国的政治互信,为中印制造业贸易合作营造良好的政治环境。

(二)关于中印制造业投资合作的对策

1. 进一步扩大开放程度,加大中印制造业投资力度。在制造业投资

---

① 申现杰:"中印经贸合作:新一轮经济开放下面临的机遇",《国际经济合作》,2014年第10期,第46—50页。

② 马文霞:《中印贸易失衡的特征、原因及对策研究》,硕士学位论文,云南大学,2016年。

③ 李涛、秦卫娜:"'一带一路'倡议下中印制造业产能合作——基于价值链与比较优势视角",《南亚研究季刊》,2019年第4期,第93—100页。

④ 张可可:《美国"印太"战略背景下的中印关系研究》,硕士学位论文,辽宁大学,2020年。

⑤ 申现杰:"中印经贸合作:新一轮经济开放下面临的机遇",《国际经济合作》,2014年第10期,第46—50页。

⑥ 彭蕙、亢升:"'一带一路'建设与中印制造业共赢合作",《宏观经济研究》,2017年第7期,第68—80页。

方面,中印两国应该扩大开放程度,尤其是印度要扩大对华开放程度(李静,2020)①,以利于通过增加对印度直接投资的方式矫正印度对中国制造业的"偏见"(王丹丹,2017)②,以及解决印度制造业基础设施瓶颈、实现投资对贸易的互补与完善效应,弥补贸易缺口,实现中印双方共赢(马文霞,2016)。③而且中印制造业间相互进行投资显然比两国开展直接贸易有着更为深远的意义。因而,根据中印制造业的实际情况,要合理适度投资,尤其是要加强产业内的投资,可以促进中国与印度制造业产业内贸易的发展,缓和两国的激烈竞争(洪洞洞,2014)。④

2. 中印制造业投资合作需在实际调研的基础上,采取"市场嵌入"模式,使之充分发挥技术溢出效应。例如,中印可以在医药、汽车、运输设备这些有潜力的制造业领域开展产能合作(谢向伟和龚秀国,2018)。⑤中资企业投资印度制造业,需要在实际调研的基础上,在制造业合作企业、项目和领域采取双方都能接受的合作方式(彭蕙和亢升,2017)。⑥中印应该通过"市场嵌入"模式进行中印两国互补(制造)产业的(投资)合作,从而实现两国的共同发展(谢向伟和龚秀国,2019)。⑦通过逐渐引入外资,并加强中印产业合作中的技术溢出,提升印度国内制造业的竞争力(潘怡辰等,2021)。⑧

3. 提升中印(包括制造业在内的)投资合作需要从政治互信、文化交

---

① 李静:《中印制造业产业内贸易及影响因素研究——基于引力模型》,硕士学位论文,云南财经大学,2020年。
② 王丹丹:《中印贸易竞争力分析》,硕士学位论文,延边大学,2017年。
③ 马文霞:《中印贸易失衡的特征、原因及对策研究》,硕士学位论文,云南大学,2016年。
④ 洪洞洞:《中印制造业产业内贸易及影响因素实证研究》,硕士学位论文,云南财经大学,2014年,第31页。
⑤ 谢向伟、龚秀国:"'一带一路'背景下中国与印度产能合作探析",《南亚研究》,2018年第4期,第138—144页。
⑥ 彭蕙、亢升:"'一带一路'建设与中印制造业共赢合作",《宏观经济研究》,2017年第7期,第68—80页。
⑦ 谢向伟、龚秀国:"'一带一路'背景下中国与印度产能合作探析",《南亚研究》,2018年第4期,第112—153页。
⑧ 潘怡辰、袁波、王蕊:"RCEP背景下印度对中国贸易逆差及合作潜力",《亚太经济》,2021年第3期,第74—85页。

往和机制合作三大方面着手(杨文武等,2017)。[①]在宏观层面应增强政治互信、对接国家发展战略,在中观层面应加强产业园区建设,在微观层面应发挥比较优势,确定率先合作领域,探索产业转移合作模式(李涛和秦卫娜,2019)。[②]同时,需要进一步从建立政策支持体系、双边合作机制等方面加强制造业投资合作(任育锋等,2020)。[③]除此之外,中资企业对印度(包括制造业在内的)投资前需评估风险,且对当地的法律法规有所了解,同时要关注印度投资环境及中印双边关系态势的变化(肖军,2015)。[④]

六、文献评述

从上述国内外研究现状来看,近些年国内外关于中印制造业贸易与投资合作的相关研究取得了较为丰硕的成果,这些成果为本著作的深入研究奠定了坚实的基础。然而,现在相关研究仍有以下几方面的不足:第一,现有研究成果大多从宏观层面探讨了中印制造业贸易与投资合作的成效与问题、机遇与挑战及其潜力与对策建议等相关内容,却很少从微观视角去揭示中印制造业各行业部门之间的贸易投资合作的本质属性。第二,现有研究成果大多仅从中国对印度制造业贸易与投资视角进行研究,特别是对中国对印度投资合作研究得比较多,却很少从印度的视角对中印制造业贸易与投资合作进行深入细致的分析与研究,尤其是关于印度对中国(包括制造业在内的)投资的态度及意愿的研究非常少。第三,现有研究成果主要从中印两国的制造业贸易与投资合作相关问题进行了探索,却缺乏在世界经济政治格局不断演化的背景下去揭示中印制造业贸易与投资合作的本质属性。第四,现有研究成果主要集中于对中印制造业贸易的理论研究,缺乏对中印制造业贸易与投资合作的实证研究成果。尤其是缺乏对中印制造业投资合

[①] 杨文武、王彦、文淑惠:"后金融危机时代中印投资合作研究",《南亚研究季刊》,2017年第1期,第49—57页。

[②] 李涛、秦卫娜:"'一带一路'倡议下中印制造业产能合作——基于价值链与比较优势视角",《南亚研究季刊》,2019年第4期,第93页。

[③] 任育锋、李哲敏、李俊杰:"'一带一路'倡议背景下加强中印两国农业合作的构想",《价格月刊》,2020年第3期,第88—94页。

[④] 肖军:"中国对印投资态势及影响因素",《成都大学学报(社会科学版)》,2015年第5期,第27—31页。

作的研究内容,即便是涉及中印制造业投资合作的相关内容,也大多散见或隐蔽于中印经贸合作或者说中印投资合作的相关研究成果之中。第五,关于中印制造业贸易与投资合作的研究成果大多是定性分析,而对中印制造业贸易与投资合作的潜力或便利化进行定量分析较少。而且,很少有揭示中印制造业贸易与投资合作的机理,以及可为政策制定起着决策参考价值的应用性研究成果。第六,现有研究成果主要集中于2008年金融危机以来至新冠肺炎疫情发生之前的研究内容,却很少有在新冠肺炎疫情急剧扩散且正在对世界经济产生严重影响背景下的中印制造业贸易与投资合作进行深入分析与研究。

综上所述,本著述将在现有研究成果基础之上,从多维度、多视角出发,揭示后疫情时代中印制造业贸易与投资合作的现状及其便利化、机遇与挑战等方面的本质规律,并提出可供决策参考的对策建议。

第四节 主要内容

本著作综合运用世界经济学、国际贸易理论、国际投资理论、国际经济学、国际经济关系学、国际经济合作理论与实务和计量经济学等相关学科领域的理论为指引,根据国民经济行业分类和国际标准产业分类法,将中印制造业分为28个行业,再以来自联合国商品贸易统计数据库(UN Comtrade)、国际贸易标准分类代码(SITC Rev.3)、UN Comtrade数据库和经济合作与发展组织(OECD)数据库的相关统计数据为基础,以近15年来中印制造业(28个行业的产品)贸易与投资合作为研究对象,着力对其合作现状与便利化、机遇与挑战、潜力与对策建议等进行了定性与定量研究。本著述分为6章,具体安排如下。

绪论。主要阐述了著作的选题背景和选题意义,梳理了中印制造业贸易与投资的相关文献、其主要研究内容、研究思路与研究方法、研究重点与难点,以及研究创新与不足。

第一章 核心概念及理论基础

本章主要对制造业、对外贸易、直接投资等核心概念,比较优势理论、竞

中印制造业贸易与投资合作研究

争优势理论、公司内贸易理论、产品生命周期理论等对外贸易相关理论,以及国际生产折衷理论、投资诱发要素组合理论和边际产业扩张理论等国际投资理论进行回顾。

第二章 中印制造业贸易与投资合作现状

本章主要对中印制造业贸易合作的规模与速度、中印制造业贸易的行业集中度、中印制造业贸易合作的动力源泉、中印制造业贸易的互补性、中印制造业贸易合作的属性等问题,以及中印(包括制造业在内的)投资规模、中国对印(包括制造业在内的)直接投资的主要领域与方式等进行了深入分析与研究。

第三章 中印制造业贸易与投资便利化——基于南亚国家面板数据的测算与实证

本章通过构建贸易与投资便利化指标体系,对2013—2017年中国与南亚国家的贸易与投资便利化水平进行了测算,并通过拓展的引力模型计算了中国与南亚国家的贸易成本,基于得到的面板数据构建模型,实证分析了南亚国家贸易便利化水平对贸易成本的影响,并以中国对其出口额的变化反映贸易效应。结果表明:印度的贸易便利化水平近年来有所增长,2017年已达到一般便利化水平(TFI>0.6)。印度的贸易便利化水平每提高1%时,中印的双边贸易成本将减少1.342%,那么中印的双边贸易规模将增加0.411%。

第四章 中印制造业贸易与投资合作面临的机遇

本章主要从中印两国持续快速的经济增长势头、中印两国制造产业发展需求及其发展之间存在的差距、中印制造业贸易占比较小、印度制造业出口偏向型增长模式、中印投资合作的(包括制造业在内的)贸易创造效应、中资企业对印(包括制造业在内的)直接投资意愿和印资企业具有对华(包括制造业在内的)直接投资需求等方面阐释中印制造业贸易与投资存在的合作机遇。

第五章 中印制造业贸易与投资合作面临的挑战

本章主要从中印制造业贸易合作关系的非对称性、结构性失衡的矛盾以及一系列非经济制约因素,(印度对)标准需求不足,中印标准体系不兼容和技术壁垒的存在,中印标准合作机制、沟通渠道和互认互换协议的缺乏,以及印度将经济、法律事务政治化处理,印度的土地、劳动力法律制度和环

绪论

境法律制度障碍等方面，揭示其如何影响与制约中印制造业贸易与投资合作的广度与深度。

第六章　中印制造业贸易与投资合作潜力实证分析

为了研究中印制造业贸易与投资合作潜力，本章分别通过构建贸易与投资模型实证研究中印制造业贸易的合作潜力和中印制造业投资的合作潜力。在研究中印制造业贸易的合作潜力时，构建了随机前沿引力模型，通过随机前沿方法研究进出口效率，从而计算出贸易潜力值。在研究中印制造业投资合作潜力时，构建了多元线性回归模型，采用最小二乘法进行回归估计，再通过计算投资引力系数判断潜力大小。值得一提的是，本章从中国对印和印度对华两个维度分析了制造业贸易与投资合作的潜力。

第七章　中印制造业贸易与投资合作的对策建议

本章围绕中印制造业贸易和投资合作提出增强中印政治互信，发挥政府主导作用；加强合作机制建设，拓宽制造业合作渠道；支持中小企业对印投资，增强对印企投资引导；减少投资壁垒，扩大贸易规模，实现中印合作潜力；以及加强金融发展合作，助力企业对外贸易投资等对策建议。

第五节　研究思路与研究方法

在大量梳理并借鉴国内外关于中印制造业贸易与投资合作相关研究的最新成果基础上，在后金融危机以及新冠肺炎疫情对全球制造业体系，尤其是对原有的制造业产业链、供应链体系严重冲击的时代背景下，以世界经济学、国际贸易理论、国际投资理论、国际经济学、国际经济关系学、国际经济合作理论与实务和计量经济学等相关理论为指导，结合中国与印度制造业发展实际，深入探讨中印制造业贸易与投资合作的现状与便利化、机遇与挑战，并深刻剖析了中印制造业贸易与投资合作的潜力，为继续推动中印制造业贸易与投资朝着纵深方向发展，实现优势互补，互利共赢，以及促进疫情时期以及后疫情时代的中印两国以及中国与南亚区域经济乃至世界经济的恢复性增长与发展起到助推作用，并提出相应的对策建议。因此，在对中印制造业贸易与投资的相关理论、相关方法等进行文献资料研析的基础之上，着重围绕中印制造业贸易与投资合作的现状是什么？便利化程度如何？中印制造业贸易与投资合作面临的机遇与挑战有哪些？中印制造业贸易与投资合作的潜力如何？促进中印制造业贸易与投资的政策建议有哪些？如此等等，围绕一系列问题展开研究，提出著作的概念性框架与基础性研究假设，科学地回答中印制造业贸易与投资合作"是什么""怎么样"等问题，从而推导出促进中印制造业贸易与投资合作的对策建议。

在研究方法上强调多学科、全方位和开放性的理论视角，整体上采用定性分析与定量分析相结合，尤其是坚持马克思主义的理论指导，把历史唯物主义和辩证唯物主义贯穿于研究的全过程。具体的研究方法主要有：第一，文献研究法。收集大量中外相关理论与研究文献资料，对这些文献进行梳理、归纳、综述，为本文的撰写提供参考。第二，描述性统计分析方法。通过从权威部门收集数据，然后对数据进行定量分析得出结论，使论证更具有说服力。第三，计量分析法。通过建立模型，使用计量软件对中印制造业贸易与投资合作便利化及其合作潜力进行计量分析，为提出促进中印制造业贸易与投资合作的政策建议提供较为客观的理论依据。

第六节 研究重点与难点

本著述研究的重点在于从宏观经济发展、中观制造业产业以及制造业经贸（国际贸易与国际投资）合作理论视角，探索中印制造业贸易与投资合作质与量的规律性；揭示中印制造业贸易与投资合作面临的机遇与挑战；明晰影响中印制造业贸易与投资合作的因素；测算并充分挖掘中印制造业贸易与投资的潜力；提炼出有针对性、前瞻预测性和实践操作性的对策建议。

本著述研究的难点主要是在新冠肺炎疫情对全球制造业体系尤其是对原有的制造业产业链、供应链体系严重冲击的背景下，如何科学地揭示新冠肺炎疫情不断演变背景下以及后疫情时代中印制造业贸易与投资合作的本质特性，推演出中国与印度的具体国情动态变化以及中印经贸合作关系演化的趋势，并找到进一步破解与助推中印制造业贸易与投资合作及其发展难题的钥匙。

绪论

第七节 创新与不足

创新点：第一，在面对新冠肺炎疫情时代国际经济环境的新变化、全球制造业格局的新调整、中印制造业贸易的新发展以及中印双边经贸关系的微妙变化背景下，立足于宏观整体、中观产业与微观行业部门相结合的多维分析视角，揭示中印制造业贸易与投资合作的动态演化特性。第二，对探究中印制造业贸易与投资合作现状、便利化、机遇与挑战、影响因素及其发展潜力进行了全面而又系统性的分析与研究，并提出了可操作性的对策建议。第三，综合应用多种分析方法，尤其是采用定性与定量相结合的方法，探索了中印制造业贸易与投资合作的内在运行规律。例如，在分析中印制造业贸易的机遇与挑战时，运用双边制造业贸易数据、相关贸易指数计算方法，以定量研究的方法对制造业贸易合作的机遇与挑战进行了全面的分析；在分析制造业双边贸易的影响因素时，运用面板数据，采用计量模型的方法，以定量研究的方法对影响中印制造业贸易的因素进行实证分析；用模型测算出了制造业双边贸易的潜力类型。再如，在研究中印（包括制造业在内的）投资合作时，应用了多元线性回归模型和投资引力系数对其潜力进行定量研究。第四，本研究成果超越了仅从中国角度理解与分析中印制造业贸易与投资合作现状、动因、趋势等现有的分析范式，力图从中印双边或者说尽可能从对方的角度探索印度对中资企业或中国对印度制造业贸易的认知，从而提供一种新的应对思路。第五，在保证数据真实可靠的基础上，采用相关数据库中的最新统计数据，结合与中印制造业贸易与投资合作研究的相关学术前沿和最新研究成果，追踪该研究的新进展、新特点和新趋势，从而保证了研究成果的时效性和新颖性。

本文的不足之处：第一，由于中印制造业贸易与投资合作涉及经济与非经济、政治与社会、双边与多边关系等影响因素，著作未能全面揭示其影响因素。第二，中印制造业贸易与投资合作是一个系统性的复杂问题，涉及内容广泛，难以全面阐述，例如，对中印制造业的发展史况以及相关制度安排，在著作中未能进行系统性的阐述。第三，由于中印两国的公开数据库以及世界银行、联合国贸发会议、国际货币基金组织等国际组织的数据库中无法找到中印制造业投资合作的相关统计数据，中国商务部也并未公布中印双边制造业投资数据,因而对相关具体问题仅能从中印投资的总体状况进行分析与研究。因此缺少中印制造业投资合作的具体数据资料,这也是不足的一方面。

第一章 核心概念及理论基础[1]

---

[1] 本章关于投资的内容主要参考了罗建的硕士毕业论文,参见罗建:《21世纪以来中印双边直接投资研究》,硕士学位论文,四川大学,2021年。

在揭示中印制造业贸易与投资合作的本质规律之前,必须清晰地分辨与理性地认知制造业、对外贸易、直接投资等核心概念。与此同时,也需对比较优势理论、竞争优势理论、公司内贸易理论、产品生命周期理论等对外贸易相关理论,以及国际生产折衷理论、投资诱发要素组合理论和边际产业扩张理论等国际投资相关理论进行解释,阐析其与中印制造业贸易与投资合作之间的内在关联度,并将其作为中印制造业贸易与投资合作研究的理论基石与理论指引。

第一节 核心概念

一、关于制造业的概念

根据《现代经济词典》的定义,制造业(Manufacturing Industry)是指对采掘的物质资源和工农业生产的原材料进行加工或再加工的工业,即以经过人类劳动生产的产品作为劳动对象的工业。[1]百度百科资料显示,制造业是指对各种制造资源,包括物料、能源、设备、工具等,按照市场要求,通过一定的制造过程,将其转化为可供人们使用、利用的工业品或生活消费品的行业。[2]而根据我国国家统计局的制造业定义,认为制造业是经物理变化或化

---

[1] 张芊芊:《中国制造业"新型化"及其驱动因素研究》,博士学位论文,东南大学,2016年,第22页。

[2] "制造业",2021年9月14日,https://baike.baidu.com/item/%E5%88%B6%E9%80%A0%A0%E4%B8%9A/523699?fr=aladdin,2021年11月1日。

中印制造业贸易与投资合作研究

学变化后形成的新产品,不论是动力机械制造,还是手工制作;也不论产品是批发销售,还是零售,均视为制造。①也有人认为,制造业这个用语是舶来品,是指对原材料(采掘业的产品和农产品)进行加工或再加工,以及零部件装配工业的总称。②还有人认为,制造业是指对能源、设备、物品材料等资源,按照市场或者消费者的需求进行制造加工,从而使原材料转化为可供人们使用和利用的工业品与生活消费品的行业。③或者说,制造业是指对采掘的自然物质和工农业生产的原材料进行加工和再加工,为国民经济其他部门提供生产资料,为全社会提供日用消费品的生产部门。④还有人认为,制造业是指根据市场需求,通过对物料、能源、资金、技术等材料的选取、加工、制作等过程,将这些原料生产成可供给消费者使用的产品和服务的行业。⑤也有人认为,制造业是指对制造资源(物料、能源、设备、工具、资金、技术、信息和人力等),按照市场要求,通过制造过程,转化为可供人们使用和利用的大型工具、工业品与生活消费产品的行业。⑥还有人认为,制造业是指根据市场要求,通过制造过程将物料、能源、设备、工具、资金、技术、信息和人力等资源转化为可供人使用的产品的行业。⑦还有人认为,制造业是指将可用资源(包括能源)通过制造过程,转化为可供人们使用和利用的工业品或生活消费品的产业。⑧因而,制造业与同属于第二产业的采矿业(不含开采辅助活动)、电力、燃气及水的生产和供应业、建筑业等存在明显区别。为此,我们认为,制造业是指按照市场交易原则,投入一定的资金、设备、工具、技术、

---

① 国家统计局:"2017国民经济行业分类注释(网络版)",2018年9月30日, https://www.stats.gov.cn/tjsj/tjbz/201809/P020181204357029428548.pdf,2021年11月1日。
② 王常凯:《中国制造业新型化动态特征及收敛性研究》,博士学位论文,东南大学,2015年,第7页。
③ 曹红涛:《中国对外直接投资对先进制造业发展的影响研究》,博士学位论文,武汉大学,2017年,第7页。
④ 贾贺敬:《金融支持中国制造业产业升级研究——基于金融规模-结构-效率的视角》,博士学位论文,天津财经大学,2019年,第3—4页。
⑤ 回凤雯:《企业社会责任对制造企业竞争力的影响研究》,硕士学位论文,哈尔滨工程大学,2014年,第10页。
⑥ 汪长炳:《中国制造业升级对收入分配的影响问题研究》,硕士学位论文,华中师范大学,2020年,第15页。
⑦ 董硕:《中国区域制造业碳排放的收敛性与空间计量分析》,硕士学位论文,哈尔滨工程大学,2020年,第12页。
⑧ 刘雪梅:"'中国造'——玉柴的理想",《中国工业报》,2004年5月31日。

第一章 核心概念及理论基础

信息和人力等资源,并使自然物质或原材料发生物理变化或化学变化并转化为新产品的加工和再加工过程。

目前,学术界对制造业的分类大多使用国民经济行业分类标准,如中国国家统计局 2002 年修订的《国民经济行业分类与代码》[①]中的制造业被细分为 30 个行业类别[②],或者按中国《2017 年国民经济行业分类》,同样包含 30 个制造业细分类别。[③]另外,学界使用最广泛的 OECD 制造业分类标准体系,即是按照 R&D(科学研究与试验发展)经费投入强度(R&D 经费支出与生产总值之比)和中间品的 R&D 强度,将制造品分为高技术产品、中高技术产品、中低技术产品和低技术产品。[④]另外,也有人从要素密集的角度将制造业分为资本密集型、技术密集型和劳动密集型制造业[⑤];还有人按技术水平将制造业划分为高端技术制造业、中端技术制造业和低端技术制造业三类。[⑥]

本研究成果中关于中印制造业贸易合作研究部分,是根据国民经济行

[①] 制造业在我国产业分类中属于一个大类,一共包括 30 个行业类别,分别是:农副食品加工业,食品制造业,饮料制造业,烟草制品业,纺织业,纺织服装、鞋、帽制造业,皮革、毛皮、羽绒及其制品业,木材加工及竹、藤、棕、草制品业,家具制造业,造纸及纸制品业,印刷和记录媒介复制业,文教体育用品制造业,石油加工、炼焦及核燃料加工业,化学原料及化学制品制造业,医药制造业,化学纤维制造业,橡胶制品业,塑料制品业,非金属矿物制品业,黑色金属冶炼及压延加工业,有色金属冶炼及压延加工业,金属制品业,通用设备制造业,专用设备制造业,交通运输设备制造业,电气机械及器材制造业,通信设备、计算机及其他电子设备制造业,仪器仪表及文化、办公用机械制造业,工艺品及其他制造业和废弃资源和废旧材料回收加工业等 30 个行业类别。

[②] 孟建:《武汉市制造业的空间分布及变化》,硕士学位论文,华中师范大学,2012 年,第 8 页。

[③] 张颖:《中国制造业的区域格局及其演变》,硕士学位论文,云南财经大学,2019 年,第 9 页。

[④] 辜益娟:《中印高技术产业出口复杂度及其影响因素分析》,硕士学位论文,西南财经大学,2019 年,第 14—15 页。

[⑤] 潘为华等:"中国制造业转型升级发展的评价指标体系及综合指数",《科学决策》,2019 年第 9 期,第 28—48 页。

[⑥] 梁榜、张建华:"对外经济开放、金融市场发展与制造业结构优化",《华中科技大学学报(社会科学版)》,2018 年第 4 期,第 89—101 页。

业分类和国际标准产业分类法,将中印制造业分为28个行业[①]的产品贸易研究对象。结合联合国商品贸易数据库中国际贸易标准分类代码(SITC Rev.3)的数据为基础,对中国与印度制造业贸易合作进行了深入分析,并揭示了其内在的、本质的运行规律。

二、关于对外贸易的概念

一般认为,对外贸易(Foreign Trade)是指利用技术、服务和商品在国家之间或地区之间进行交换的方式。或者说,对外贸易又称国际贸易、进出口贸易或者输入输出贸易。[②]对外贸易的概念分为狭义与广义的。狭义的对外贸易的概念是指货物与货物之间的贸易,而广义的对外贸易概念包括技术、服务、资本、信息等社会经济要素,同时也包含货物之间的相互交换。[③]与此同时,也有人认为,对外贸易与国际贸易还是存在着细微的差别。比如,对外贸易是站在自己国家的立场上,以本国为视点和出发点研究本国与世界各国的交换活动和交换关系。其具体表现在:对外贸易是以本国国家利益为着力点和出发点,在不违背国际贸易原则、符合国际公约和国际惯例的前提下,并根据自身国家和企业的具体需要,建立符合自己本国的法律法规和政策制度,规范企业的进出口行为,制定各行业、各产业的整体规划,不断开拓国际市场的行为。[④]而国际贸易是指世界各国(地区)之间货物(商品)和服务交换的活动,是世界各国在国际分工的基础上进行相互联系的主要

[①] 食品加工和制造业、饮料制造业、烟草加工业、纺织业、服装及其他纤维制品制造、皮革毛皮羽绒及其制品业、木材加工及竹藤棕草制品业、家具制造业、造纸及纸制品业、印刷和记录媒介复制业、文教体育用品制造业、石油加工及炼焦业、化学原料及化学制品制造业、医药制造业、化学纤维制造业、橡胶制品业、塑料制品业、非金属矿物制品业、黑色金属冶炼及压延加工业、有色金属冶炼及压延加工业、金属制品业普通机械制造业、专用设备制造业、交通运输设备制造业、电气机械及器材制造业、电子及通信设备制造业、仪器仪表及文化办公用机械、其他制造业。

[②] 赵春明:《国际贸易学》,北京:石油工业出版社,2003年,第227页。

[③] 贾金思、郎丽华、姚东旭:《新编国际贸易通论》,北京:首都经济贸易大学出版社,2010年,第9—10页。

[④] 高军:《黑龙江省对外贸易结构优化研究》,硕士学位论文,首都经济贸易大学,2017年,第7页。

形式。[1]或者说,国际贸易是更多地以全球利益或世界各国整体利益为出发点,着重分析与研究国与国之间、不同区域或集团之间,或者说不同国际经济主体之间的商品与服务的交换关系的总称。而且还有人将国际贸易分为产业间贸易与产业内贸易。例如,产业间贸易是指各国出口与进口不同种产业产品的贸易;而产业内贸易是指各国进口和出口同一种产业产品的贸易活动。[2]再如,1975年,Grubel与Loyd在合著的书籍《产业内贸易:差别化产品国际贸易的理论与度量》中认为,产业间贸易是发生在不同类型国家生产要素禀赋存在差异基础上的贸易,而根据以李嘉图—奥林为代表的产业间贸易理论,产业间贸易可解释为:一个国家或地区,在一段时间内,同一产业部门的产品只出口或只进口的现象。而产业内贸易或称为双向贸易(Two-way Trade)或重叠贸易(Ower-lay Trade),它是发生在相同生产要素禀赋的国家之间的贸易。[3]这种贸易模式出现在20世纪60年代,由Verdoom、Dreze以及Kojima等一些欧洲学者在检验欧共体成员国之间的贸易流量时陆续发现的,由美国经济学家Balassa最早把这种"新"的相互贸易模式命名为产业内贸易。[4]

三、关于直接投资的概念

关于投资(Investment)的概念,学者们有许多不同角度的定义。从时间关系看,投资是为了将来某种不确定的价值而牺牲现有的一定价值。[5]投资也是一种资产转移的过程,是为了取得未来的资产使用权而转让现有的使用权。[6]从投资的目的看,投资是将一定数量的生产要素(资本、技术等)

---

[1] 王丽萍、周红彬、沈云:"教育国际贸易对我国高等教育的影响及对策",《西南科技大学学报(哲学社会科学版)》,2003年第3期,第39页。

[2] 吴冬冬:《中美电子类产品产业内贸易影响因素实证研究》,硕士学位论文,辽宁大学,2016年,第9页。

[3] 李晓欢:《我国文化产品产业内贸易的影响因素及对策研究》,硕士学位论文,南昌大学,2014年,第9页。

[4] 苗玲:《产业内贸易与产业间贸易的环境效应比较研究——基于中国工业行业的实证分析》,硕士学位论文,南京农业大学,2010年,第7页。

[5] 耿明斋主编:《投资学》,上海:上海财经出版社,2016年,第3页。

[6] 杨海明、王燕:《投资学》,上海:上海人民出版社,1998年,第3页。

45

中印制造业贸易与投资合作研究

投放于某种对象,以获取一定收益(经济或社会收益)的活动。[①]学者们将投资分为两种,即直接投资和间接投资。直接投资(Direct Investment)指投资者直接建立经营主体,如工厂、商店等,或者投资购买企业一定数量的股份,从而对该企业拥有经营上的控制权。间接投资(Indirect Investment)则是指投资者购买股票等不直接参与生产经营的活动。[②]FDI[③]不仅是简单的资金转移,而且还被定义为技术、管理能力、营销技能等金融资产和无形资产的混合体的转移。[④]按照国际货币基金组织(IMF)的定义,FDI是指一国的投资者将资本用于他国的生产或经营,并掌握一定经营控制权的投资行为。根据经济合作与发展组织的定义,FDI是指在一国境外投资的直接投资企业,并拥有10%以上(要在经营决策中有话语权)或者管理层控制权(投资可少于10%的所有权)的投资活动。根据联合国贸易和发展会议的定义,FDI是指一国(地区)的居民实体(对外直接投资者或母公司)在其本国(地区)以外的另一国企业(外国直接投资企业、分支企业或国外分支机构)中建立长期关系,享有持久利益,并对之进行控制的投资。[⑤]在2012年中国《对外直接投资统计制度》中认为,(境外)直接投资是指中国企业、团体等(以下简称"境内投资者")在国外及港澳台地区以现金、实物、无形资产等方式投资,并以控制国(境)外企业的经营管理权为核心的经济活动。

本研究成果涉及的投资是指形成实物资产的直接投资,或者说仅指中印两国投资者进行的超出本国疆域界线的相互投资,以获得投资企业经营的控制权,其目的为获取收益(利润或社会收益)的经济活动。或者说,中印制造业投资仅指中印双边在对方国家制造产业的某一或某些行业或部门进行的直接投资。然而,由于无法搜集到中印双边制造业直接投资合作的数据资料,因此本研究成果主要基于中印(包括制造业在内的)直接投资合作的整体情况,间接地透视中印制造业投资合作的内在的、本质的规律性。

---

① 郎荣燊、裴国根:《投资学》,北京:中国人民大学出版社,2014年,第4页。
② 张中华、谢进城:《投资学》,北京:中国出版社,2001年,第12页。
③ 本节的FDI指外国直接投资,与前文有所不同。
④ Rizvi, Syed Zia Abbas, and Muhammad Nishat, "The Impact of Foreign Direct Investment on Employment Opportunities: Panel Data Analysis: Empirical Evidence from Pakistan, India and China," The Pakistan Development Review, Vol.48, No.4, 2009, pp. 841–851.
⑤ 韩师光:《中国企业境外直接投资风险问题研究》,博士学位论文,吉林大学,2014年,第14—15页。

四、关于贸易便利化的概念

人们对贸易便利化(Trade Facilitation)降低跨境贸易成本、减少国际贸易时间和提高全球供应链效率的作用已形成共识,但贸易便利化并没有一个普适定义。WTO对贸易便利化的定义是"国际贸易过程的简化、现代化和协调"。[1]其他国际组织如经济合作与发展组织(OECD)、亚太经济合作组织(APEC)等对其均有不同表述,OECD的定义是:"贸易便利化包括可以用来稳定和促进贸易流动的所有步骤,并提高效率。"[2];2008年《APEC第二次贸易便利化行动计划》将其定义为:"简化和合理化那些障碍、延误或增加货物跨境流动成本的海关及其他管理程序。"[3]"而在学术领域,贸易便利化则是指减少在买卖双方商品和服务的跨境流动中存在的、由不必要的行政负担引起的交易成本。"[4]尽管各方对贸易便利化的定义不尽相同,但其在基本内涵上较为一致,大体可分为狭义和广义两种。狭义的贸易便利化往往聚焦于国际贸易中海关和边境措施的协调与统一;广义的贸易便利化则还涵盖了口岸通关流程的简化、物流与基础设施建设的加强和法律法规的协调等内容。而随着近年来电子信息技术的高速发展,跨境无纸贸易和单一窗口也已成为贸易便利化的重要组成部分。因此,本文将贸易便利化定义为:"在国际贸易的过程中,通过优化基础设施建设,简化与协调相关海关制度、程序和规范,标准化相关贸易数据信息流,并运用新技术来降低国际贸易成本、扩大贸易规模的过程。"

---

[1] WTO, "Trade facilitation", https://www.wto.org/english/tratop_e/tradfa_e/tradfa_e.htm#II, 29 October 2020.
[2] 刘军梅等编:《贸易便利化:金砖国家合作的共识》,上海:上海人民出版社,2014年,第2页。
[3] 沈铭辉、余振:"APEC贸易便利化进展及变化",《国际经济合作》,2009年第2期,第41页。
[4] 胡颖:"'贸易便利化'的学术论争与中国的改革路径",《国际商务(对外经济贸易大学学报)》,2016年第1期,第119页。

五、关于贸易成本的概念

由于在国际贸易过程中,影响因素太过复杂,并不能确定贸易成本的影响机制,所以贸易成本同贸易便利化的定义一样没有较为一致的表述。詹姆斯·范德森和恩里克·冯·温库帕[1]认为,贸易成本是除边际生产成本外,商品到达另一个国家后消费者所付出的所有价差的总和。而丹尼斯·诺维[2]认为贸易成本具有"冰山效应",即商品在贸易过程中会因为地理原因、制度原因、历史原因等的影响,而使贸易成本损耗掉一部分。戴维·胡梅尔斯[3][4]则将贸易成本直接定义为货物的离岸价(FOB)与到岸价(CIF)之差。借鉴以往学者的含义界定,故本文将货物贸易成本定义为:"在国际贸易流通过程中,货物价格在国内贸易和跨国贸易中的变化。"

六、关于投资便利化的概念

目前虽然还没有统一的投资便利化(Investment Facilitation)定义,但关于便利化议题的讨论最早在1989年的APEC新加坡部长会议上,贸易投资便利化作为议题之一被提出;1995年APEC发布的《大阪行动计划》中,提到贸易投资便利化的原则性规定,不过依然是围绕贸易便利化。此后,1996年WTO部长会议、2004年世界贸易组织多哈发展议程也对贸易投资便利化议题进行了讨论。后来在APEC计划中,投资便利化被视作APEC发展的"三大支柱"之一,其重要程度可见一斑。直到2008年,投资便利化终于作为单独议题被正式推出,并在《投资便利化行动计划(IFAP)》中给出了定义:"投资便利化是指政府采取的一系列旨在吸引外国投资,并在投资周

---

[1] James E. Anderson, Eric van Wincoop, "Trade Costs", *Journal of Economics Literature*, 2004, pp. 691-751.

[2] Dennis Novy, "Is the Iceberg Less Quickly?", *International Trade Costs after World War II, Working Paper.*, University of Warwick, 2006.

[3] David Hummels, "Toward Geography of Trade Costs", *GTAP Working Paper*, Mimeo Purdue University, 2001.

[4] David Hummels, "Transportation Costs and International Trade in the Second Era of Globalization", *Journal of Economic Perspectives*, 2007, pp. 131-154.

期的全部阶段上使其管理有效性和效率达到最大化的行动或做法。"本文则根据前文的文献综述,并结合 APEC 的相关定义,认为投资便利化是一个动态的发展过程,即通过各种手段或措施,简化投资程序、完善投资法律政策、创造更好的投资环境,从而降低投资成本,保护投资的有效性和投资利益的最大化。

第二节 理论基础

一、关于对外贸易的相关理论

(一)比较优势理论

对外贸易的理论体系最早发端于亚当·斯密在 1776 年所著的《国民财富的性质和原因的研究》一书,他在该书中提出了"绝对(成本)优势理论",而大卫·李嘉图对绝对(成本)优势理论加以深化与拓展,并于 1817 年在《政治经济学及其赋税原理》中提出了"比较(成本)优势理论"。[1]于是,国际贸易学说的总体系在"绝对(成本)优势理论"和"比较(成本)优势理论"的基础上建立了起来。比较优势理论的核心思想是,如果一个国家在本国生产一种产品的机会成本低于在其他国家生产该种产品的机会成本,或称具有比较优势,一国应该生产出口其具有"比较优势"的产品,进口其具有"比较劣势"的产品。根据亚当·斯密的"绝对优势论",如果两国间在商品生产上各自没有绝对优势,贸易就不成立;而大卫·李嘉图首次提出"比较优势理论",认为即使一国在两个商品生产方面相对于另一国没有绝对优势,但考虑到两个国家之间的相对生产比例,也会有比较优势,因而进行贸易是有益的。所以,比较优势理论本质上是以劳动分工进而产生分工效率而使贸易

---

[1] 窦鹏鹏:"改革开放 40 年中国对外贸易理论的演进",《现代管理科学》,2019 年第 2 期,第 30 页。

产品的相对成本在各国产生差异为逻辑起点。[①]或者说,传统比较优势理论研究,主要集中于供给侧的产品生产(相对)成本优势分析,提出各国应专业生产其具有比较优势的产品,并通过贸易进一步促进生产效率的提高,从而使交易双方都获得利益最大化。为此,即便是中印制造业发展存在一定的同质性特质,中印制造业贸易仍存在巨大的合作空间与合作机会。因而该理论用于解释中印制造业贸易合作机遇具有十分重要的理论价值。

(二)竞争优势理论

自20世纪80年代始,世界经济论坛和洛桑国际管理开发学院率先开始研究国际竞争力问题,每年发表一份世界范围的国际竞争力分析报告。而美国经济学家迈克尔·波特先后发表了竞争战略、竞争优势、国家竞争优势等三部著作,系统地提出竞争优势理论。[②]波特用生产要素、需求要素、相关产业和支持产业要素、企业战略结构和竞争对手、政府、机遇等六大要素创立了钻石模型,认为这六大要素构成了一个国家的国际竞争优势。该理论在研究方法上、内容与逻辑上是对比较优势理论的创新和深化。因而,该理论在分析中印制造业贸易中的竞争优势时,需要涉及中印两国制造产业的各自生产要素与相互的市场需求要素、制造产业要素与制造业企业要素、机遇要素与政府要素等相关内容。首先,生产要素与需求要素对中印制造业贸易竞争分别起到基础资源的供应与内在需求的驱动作用,也是中印制造业贸易持续发展的根本要求。其次,产业要素与企业要素对中印制造业贸易竞争起着决定性因素,尤其是制造业的主导贸易产品的质量优势,决定着中印制造业贸易的竞争力。正如迈克尔·波特认为的那样,一个国家竞争优势的形成,不仅仅是因为一国的比较优势,更关键在于能否使主导产业具有优势,优势产业的建立有赖于提高生产效率,而提高生产效率的源泉在于企业是否具有创新机制。[③]因此,主导产业的竞争优势决定着中印制造业

---

① 陈钧浩:"全球化经济的要素流动与国际贸易理论的发展方向",《世界经济研究》,2013年第11期,第5页。
② 盛晓白:"竞争优势学说——西方国际贸易理论体系的新框架",《审计与经济研究》,1998年第6期,第47页。
③ 吴杨伟、李晓丹:"论贸易优势理论的当代发展",《云南财经大学学报》,2020年第3期,第3页。

贸易的竞争力。最后,机遇要素与政府要素对中印制造业贸易竞争起着辅助作用。中印两国的经济制度、法律条例、金融投资体系、税收政策体系等在两国制造业贸易合作中或者促进或者阻碍着它们的合作与发展,特别是印度贸易保护主义的政策举措不利于中印制造业贸易的深度合作与持续发展。

(三)公司内贸易理论

公司内贸易理论打破了传统贸易理论中生产要素不能在国家间自由流动的假设。公司内贸易理论认为,随着跨国公司的大量出现,以利益为导向的资本要素在国家间实现了自由流动,跨国公司的投资行为极大地促进了产业内贸易的发展。一般认为,跨国公司的投资行为可以分为垂直一体化和水平一体化两种模型。[①]在垂直一体化模型中,跨国公司将生产经营活动的各个阶段分散于不同国家,跨国公司总部或母公司与其海外工厂或子公司的各个生产环节之间实行了纵向分工。当母国与东道国的要素禀赋存在一定差距或差异化时,处于某一生产环节或某一个生产阶段的子公司需从其母司或其他子公司进口相关零部件或中间产品,加工后出口到其母公司或其他子公司,由此产生"垂直贸易",或者说形成了产业内贸易。因此,一国的垂直型对外直接投资越多,产业内贸易额就越大;一国的垂直型对外直接投资规模与其产业内贸易规模成正比,该国的对外贸易竞争力也越大。由此可见,如果中印之间的垂直型制造业投资额度越大,那么中印制造业的产业内贸易额度也就会越大。

同样,在水平一体化模型中,跨国公司由于主要是在经济发展水平和市场规模相似的国家之间从事类似的经营活动,并倾向于在这样的国家都建立起自己的生产和销售体系,这样在它们之间就形成了一个内部市场,进行差别产品交易,呈现出产业内贸易的特征。二战后发达国家与发达国家之间的相互投资额与产业内贸易额同时增长的现象就充分证实了这一点。[②]

那么,同为发展中大国的中国与印度在制造业领域的相互投资,同样促进了中印制造业产业内贸易规模的扩大与贸易空间的拓展。因而,公司内

---

① 赖瑾瑜:"论产业内贸易的形成机制与我国的对外贸易竞争力",《国际贸易问题》,2001年第6期,第25页。
② 李锦、王必达:"国际贸易理论的新发展:一个文献综述",《兰州商学院学报》,2005年第6期,第81页。

中印制造业贸易与投资合作研究

贸易理论可以为中印制造业产业内贸易合作奠定理论基础。

(四)产品生命周期理论

产品生命周期理论是由美国哈佛大学教授雷蒙德·弗农(Raymond Vernon)1966年在其《产品周期中的国际投资与国际贸易》一文中首次提出的。弗农认为产品和人的生命一样,要经历形成、成长、成熟、衰退这样的周期。因而,该理论将产品生命周期划分为创新期(或引入期、介绍期、投入期)、成长期、成熟期和衰退期四个时期。在引入期,新产品的国内需求价格弹性较低,需求量相对较大,属于卖方市场,生产者只是少数垄断技术的厂商;在成长期,生产技术已经扩散,生产同种产品的厂商数逐渐增加,产品的价格弹性提高,市场上已经出现厂商竞争,而且市场向有利于消费者的方面转变;在成熟期,随着产品价格弹性的不断提高,市场竞争越来越激烈,消费者已经能够比较和鉴别产品的质量和价格区别,并拥有较大的选择余地,市场逐渐变成买方市场。[①]因此,根据产品生命周期理论,以中国向印度出口工业制成品为例:(1)在中国制造业工业制成产品的导入期,新开发的工业制成品仅能满足中国国内市场的需求。(2)产品进入成长期以后,随着中国制造业新产品的不断普及,原先的较低收入者也开始购买该产品,中国市场逐渐扩大,可以通过降低价格增加对印度的出口量,一旦印度当地市场扩大到足以使其生产获得规模经济时,印度国内的当地企业家就会自己生产,并可能以低于从中国进口的价格出售印度自己生产的制成品。(3)由于中国制成产品出口规模不断增大,原来垄断的制造技术也逐渐扩散到印度的竞争者手中;而且随着生产技术的相对稳定和市场的扩大,印度制造企业已不受规模小、成本高的限制,其生产不断增长,原有技术领先的优势开始丧失,印度国内企业的生产费用不再比中国高,中国在印度的原有市场逐渐丧失。(4)当市场进入成熟期阶段,印度国内的生产规模进一步扩大,成本显著下降,致使中国制造业某些产品无力与之竞争。这时,印度开始向原来拥有技术的中国出口产品,中国制造业产品由出口国转变为净进口国。因而,产品生命周期理论可以作为理解中印制造业贸易与投资合作潜力巨大的理论依

---

① 于纯容:《产品生命周期理论与雁形发展模式之比较》,硕士学位论文,首都经济贸易大学,2006年,第2—4页。

据之一。

(五)交易成本理论

交易成本理论最早由英国经济学家科斯(R. H. Coase)在其《企业的性质》(*The Nature of the Firm*)和《社会成本问题》(*The Problem of Social Cost*)中所提出,阿罗(K. J. Arrow)、威廉姆森(O. E. Williamson)等学者持续丰富了这一理论。该理论认为,交易成本是为获取准确的市场信息、谈判行为以及监督、处理相关契约的费用,包括搜寻信息的成本、协商与决策成本、契约成本、监督成本、执行成本与转换成本等等。然后围绕优化交易成本问题,提出将交易作为单独的分析单位,找出每种交易的特征因素,然后再针对不同的交易采取不同的体制组织应对协调。因此,建议建立可以依靠的体制组织、契约以及相关的政策等制度,采用标准化的度量衡,以降低交易成本。

交易成本理论不仅修正了新古典经济学零交易成本的假设,使经济理论更具现实性,还对公共政策学的发展产生了重大影响。在经济全球化的今天,如果能够解决国际标准化问题,优化相关制度或政策,将有效地优化交易成本,提高资源配置效率。国际上常见的经贸合作也是如此,通过制定相关的政策或制度,降低国际投资的交易成本,将有利于扩大国际投资规模和促进国际经贸的发展。因此,如何降低中国与印度之间的投资交易成本,有效提升中国与印度之间投资便利化水平,交易成本理论为我们提供了一个值得思考的方向。

二、关于直接投资的相关理论

(一)国际生产折衷理论

20世纪70年代,英国经济学家邓宁(Dunning John)认为影响对外直接投资(OFDI)的因素是多方面的[1],因此主张将对外投资的目的、条件和能

---

[1] 刘志伟等编著:《国际投资学》,北京:对外经济贸易大学出版社,2017年,第42页。

力以及投资区位的分析结合起来,以解释企业的 OFDI 行为,从而形成国际生产折衷理论。[1]国际生产折衷理论的核心是"三优势模式"(O. I. L. Paradigm),即所有权优势(Ownership Advantage)、内部化优势(Internalization Advantage)和区位优势(Location Advantage),一个企业要进行 OFDI 必须拥有这三种优势。[2]所有权优势,又称为产商优势,是企业相对于东道国本地企业所特有的优势,包括专利技术、创新能力等。[3]邓宁认为所有权优势是企业 OFDI 的前提条件。内部化优势是指企业在将其资产或所有权内部化过程中所特有的优势,其动机是避免外部市场的不完全性对企业经营造成不利影响。[4]区位优势包括直接区位优势和间接区位优势,直接区位优势是指东道国本身的区位优势,如广阔的市场、政府的优惠投资政策等;间接区位优势则是指由于投资国和东道国某些不利因素所形成的区位优势,如东道国的贸易保护政策、投资国生产要素成本过高等。[5]邓宁认为所有权优势只是企业投资的必要条件,内部化的目的也是为了保证特有优势,而区位优势才是企业进行 OFDI 的主要制约因素。[6]国际生产折衷理论为中印双边直接投资合作提供了理论基础:在所有权优势方面,中国和印度企业都有自己的所有权优势,如中国企业在制造业特别是机械制造领域优势明显,而印度企业在软件和制药领域拥有自己的优势。在内部化优势方面,中国和印度都是发展中国家,市场发展还不完善,要进行投资企业都拥有内部化优势。在区位优势方面,中国和印度在投资环境、投资制度等方面的差异使两国都拥有自己的区位优势。

(二)投资诱发要素组合理论

投资诱发要素组合理论(The Theory of Motivation Factors Combina-

---

[1] 黄丽鸣、潘晓云、熊琼编著:《国际商务》,上海:立信会计出版社,2002 年,第 38—39 页。

[2] 冼国明主编:《国际投资概论》,北京:首都经济贸易大学,2004 年,第 46 页。

[3] 刘志伟等编著:《国际投资学》,北京:对外经济贸易大学出版社,2017 年,第 42—43 页。

[4] 冼国明主编:《国际投资概论》,北京:首都经济贸易大学,2004 年,第 47 页。

[5] 黄丽鸣、潘晓云、熊琼编著:《国际商务》,上海:立信会计出版社,2002 年,第 39—40 页。

[6] 冼国明主编:《国际投资概论》,北京:首都经济贸易大学,2004 年,第 47 页。

tion),也称综合动因理论,是20世纪90年代初一些国际经济学者提出的[1],其认为任何形式的OFDI都是在直接诱发要素和间接诱发要素的共同作用下发生的。[2]直接诱发要素主要是指东道国的劳动力或投资国的资本等生产要素。如果投资国拥有某些直接诱发要素(如技术、资本等)的优势,可以诱发企业通过OFDI将本国优势要素转移出去,以获取收益。反之,如果东道国拥有某些直接诱发要素(如劳动力、自然资源等)的优势,则可以诱发投资国的企业通过OFDI利用东道国的要素优势,以获得利益。[3]间接诱发要素是指除直接要素以外的其他可以诱发OFDI的要素,主要包括三个方面:一是投资国的诱发要素,如鼓励性投资政策和法规等;二是东道国的诱发要素,如优惠的外资政策;三是全球性的诱发要素,如经济全球化等。[4]以发展中国家为例,由于发展中国家一般缺少资本、技术等生产要素优势,其OFDI主要受到间接诱发要素的影响。而间接诱发要素对当代国际直接投资起到越来越关键的影响。[5]投资诱发要素组合理论为中印双边直接投资提供了理论基础:从中国对印度直接投资的角度看,中国在制造业领域拥有一定的资本和技术优势等直接诱发要素,而东道国印度拥有劳动力成本低等直接诱发要素,印度的贸易保护政策则是一种间接诱发要素;从印度对华直接投资来看,印度在软件和制药等行业拥有技术优势等直接诱发要素,而东道国中国拥有良好的投资环境等间接诱发要素。

(三)边际产业扩张理论

20世纪70年代末80年代初,以日本一桥大学小岛清教授为代表的一些日本学者提出了一种新的对外直接投资理论——边际产业扩张理论。该理论是以日本企业的对外直接投资活动为研究对象,提出了区别于以往各

---

[1] 綦建红编著:《国际投资学教程》,北京:清华大学出版社,2005年,第57页。
[2] 顾丽姝著:《中国对东盟新四国直接投资研究》,云南:云南大学出版社,2015年,第25页。
[3] 苏丽萍著:《对外直接投资:理论、实践和中国的战略选择》,厦门:厦门大学,2006年,第92页。
[4] 顾丽姝著:《中国对东盟新四国直接投资研究》,云南:云南大学出版社,2015年,第25页。
[5] 张涵冰、周健:"简评跨国公司直接投资的诱发要素组合理论",《社会科学论坛》,2005年第4期,第215页。

中印制造业贸易与投资合作研究

派基本以美国跨国公司为研究对象的边际产业扩张理论。小岛清等人在研究过程中发现与美国进行对外直接投资活动的主体是大型跨国企业不同,而日本进行对外直接投资活动的主体是中小企业。但是,这些中小企业尽管不具备雄厚的资金实力以及先进的生产技术水平,但它们却拥有东道国企业所需要的劳动密集型产业相关实用技术,而这些实用技术与东道国企业的技术差距较小并容易被东道国企业消化和吸收,从而能够促进东道国相关产业形成比较优势。[1]为此,该理论认为,对外直接投资应该首先从投资国的边际产业,即在投资国已经处于比较劣势或即将处于比较劣势的产业开始依次进行。[2]所谓边际产业主要是指因劳动力成本提高而处于比较劣势中的某些劳动密集产业而形成的"边际性产业";或者说是指因为同属于劳动密集产业中的某些企业处于比较劣势而形成的"边际性企业";或者说是指因为同一产品生产过程的某些生产阶段处于比较劣势而形成的"边际性生产阶段",如此等等,都可以视作广义的"边际产业"。因此,跨国企业的对外直接投资行为不但可以为投资国新兴产业的发展腾出空间,同时将有利于促进东道国相应产业的发展。[3]由此可见,尽管根据边际产业扩张理论原理,一方面,中资制造业企业对印度投资或许是因为在中国国内有已经处于或即将处于比较劣势的产业,但是中资制造业企业对印度的投资,在一定程度上也有利于促进印度相关制造产业形成比较优势或竞争优势,而且也能促进印度制造产业结构体系向合理化、外向化和现代化方向转换;另一方面,印度制造业企业对中国国内的投资也是同样的道理。因而,加强中印制造业的投资合作具有十分重要的理论与现实意义。

---

[1] 钟晓君、刘德学:"经典对外直接投资理论对服务业的适用性研究",《岭南学刊》,2015年第5期,第110页。

[2] 刘祥生:"边际产业扩张理论介评及其启示",《国际贸易问题》,2009年第12期,第54页。

[3] Kojima K., *Direct foreign investment: A Japanese model of multinational business operations*, London: Croom Helm, 1978.

第二章 中印制造业贸易与投资合作现状

近年来，尽管新冠肺炎疫情、中印边境问题以及印度的保护主义政策不断影响中印两国关系，但从总体来看，两国经贸合作的步伐仍在不断加快，中印制造业产能合作发展较为顺利。而且，中印制造业贸易与投资合作能为世界上两大发展中国家——中国与印度——实现共赢性的互动与发展，特别是加强中印两国投资合作关系，以及促进两国的国际商务和国际贸易合作平衡发展。因此，为了更好地发展中印制造业合作伙伴关系，并为中印制造业贸易与投资合作增添新的推动力，本章主要探索中印制造业贸易与投资合作的基本态势及其合作关系的演化特点。

第一节 中印制造业贸易合作现状

为了深刻把握中印制造业贸易合作的基本现状，必须厘清中印制造业贸易的合作规模与速度、行业结构的集中度、合作动力源泉、互补性，以及中印制造业贸易属于产业间贸易还是产业内贸易等基本问题，为后文探究中印制造业合作的机遇与挑战，挖掘其合作潜力提供重要的依据。

一、中印制造业贸易合作规模逐年扩大但增长速率日渐下降

根据国际经合组织（OECD）数据库的统计数据[①]显示，中印制造业贸易额整体上由2005年的122.85亿美元上升到2020年的810.45亿美元，年均增长率18.71%。受新冠肺炎疫情的影响，中印制造业贸易额由2018年的921.81亿美元下降到了2020年的810.45亿美元。尽管新冠肺炎疫情在短

---

① 数据来源：OECD数据库，Stat https://stats.oecd.org/。

期内影响了中印制造业贸易合作的规模,然而从2005年到2020年16年间,中印制造业贸易额总体上呈现出平稳上升态势。其中,中国对印度制造业出口贸易额从2005年的85.63亿美元大幅度上升到2020年的664.22亿美元,年均增长为20.47%;中国从印度制造业进口贸易额从2005年的37.23亿美元上升到2020年的146.23亿美元,年均增长率为13.24%。而且,中国对印度制造业出口贸易年均增长速度远超过中国从印度制造业进口贸易的年均增长速度。这主要是因为中国制造业比印度的实力强、技术先进,又有成本优势,使得中国的制造业产品对印度出口较多,进口较少[①];而且新冠肺炎疫情暴发对各国经济尤其是制造业的供应链与产业链冲击较大,但是由于中国在抗击疫情方面表现较好,使得包括制造产业在内的国民经济得到了较快的恢复性增长与发展,而印度则恰恰相反。于是,在中印制造业贸易合作过程中,中国对印度制造业出口贸易规模远超过了中国从印度制造业进口贸易的规模。

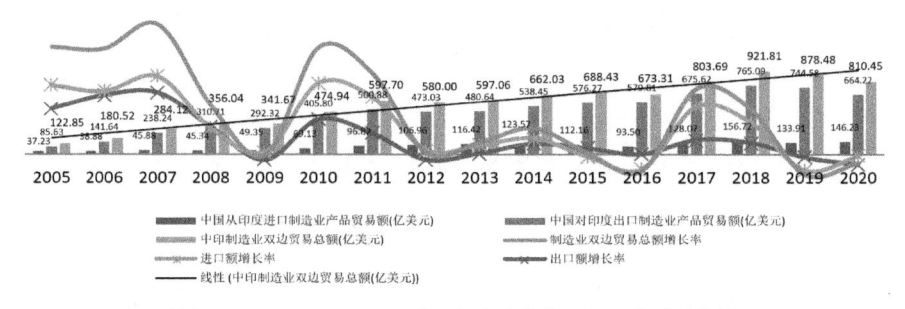

图 2.1 2005—2020 年中印制造业双边贸易额

从中印制造业贸易增长率来看,中印制造业贸易总额的年增长率由2005年的42.22%下降到了2020年的-7.74%。其中,中国对印度制造业出口贸易额年增长率由2005年的50.94%下降到了2020年的-10.79%;中国从印度制造业进口贸易额也由2005年的25.53%下降到了2020年的9.20%。由此可见,中印制造业贸易额的年增长率呈现出波动下降的趋势。这也说明了中印制

---

① 陈利君、杨凯:"'一带一路'背景下的中印产能合作",《学术探索》,2016年第10期,第36—43页。

第二章　中印制造业贸易与投资合作现状

造业贸易增长潜力不足,且易受政治和突发因素的制约和影响。

特别是从2014年以来,印度莫迪政府向世界宣布推出"印度制造"系列新政策,意在大力发展印度制造业[①],希望将制造业对国内生产总值(GDP)的贡献率从2014年的15%提高到2022年的25%[②],"印度制造"已经成为印度最大的品牌,因此中印制造业贸易额年增长率均呈下降态势。例如,中印制造业贸易额年增长率也由2014年的10.88%下降到2015年的3.99%和2016年的-2.2%。其中,中国对印度制造业出口贸易额年增长率由于2014年的12.03%下降到2015年的7.02%和2016年的0.61%;而中国从印度制造业进口贸易额年增长率也由2014年的6.14%下降到2015年的-9.23%和2016年的-16.64%。这说明莫迪政府的经济政策对中印制造业贸易合作有很大的影响。[③]此外,由于2019年新冠肺炎疫情的暴发,对世界经济打击较大,给中印两国制造业带来了巨大冲击,使得两国包括制造业在内的经贸关系受到影响。2018年中印制造业贸易额增长率为14.7%,而到2019年中印制造业贸易额增长率大幅度下降至-4.47%,2020年中印制造业贸易额增长率为-7.74%(如图2.1所示)。

二、中印制造业贸易合作的行业集中度较高

1. 从行业分类结构来看,根据OECD数据库的数据计算显示,2005—2020年中国对印度出口不同类别的制造业产品贸易额占中国对印制造业出口贸易总额的比重分别是计算机、电子和光学产品占23.7%、化学原料及化学制品占17.1%、未另列明的机械和设备的制造占12.8%、电气设备占8.8%、基础金属占7.1%、纺织品占6.3%、(机械和设备除外的)金属制品占5.3%、运输设备占3.0%、家具占3.0%,以及药品、医用化学品和植物制品占2.9%等。而2005—2016年中国从印度进口不同类别的制造业产品贸易额占中

---

① 卢岐、张曙霄:"中印两国制造业可以互利共赢",《人民日报》,2015年5月26日,第7版。
② 张慧:"'印度制造'难以取代'中国制造'?",《青年参考》,2015年9月2日,第13版。
③ 李艳芳:"印度莫迪政府经济发展战略转型的实施、成效与前景",《南亚研究》,2016年第2期,第81—104页。

国从印度制造业进口贸易总额的比重分别是基础金属占21.8%、化学原料及化学制品占21.7%、家具占17.0%、纺织品占11.3%、食品占6.6%、皮革和相关产品占3.8%、计算机、电子和光学产品占2.8%、电气设备占2.8%，以及焦炭和精炼石油占2.3%等（如图2.2所示）。由此可见，中国对印度出口的制造业产品主要集中于计算机、电子和光学产品、化学原料及化学品和机械设备等制成品，而中国从印度进口的制造业产品主要是基础金属、化学品和家具等制成品。

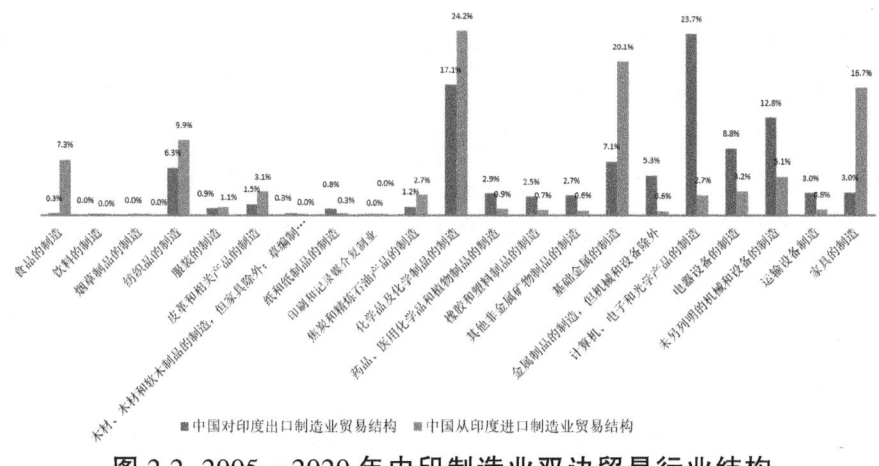

图 2.2 2005—2020 年中印制造业双边贸易行业结构

按最终用途划分来看，根据 OECD 数据库的数据计算显示，中印制造业贸易主要集中于制造业的中间品[①]，而且中国从印度制造业进口贸易的中间品占比要高于中国出口到印度的制造业贸易的中间品占比（如图 2.3 和图 2.4 所示）。例如，2005—2020 年中国从印度进口的制造业贸易的中间品占中国从印度进口的制造业贸易总额的 74.51%，而同期中国对出口到印度的制造业贸易的中间品占中国对印度出口的制造业贸易总额的 61.35%。由此可见，中间产品的进出口贸易已成为中印制造业贸易的重要组成部分，这说明中印制造业贸易以垂直专业化分工合作的形式为主。

---

① 中间产品贸易实际上就是以零部件、配件、组件及中间投入品等为载体的生产要素的国际流动，或者说是这些生产要素在国际间的直接流动，它既体现了商品的生产属性，也体现了商品的交易特性。中间产品贸易是在国际分工进一步深化、生产要素重新配置及生产国际化的产物。

第二章　中印制造业贸易与投资合作现状

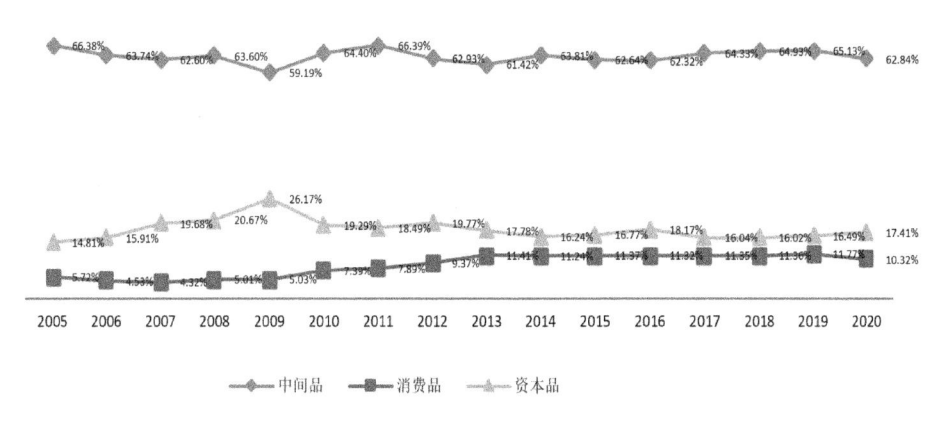

图 2.3　2005—2020 年中国对印度制造业出口贸易的产品结构

与此同时，中印制造业的中间产品进出口贸易额又呈下降趋势。例如，中国对印度制造业出口贸易的中间产品占中国对印度制造业出口贸易总额的比重从 2005 年的 66.38% 下降到 2020 年的 62.84%；同样中国从印度进口的制造业贸易的中间产品占中国从印度进口的制造业贸易总额的比重从 2005 年的 84.75% 下降到 2020 年的 75.27%。这主要是由于中国与印度的制造业对外贸易方式发生变化所致。例如，近年来，印度政府启动新的经济政策[①]，转变国内制造业对外贸易模式，由出口原材料改为尽可能出口制成品。与此同时，中国方面也正在由（以采购中间产品为主的）制造业加工贸易，逐渐向技术贸易方向发展。

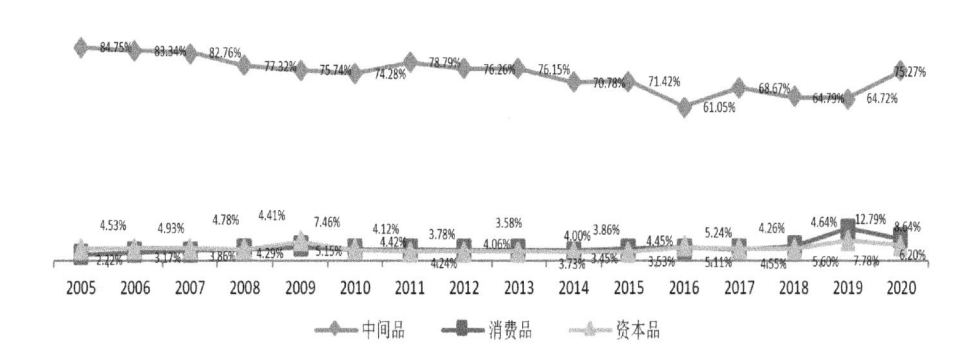

图 2.4　2005—2020 中国从印度制造业进口贸易的产品结构

---

① "Modi Turns to the Supply Side", *The Wall Street Journal*, 12 June 2014.

按要素密集程度来划分,根据 OECD 数据库的统计数据,研究发现中印制造业贸易主要集中于技术密集型产品,并不是资本密集型和劳动密集型产品(如图 2.5、图 2.6 所示)。

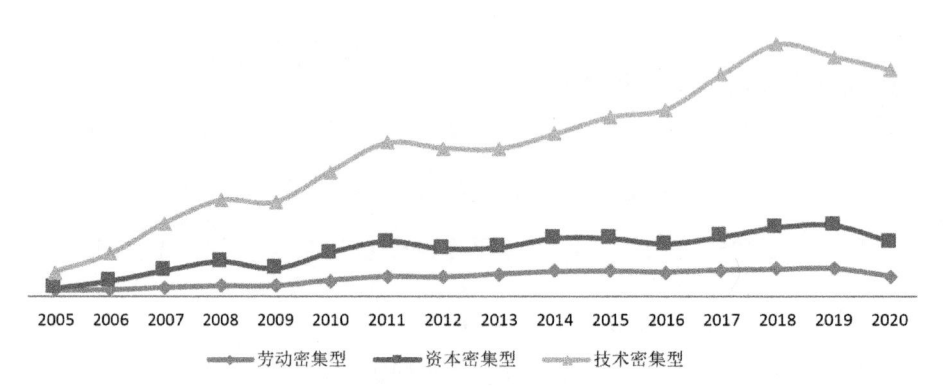

图 2.5 2005—2020 年按要素密集程度分类的中国对印度制造业进口贸易

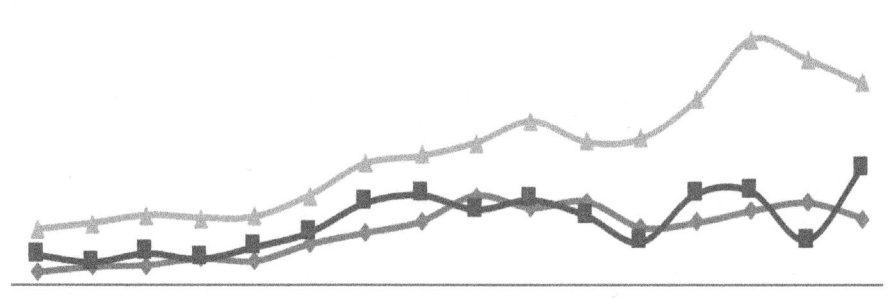

图 2.6 2005—2020 年按要素密集程度分类的中国从印度制造业进口贸易

例如,整个 2005—2020 年,中国对印度制造业出口贸易的劳动密集型、资本密集型和技术密集型产品所占比重分别为 9%、21% 和 70%;同期,中国从印度制造业进口贸易的劳动密集型、资本密集型和技术密集型产品的占比分别为 21.46%、25.1% 和 53.44%(如图 2.7、图 2.8 所示)。这说明中印制造业贸易主要集中于技术密集型产品,尤其是"中国出口贸易技术结构

第二章 中印制造业贸易与投资合作现状

改善程度远高于印度"[1],而且与印度相比,中国更专注于发展高附加值、高科技的制造业,印度政府却把重心放在了劳动密集型的高质量制造业。[2]中印制造业贸易的技术密集型产品不仅所占的份额较大,而且逐年呈上升趋势。例如,中国对印度制造业出口贸易的技术密集型产品所占比重由2005年的63.57%上升到了2016年的70.89%和2020年的75.14%,这是因为中国受新冠肺炎疫情影响较小,制造业产生恢复性增长。而劳动密集型、资本密集型产品所占比重分别从2005年的16.03%和20.39%下降到2016年的9.29%和19.82%,2020年的占比分别为18.11%和6.75%。中国从印度制造业进口贸易的技术密集型产品所占比重由2005年的56.91%上升到了2016年的59.27%,然后下降到2020年的52.1%,这是因为印度制造业受新冠肺炎疫情影响较大。而劳动密集型、资本密集型产品所占比重分别从2005年的12.71%和30.38%变为2016年的23.30%和17.44%,然后2020年分别为30.39%和17.43%。这说明了中印制造业贸易的比较优势已经由传统的廉价劳动力转化为技术优势。

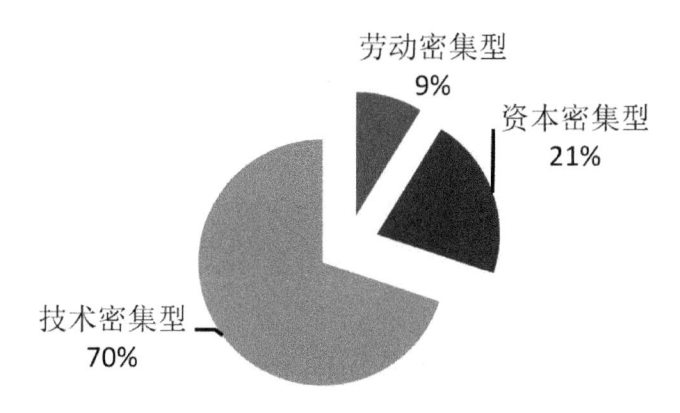

图 2.7 2005—2020 年按要素密集程度分类的中国对印度制造业出口贸易

---

[1] 祝树金、陈艳、谢锐:"'龙象之争'与'龙象共舞'——基于出口技术结构的中印贸易关系分析",《统计研究》,2009年第4期,第25页。

[2] Ishu Jain:"中印制造业互补性强,潜力巨大",《中国-东盟博览》,2016年第1期,第70页。

劳动密集型
21.46%

技术密集型
53.44%

资本密集型
25.1%

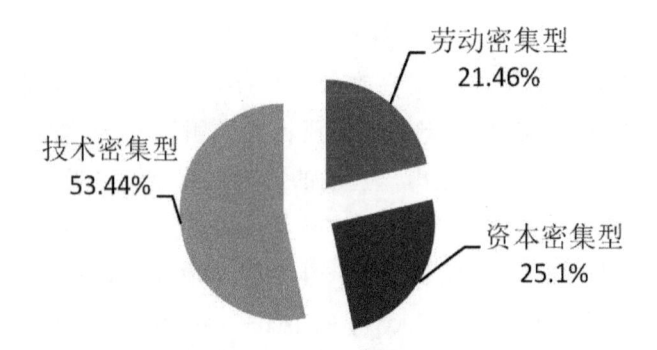

图 2.8 2005—2020 年按要素密集程度分类的中国从印度制造业进口贸易

三、中印制造业贸易合作的动力更多源于市场扩大效应

我们采用恒定市场份额分析法[①]来研究中印制造业贸易增长的动力因素。恒定市场份额模型：$X=m+s(1+m)$[②]，其中 X 表示本国对另一国的出口增长率，m 表示另一国家的进口增长率，即市场扩大效应，$s(1+m)$ 表示竞争力提升效应[③]。同时，运用 OECD 的相关统计数据分析 2005—2020 年中印制造业的出口增长率、市场扩大效应以及竞争力提升效应。

从表 2.1 可以得知，2005—2020 年中国对印度制造业出口贸易的年总增长率 X 为 256.33%、市场扩大效应 m 为 137.96% 和竞争力扩大效应 $s(1+m)$ 为 114.42%。因而中国对印度制造业出口贸易增加的动力来源更多是在竞

---

① 恒定市场份额分析法最先是由泰森斯基于 1951 年建立的，后来广泛应用于对世界上不同国家和地区的研究。恒定市场份额模型，将一国对另一国出口的增长分解为两个因素：第一，贸易伙伴国进口需求的扩大，即市场扩大效应；第二，本国出口产品竞争力的提升，即竞争提升效应。市场扩大效应，一般是由出口国所不能控制的种种外生因素决定的。这些因素包括目标市场的收入增长情况、需求的收入弹性、需求的交叉价格弹性以及互补品和替代品价格的相对变化等等。竞争提升效应主要是由出口国能够控制的内生因素所决定的，其中包括生产技术水平、国内需求情况、出口鼓励措施等方面的变化。参见孙红权、张晓敏：“浅谈中印经贸合作现状、问题及对策”，《现代商业》，2015 年第 8 期，第 52 页。

② $X=(X_1-X_0)/X_0$，其中 X_i 表示在一定时期内，本国对目标国出口额。$S=(S_1-S_0)/S_0$，其中 S_i 表示在一定时期内，本国对目标国的出口额占目标国进口总额的比重。$M=M_0(M_1-M_0)$，其中 M_i 表示在一定时期内，目标国的进口总额。

③ 孙红权、张晓敏：“浅谈中印经贸合作现状、问题及对策”，《现代商业》，2015 年 8 期，第 52—53 页。

第二章　中印制造业贸易与投资合作现状

争力提升效应基础之上的市场扩大效应。但是,2018-2019 财年和2019-2020 财年中国对印度制造业出口贸易的市场扩大效应分别为 -19.21% 和 -18.44%,这说明受新冠肺炎疫情的影响,中国对印度制造业出口贸易的市场扩大效应在逐年减弱。

表2.1　2005—2020年中国对印度制造业出口贸易的增长分析

年份	出口增长率 X	市场扩大效应 m	竞争提升效应 s(1+m)
2005—2006	65.41%	23.08%	42.33%
2006—2007	68.20%	26.20%	42.00%
2007—2008	34.39%	41.89%	-11.47%
2008—2009	-5.92%	-13.07%	7.15%
2009—2010	38.82%	29.28%	9.54%
2010—2011	23.43%	26.70%	-3.27%
2011—2012	-5.56%	-2.46%	-3.10%
2012—2013	1.61%	-8.66%	10.27%
2013—2014	12.03%	0.29%	11.74%
2014—2015	7.02%	1.77%	5.25%
2015—2016	0.61%	-8.03%	8.65%
2016—2017	16.52%	24.69%	-8.17%
2017—2018	13.24%	33.92%	-20.68%
2018—2019	-2.68%	-19.21%	16.53%
2019—2020	-10.79%	-18.44%	7.64%
2005—2020	256.33%	137.96%	114.42%
均值	16.82%	9.20%	7.63%

数据来源:根据OECD官网统计数据计算所得。

而表2.2的结果显示,2005—2020年印度对中国制造业出口贸易的年总增长率 X 为 221.33%、市场扩大效应 m 为 114.45% 和竞争力扩大效应 s(1+m) 为 106.70%。因而印度对中国制造业出口贸易增加的动力来源主要是市场扩大效应而非竞争力提升效应。尽管 2018-2019 财年印度对中国制造业出口贸易的市场扩大效应为 -4.37%，但在 2019-2020 财年印度对中国制造业出口贸易的市场扩大效应又恢复到 2.89%，这说明随着中国在新冠肺炎疫情防控取得巨大成就之后，印度对中国制造业出口贸易的市场扩大的机会也在不断增加。

表 2.2 2005—2020 年印度对中国制造业出口贸易的增长分析

年份	出口增长率 X	市场扩大效应 m	竞争提升效应 s(1+m)
2005—2006	19.23%	18.59%	0.64%
2006—2007	-0.54%	17.93%	-18.47%
2007—2008	-11.75%	9.75%	-21.5%
2008—2009	61.23%	-8.31%	69.54%
2009—2010	87.91%	32.79%	55.13%
2010-2011	3.58%	17.03%	-13.44%
2011—2012	-4.1%	2.39%	-6.49%
2012—2013	24.17%	6.28%	17.89%
2013—2014	-4.41%	3.23%	-7.64%
2014—2015	-23.51%	-2.68%	-20.83%
2015—2016	-16.83%	-5.15%	-11.68%
2016—2017	47.38%	11.37%	36.01%
2017—2018	41.03%	12.72%	28.31%
2018—2019	-2.97%	-4.37%	1.4%
2019—2020	0.72%	2.89%	-2.17%
2005—2020	221.13%	114.45%	106.7%
均值	14.74%	7.63%	7.11%

数据来源：根据 OCED 官网统计数据计算所得。

中国对印度制造业出口贸易的市场扩大效应和竞争力提升效应均强于印度对中国制造业出口贸易的市场扩大效应和竞争力提升效应。例如，2005—2020 年中国对印度制造业出口贸易的市场扩大效应和竞争力提升

第二章　中印制造业贸易与投资合作现状

效应的均值分别为 9.20% 和 7.63%；而同期印度对中国制造业出口贸易的市场扩大效应和竞争力提升效应的均值分别为 7.63% 和 7.11%。但是，从总体来看，无论是中国对印度出口还是印度对中国出口，双方制造业贸易合作的动力主要源于市场扩大效应。而竞争力提升效应呈现相对下降态势[如图 2.9（a）和图 2.9（b）所示]。这一方面是由于随着近年来"印度制造"系列新政策的贯彻实施，使印度制造业获得了较快的发展，"印度制造"的竞争力也正逐步增强[1]；但是印度制造业总体上落后于中国。

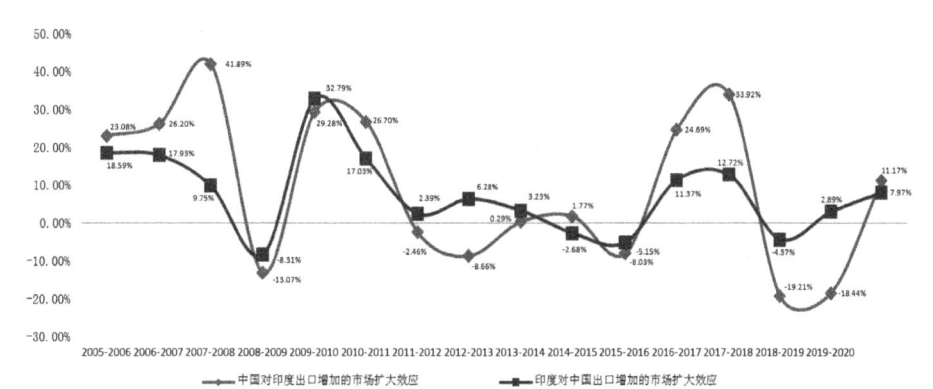

图 2.9（a）2005—2020 年中印制造业贸易合作的市场扩大效应

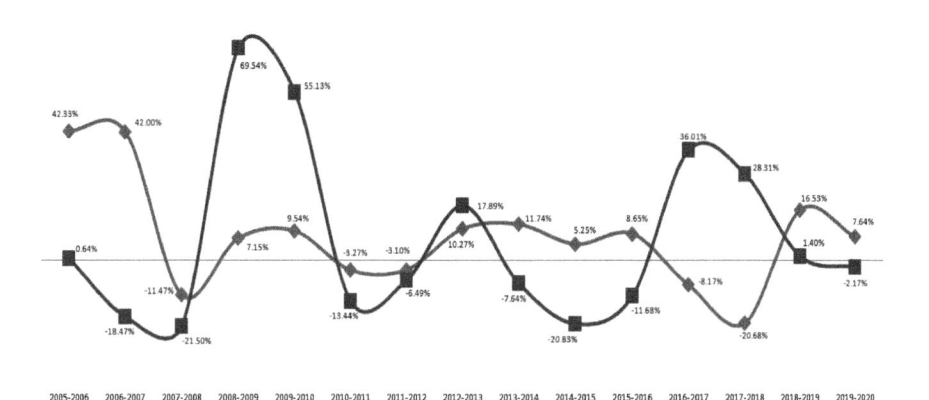

图 2.9（b）2005—2020 年中印制造业贸易合作的竞争力提升效应

---

[1] Rajat Dhawan, Gautam Swaroop, and Adil Zainulbhai, "Fulfilling the promise of India's manufacturing sector", https://www.mckinsey.com/business-functions/operations/our-insights/fulfilling-the-promise-of-indias-manufacturing-sector, 2 October 2021.

69

四、中印制造业贸易互补性强且保持稳定上升态势

贸易互补性指数是考察两国贸易发展的潜力,用来衡量两国贸易互补程度。[①]我们主要借鉴于津平(2003)提出的产业贸易互补指数[②]和综合贸易互补指数[③]方法。

(一)中印制造业贸易合作的单类产品贸易互补性指数

单类产品贸易互补性指数计算公式是:

$$C^k_{ij} = RCA^k_{xi} \times RCA^k_{mj} \quad (2-1)$$

$$RCA^k_{xi} = (X^k_i/X_i) / (X^k_w/X_w) \quad (2-2)$$

$$RCA^k_{mj} = (M^k_j/M_j) / (X^k_w/X_w) \quad (2-3)$$

C^k_{ij} 表示 i 国出口和 j 国进口(k 类产品)之间的贸易互补性指数。[④] RCA^k_{xi} 表示用出口来衡量的 i 国在 k 类产品上的比较优势; RCA^k_{mj} 表示用进口来衡量的 j 国在 k 类产品上的比较劣势。[⑤]其中,(2-2)式中的 X^k_i、X_i 分别表示 i 国 k 类产品出口额和 i 国出口总额, X^k_w、X_w 分别表示世界 k 类产品的出口额和世界出口总额;(2-3)式中的 M^k_j、M_j 分别表示 j 国 k 类产品的进口额和 j 国进口总额, X^k_w、X_w 分别表示世界 k 类产品的进口额和世界进口总额。[⑥]

如果 i 国在 k 类产品上的比较优势明显(RCA^k_{xi} 越大),而国家 j 在 k 类

[①] 何莎:"中印工业制成品竞争与互补关系研究",《合作经济与科技》,2012年第9期,第92—93页。

[②] 产业贸易互补指数是指利用一国特定产业以出口衡量的比较优势乘以贸易伙伴国该产业以进口衡量的比较劣势来测度。

[③] 综合性贸易互补指数是通过对两国间各产业贸易互补指数按照在世界中各产业的贸易比重进行加权平均,以加权平均值来测度。

[④] 何莎:"中印工业制成品竞争与互补关系研究",《合作经济与科技》,2012年第9期,第92—93页。

[⑤] 杜莉:"谢皓中美货物贸易互补性强弱及性质的动态变化研究",《世界经济研究》,2011年第4期,第36—42页。

[⑥] 王伶:"中国与非洲贸易的比较优势和互补性实证分析",《价格月刊》,2015年第8期,第28—31页。

第二章　中印制造业贸易与投资合作现状

产品上的比较劣势明显（RCA^k_{xi} 越大）[1]，则在 k 类产品的双边贸易上 i 国出口和 j 国进口呈互补性。[2]如果 $C^k_{ij} > 1$，说明在 k 类产品贸易上 i 国和 j 国互补性强；如果 $C^k_{ij} < 1$，说明在 k 类产品贸易上 i 国和 j 国互补性弱。

中印制造业贸易单类产品[3]互补性指数是根据联合国商品贸易统计数据库（UN Comtrade）的数据整理计算所得。其中，包括 2007—2016 年以中国为出口国计算的 C^k_{ij} 值（如表 2.3 所示）和同期以印度为出口国计算的 C^k_{ij} 值（如表 2.4 所示）两个表格内容。

---

[1] 杜运苏："中国-澳大利亚制成品贸易的实证研究"，《亚太经济》，2007 年第 2 期，第 39—42 页。

[2] 于津平："中国与东亚主要国家和地区间的比较优势与贸易互补性"，《世界经济》，2003 年第 5 期，第 34 页。

[3] 数据来源和产品分类：中印制造业互补性指数测算使用的数据均来自 UN Comtrade，具体分类方法是以《联合国国际贸易标准分类》第三次修订标准为基础，结合盛斌（2002）《中国工业行业与国际贸易标准分类代码对应表》（参见盛斌：《中国对外贸易政策的政治经济分析》，上海：上海人民出版社，2002 年，第 519—529 页。），将中印制造业双边贸易分为 28 个行业。

表 2.3 以中国为出口国计算的 C_{ij}^k 值

行业	2007	2008	2009	2010	2011	2012	2013	2014	2015	2016	2017	2018	2019	2020	均值
食品加工和制造业	0.246	0.180	0.282	0.288	0.260	0.280	0.253	0.271	0.319	0.425	0.345	0.258	0.242	0.264	0.279
饮料制造业	0.022	0.020	0.020	0.020	0.022	0.026	0.028	0.036	0.045	0.057	0.044	0.042	0.047	0.037	0.033
烟草加工业	0.005	0.003	0.007	0.005	0.005	0.005	0.007	0.007	0.009	0.011	0.007	0.007	0.008	0.003	0.006
纺织业	1.573	1.473	1.614	1.519	1.526	1.470	1.626	1.660	1.735	2.113	1.783	1.911	2.066	1.754	1.702
服装及其他纤维品制造	0.083	0.081	0.072	0.093	0.114	0.121	0.159	0.175	0.179	0.238	0.210	0.272	0.283	0.281	0.169
皮革毛皮羽绒及其制品业	0.652	0.629	0.571	0.621	0.613	0.600	0.654	0.694	0.721	0.865	0.731	0.712	0.699	0.458	0.659
木材加工及竹藤棕草制品业	0.276	0.179	0.266	0.353	0.444	0.413	0.379	0.374	0.494	0.596	0.476	0.473	0.524	0.364	0.401
家具制造业	0.443	0.424	0.406	0.523	0.589	0.607	0.603	0.538	0.568	0.627	0.577	0.570	0.528	0.393	0.528
造纸及纸制品业	0.236	0.234	0.222	0.249	0.307	0.327	0.400	0.478	0.536	0.674	0.595	0.565	0.700	0.587	0.436
印刷和记录媒介复制业	0.512	0.354	0.318	0.343	0.350	0.453	0.397	0.547	0.385	0.362	0.279	0.290	0.314	0.293	0.371
文教体育用品制造业	1.507	0.434	1.659	1.029	1.333	0.905	0.884	0.994	1.199	1.600	1.550	1.282	1.333	0.670	1.170
石油加工及炼焦业	0.335	0.280	0.159	0.128	0.095	0.061	0.061	0.073	0.114	0.185	0.160	0.197	0.251	0.408	0.179
化学原料及化学制品制造业	0.654	0.881	0.682	0.707	0.727	0.682	0.706	0.818	0.899	0.958	0.903	1.001	1.023	1.055	0.835
医药制造业	0.050	0.048	0.044	0.050	0.047	0.047	0.046	0.045	0.045	0.053	0.050	0.054	0.052	0.057	0.049

续表

行业	2007	2008	2009	2010	2011	2012	2013	2014	2015	2016	2017	2018	2019	2020	均值
化学纤维制造业	0.545	0.581	0.598	0.594	0.990	0.798	0.893	1.190	1.287	1.785	1.406	1.651	1.867	1.461	1.118
橡胶制品业	0.391	0.376	0.403	0.423	0.403	0.414	0.418	0.421	0.436	0.539	0.440	0.458	0.436	0.417	0.427
塑料制品业	0.319	0.290	0.310	0.326	0.349	0.397	0.434	0.457	0.519	0.616	0.549	0.618	0.694	0.702	0.470
非金属矿物制品业	2.413	2.693	4.018	4.814	4.589	3.572	3.832	3.420	3.804	4.147	4.596	3.941	4.008	4.581	3.888
黑色金属冶炼及压延加工业	1.350	1.121	0.859	0.900	0.864	0.834	0.754	1.018	1.330	1.389	0.857	0.874	0.947	0.733	0.988
有色金属冶炼及压延加工业	0.412	0.372	0.339	0.328	0.348	0.365	0.466	0.642	0.619	0.754	0.656	0.501	0.711	0.505	0.501
金属制品业	0.770	0.807	0.694	0.637	0.728	0.724	0.717	0.738	0.838	0.879	0.806	0.900	0.979	0.908	0.795
普通机械制造业	0.660	0.710	0.702	0.718	0.734	0.685	0.603	0.577	0.639	0.801	0.660	0.755	0.813	0.800	0.704
专用设备制造业	0.540	0.569	0.557	0.449	0.455	0.451	0.468	0.454	0.496	0.606	0.527	0.559	0.603	0.542	0.520
交通运输设备制造业	0.152	0.345	0.274	0.221	0.168	0.185	0.175	0.136	0.152	0.156	0.143	0.136	0.131	0.168	0.182
电气机械及器材制造业	0.463	0.465	0.650	0.442	0.592	0.556	0.577	0.486	0.564	0.662	0.602	0.713	0.862	0.700	0.595
电子及通信设备制造业	2.882	1.820	2.702	2.350	2.237	1.911	2.123	2.283	2.604	2.955	2.057	2.144	1.852	1.995	2.280
仪器仪表及文化办公用机械	0.806	0.721	0.845	0.716	0.735	0.742	0.750	0.716	0.741	0.826	1.818	1.528	1.379	1.257	0.970
其他制造业	0.097	0.234	0.115	0.188	0.341	0.628	0.537	0.559	0.326	0.314	0.146	0.036	0.084	0.120	0.266

数据来源：根据 UN Comtrade 数据整理计算所得。

表 2.4 以印度为出口国计算的 C_{ij}^k 值

行业	2007	2008	2009	2010	2011	2012	2013	2014	2015	2016	2017	2018	2019	2020	均值
食品加工和制造业	0.634	0.681	0.380	0.453	0.495	0.648	0.682	0.665	0.775	0.785	0.749	0.804	0.883	1.193	0.702
饮料制造业	0.093	0.124	0.107	0.140	0.173	0.170	0.150	0.135	0.213	0.240	0.250	0.235	0.229	0.198	0.175
烟草加工业	0.023	0.025	0.025	0.017	0.017	0.018	0.016	0.078	0.128	0.152	0.108	0.127	0.139	0.085	0.068
纺织业	3.944	3.451	2.803	2.810	2.268	2.568	2.620	2.432	2.592	2.632	2.149	2.023	1.709	1.110	2.508
服装及其他纤维品制造	0.214	0.218	0.172	0.155	0.201	0.224	0.242	0.291	0.365	0.440	0.403	0.355	0.378	0.362	0.287
皮革毛皮羽绒及其制品业	1.032	0.869	0.594	0.539	0.499	0.495	0.508	0.570	0.634	0.704	0.680	0.637	0.615	0.612	0.642
木材加工及竹藤棕草制品业	0.031	0.028	0.023	0.021	0.020	0.028	0.038	0.047	0.060	0.081	0.057	0.050	0.061	0.073	0.044
家具制造业	0.045	0.037	0.035	0.042	0.046	0.049	0.050	0.052	0.056	0.071	0.068	0.070	0.064	0.052	0.053
造纸及纸制品业	0.201	0.236	0.196	0.234	0.231	0.250	0.249	0.254	0.353	0.408	0.408	0.516	0.530	0.529	0.328
印刷记录媒介复制业	0.142	0.120	0.128	0.120	0.139	0.183	0.185	0.173	0.196	0.229	0.174	0.247	0.269	0.216	0.180
文教体育用品制造业	0.221	0.106	0.194	0.141	0.158	0.187	0.108	0.117	0.124	0.127	0.084	0.089	0.100	0.069	0.130
石油加工及炼焦业	2.017	2.115	1.639	1.673	1.551	1.445	1.436	1.343	1.347	1.506	1.377	1.362	1.235	2.203	1.589
化学原料及化学制品制造业	1.490	1.371	1.210	1.171	1.060	1.188	1.139	1.098	1.198	1.320	1.354	1.522	1.573	1.356	1.289
医药制造业	0.171	0.224	0.180	0.197	0.262	0.366	0.405	0.451	0.593	0.707	0.678	0.642	0.759	0.699	0.452

第二章　中印制造业贸易与投资合作现状

续表

行业	2007	2008	2009	2010	2011	2012	2013	2014	2015	2016	2017	2018	2019	2020	均值
化学纤维制造业	3.966	3.498	3.931	3.938	3.255	3.677	3.734	3.188	3.361	3.440	3.543	2.760	2.712	1.983	3.356
橡胶制品业	0.485	0.566	0.481	0.550	0.509	0.601	0.562	0.542	0.474	0.433	0.401	0.398	0.382	0.432	0.487
塑料制品业	0.370	0.373	0.312	0.376	0.385	0.382	0.333	0.312	0.363	0.396	0.333	0.323	0.336	0.300	0.349
非金属矿物制品业	2.555	2.290	2.475	2.606	3.164	2.659	3.260	5.697	3.387	3.716	2.900	3.093	3.005	3.178	3.142
黑色金属冶炼及压延加工业	1.198	1.095	1.414	1.104	0.656	0.670	0.705	0.647	0.666	0.878	1.038	0.729	0.934	2.146	0.991
有色金属冶炼及压延加工业	1.692	1.412	1.941	2.946	1.272	1.499	1.449	1.896	1.935	1.809	1.607	1.415	1.206	1.823	1.707
金属制品业	0.436	0.483	0.369	0.379	0.402	0.439	0.385	0.442	0.462	0.473	0.409	0.371	0.361	0.328	0.410
普通机械制造业	0.442	0.535	0.475	0.443	0.387	0.361	0.343	0.365	0.398	0.422	0.440	0.497	0.490	0.495	0.435
专用设备制造业	0.413	0.415	0.384	0.429	0.445	0.356	0.357	0.382	0.476	0.516	0.478	0.570	0.504	0.504	0.446
交通运输设备制造业	0.128	0.206	0.322	0.385	0.397	0.387	0.405	0.568	0.456	0.455	0.433	0.422	0.369	0.349	0.378
电气机械及器材制造业	0.681	0.820	0.674	0.607	0.483	0.487	0.483	0.466	0.518	0.533	0.455	0.511	0.519	0.418	0.547
电子及通信设备制造业	0.077	0.070	0.348	0.143	0.241	0.225	0.183	0.087	0.070	0.082	0.026	0.053	0.102	0.095	0.129
仪器仪表及文化办公用机械	0.272	0.311	0.333	0.265	0.278	0.332	0.285	0.288	0.348	0.415	0.421	0.369	0.385	0.349	0.332
其他制造业	0.123	0.131	0.224	0.418	1.658	1.788	1.753	1.288	0.190	0.298	0.266	0.173	0.211	0.194	0.622

数据来源：根据 UN Comtrade 数据整理计算所得。

中印制造业贸易与投资合作研究

首先，由表2.3和表2.4数据结果分析得出：中印制造业贸易的互补性存在明显的产品差异。对单类产品而言，以2007—2020年中国为出口国计算的C^k_{ij}均值大于或接近于1的产品有7类，分别是纺织业（1.702）、文教体育用品制造业（1.170）、化学纤维制造业（1.118）、非金属矿物制品业（3.888）、黑色金属冶炼及压延加工业（0.998）、电子及通信设备制造业（2.280）、仪器仪表及文化办公用机械（0.970）（如表2.3所示）。

对单类产品而言，以2007—2020年印度为出口国计算的C^k_{ij}均值大于或接近于1的产品有7类，分别是纺织业（2.508）、石油加工及炼焦业（1.589）、化学原料及化学制品制造业（1.289）、化学纤维制造业（3.356）、非金属矿物制品业（3.142）、有色金属冶炼及压延加工业（1.707）、黑色金属冶炼及压延加工业（0.991）（如表2.4所示）。因此，从总体上来看，中国制造业对于世界市场上的印度市场互补性，与印度制造业对于世界市场上的中国市场的互补性相当。换句话，在世界市场上中印制造业之间存在着相互需求关系。

其次，从以中国为出口国和以印度为出口国分别计算的制造业贸易互补性指数值的比较来看，中印两国单类产品，如纺织、化学纤维制造、非金属矿物制品、黑色金属冶炼及压延加工品等4项单类产品的C^k_{ij}接近或大于1（如图2.10所示），这表明该类产品属于中印制造业贸易互补性较强的产品[1]，其合作潜力将进一步得到发挥。[2]

---

[1] 卢晓昆："论云南与印度的贸易合作"，《学术探索》，2001年第5期，第44—47页。
[2] 任佳："中国云南与印度经济的互补性及合作潜力"，《云南社会科学》，2001年第6期，第25—29页。

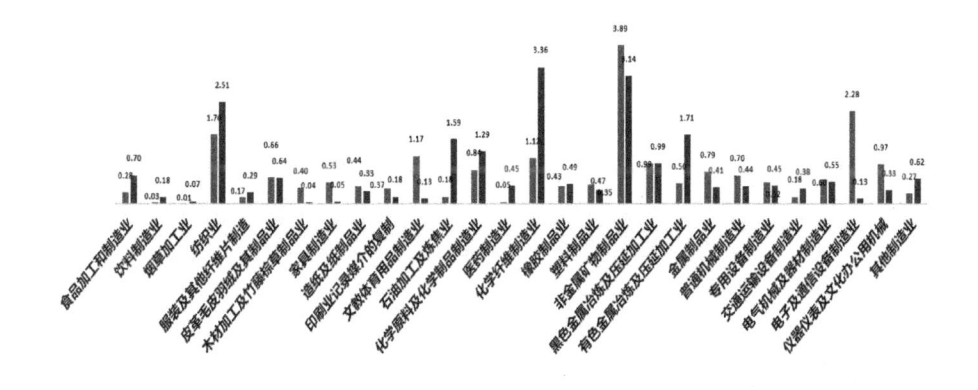

第二章　中印制造业贸易与投资合作现状

■ 以中国为出口国计算的Ckij值　■ 以印度为出口国计算的Ckij值

图2.10　2007—2020年中印制造业单类产品贸易互补性指数(均值)

最后,无论是以中国为出口国计算的 C_{ij}^k 值,还是以印度为出口国计算的 C_{ij}^k 值,某些单类产品的互补性呈逐年上升态势。比如以中国为出口国计算的 C_{ij}^k 值的化学原料及化学制品制造业、金属制品业、普通机械制造业、电气机械及器材制造业等行业呈逐年上升态势(如表2.3所示)。而以印度为出口国计算的 C_{ij}^k 值的只有少数行业如食品加工和制造业等呈上升态势;与此同时,与中国相比,以印度为出口国计算的 C_{ij}^k 值的单类产品的互补性下降态势也较为明显(如表2.4所示)。这说明中国制造业的高质量发展明显快于印度,而且中印制造业发展的差距也越来越大。

(二)中印制造业贸易合作的综合贸易互补性指数

在制造业存在多个行业的情况下,中印制造业存在综合贸易互补性[①],其指数(C_{ij})计算公式是:

$$C_{ij} = \Sigma_a \Sigma_b \{[(RCA_{xia} \times RCA_{mja}) \times (X_{wa}/X_w) + (RCA_{xjb} \times RCA_{mib}) \times (X_{wb}/X_w)]\} \quad (2-4)$$

---

① 中印制造业的综合贸易互补性通过中印制造业的综合贸易互补指数来测度的,通过对中印制造产业的产品贸易互补指数按照世界贸易中制造业各产品的贸易比重进行加权平均而求得,反映中印制造业双边进出口贸易结构的吻合程度。若 $0 \leq C_{ij} < 1$ 表示i国和j国的综合贸易互补性较弱,若 $C_{ij} \geq 1$ 表示i国和j国具有较强的综合贸易互补性,取值越大中印制造业的综合贸易互补性越强。

其中，Σ_a 为 i 国的优势产品集，Σ_b 为 j 国的优势产品集，C_{ij} 表示 i 国和 j 国的综合贸易互补指数。$RCA_{xia} \times RCA_{mja}$ 表示 i 国和 j 国在 a 产品上的贸易互补指数，$RCA_{xjb} \times RCA_{mib}$ 表示 i 国和 j 国在 b 产品上的贸易互补指数。X_{wa} 和 X_{wb} 分别表示世界 a、b 产业的出口额；X_w 表示世界出口总额。[1]

表 2.5　2007—2020 年中国和印度制造业的综合贸易互补性指数（C_{ij}）

年份	2007	2008	2009	2010	2011	2012	2013
中印制造业的综合贸易互补性指数	1.43	1.29	1.37	1.39	1.35	1.36	1.35
劳动密集型产品的综合贸易互补指数	0.19	0.16	0.15	0.15	0.14	0.15	0.16
资本密集型产品的综合贸易互补指数	0.46	0.42	0.40	0.47	0.43	0.39	0.40
技术密集型产品的综合贸易互补指数	0.78	0.69	0.80	0.75	0.70	0.72	0.71
年份	2014	2015	2016	2017	2018	2019	2020
中印制造业的综合贸易互补性指数	1.46	1.50	1.47	1.25	1.25	1.26	1.31
劳动密集型产品的综合贸易互补指数	0.17	0.20	0.20	0.17	0.16	0.16	0.18
资本密集型产品的综合贸易互补指数	0.47	0.43	0.41	0.37	0.35	0.35	0.37
技术密集型产品的综合贸易互补指数	0.74	0.84	0.83	0.68	0.72	0.72	0.75

数据来源：根据 UN Comtrade 数据整理计算所得。

首先，根据上述公式计算出中印制造业的综合贸易互补指数（如图 2.11 和表 2.5 所示）。中印制造业的综合互补性保持稳定增长态势，2007—2020 年中印制造业的综合贸易互补性指数均值为 1.40。说明了中印制造业贸易产品相互吻合，中印制造业的综合互补性较强。中印两国在许多领域都是互补的[2]，中国从印度进口的产品与印度制造业发展形成了较强的互补之势，且促进了印度出口的增长[3]，同时中印制造业贸易的互补性并未受新冠

---

[1] 金缀桥、杨逢珉："中韩双边贸易现状及潜力的实证研究"，《世界经济研究》，2015 年 1 期，第 85 页。

[2] Silvio Beretta and Renata Targetti Lenti, "India and China: Trading with the World and Each Other", *Economic and Political Weekly*, Vol. 47, No. 44, November 2012, pp. 35-43.

[3] Ishu Jain："中印制造业互补性强，潜力巨大"，《中国－东盟博览》，2016 年第 1 期，第 70 页。

肺炎疫情的影响,例如 2019 年和 2020 年中印制造业的综合贸易互补性指数分别达到了 1.26 和 1.31。

其次,中印制造业贸易的互补关系主要集中于技术密集型制造业产品,而资本密集型制造业产品的互补性处于中等水平,劳动密集型制造业产品的互补性不明显(如图 2.11 所示)。这一方面是由于中国制造业正朝着高端制造业方向发展,其技术进步成效显著,因而中印技术密集型制造业产品异质竞争性相对较小。另一方面,印度资本要素相对短缺,印度制造业利用外资比中国更为急需印度政府将 25 个制造行业列为发展重点,并且简化行政审批手续,还提供一系列的配套优惠政策,以吸引外国资本和民间资本的投入[1],如俄罗斯已向印度提供了 10 亿美元的基建贷款。[2]但是对于投资大、容纳劳动力较少、资本周转较慢和单位产品成本中资本消耗所占比重较大的资本密集型制造业产品而言,中印两国均通过依靠大量吸引外资的方式发展此类制造业,因而中印两国的资本密集型制造业产品也在某种意义上存在着同质竞争性关系。除此之外,中印两国劳动力资源禀赋相对丰富,其劳动密集型制造业产品存在同质竞争性关系。

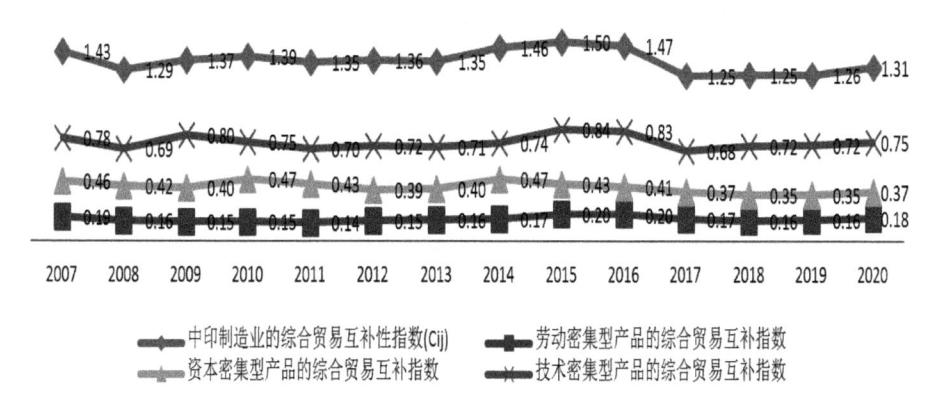

图 2.11 中印制造业的综合贸易互补性指数和三大类产品的互补性指数

---

[1] 李艳芳:"印度莫迪政府经济发展战略转型的实施、成效与前景",《南亚研究》,2016 年 2 期,第 81—104 页。
[2] 王海霞:"莫迪着力打造'印度世纪'",北京周报网,2016 年 1 月 11 日,http://www.beijingreview.com.cn/shishi/201601/t20160111_800046435.html,2020 年 5 月 1 日。

五、中印制造业贸易以产业间贸易[①]为主

产业内贸易指数是指同一产业中双方国家互有不同质的贸易往来[②],它表明在该产业有着互补性的贸易需求。Gurbel 和 Lioyd(1975)在研究产业内贸易时提出了产业内贸易指数(intra-industry trade),其公式如下:

$$T=1-|X-M|/(X+M) \quad (2-5)$$

其中,T 是一国产业内贸易指数,T 的取值范围为 $[0,1]$,X 和 M 分别表示某一特定产业的出口额和进口额,$|X-M|$ 表示某一特定产业进出口差额的绝对值,$(X+M)$ 表示某一特定产业进出口总额。T 值越趋近于 1,说明在某一特定产业内贸易程度越高,表明两国在该产业具有十分紧密的协作关系;反之,T 越趋近于 0,表明产业内贸易的水平越低,其产业间贸易程度越高,更多地是显示着两国产业间(而不是产业内)的互补关系。[③]

[①] 产业间贸易是建立在因国家间要素禀赋差异而产生的比较优势之上,而产业内贸易则是以产品的差异性和规模经济为基础。国家要素禀赋差异越大,产业间贸易的可能就越大;国家间的要素禀赋越相似、经济规模越接近,产业内贸易的机会就越大。可以说,产业间贸易反映了自然形成的比较优势,而产业内贸易反映的是可获得的比较优势。

[②] 余贵媛、刘会红:"中菲贸易合作发展研究",《现代经济信息》,2018 年第 23 期,第 136—137 页。

[③] 周松兰:"从产业内贸易指数看中韩日制造业分工变化",《南京财经大学学报》,2005 年第 1 期,第 8—11 页。

第二章 中印制造业贸易与投资合作现状

表 2.6 2007—2020 年中印制造业的产业内贸易指数

行业	2007	2008	2009	2010	2011	2012	2013	2014	2015	2016	2017	2018	2019	2020
食品加工和制造业	0.41	0.40	0.64	0.39	0.30	0.35	0.39	0.53	0.57	0.62	0.57	0.83	0.70	0.45
饮料制造业	0.91	0.81	0.90	0.47	0.28	0.33	0.49	0.21	0.39	0.43	0.30	0.44	0.37	0.27
烟草加工业	0.20	0.12	0.22	0.10	0.08	0.08	0.16	0.35	0.28	0.15	0.31	0.29	0.09	0.79
纺织业	0.21	0.22	0.26	0.32	0.35	0.59	0.84	0.70	0.76	0.54	0.54	0.58	0.42	0.42
服装及其他纤维品制造	0.90	0.47	0.63	0.39	0.64	0.39	0.25	0.26	0.30	0.32	0.30	0.34	0.30	0.22
皮革毛皮羽绒及其制品业	0.89	0.95	0.93	0.72	0.66	0.75	0.65	0.66	0.53	0.48	0.42	0.40	0.32	0.34
木材加工及竹藤棕草制品业	0.02	0.02	0.02	0.02	0.02	0.03	0.04	0.05	0.04	0.05	0.01	0.02	0.03	0.09
家具制造业	0.01	0.01	0.03	0.02	0.06	0.04	0.03	0.03	0.03	0.04	0.04	0.04	0.03	0.02
造纸及纸制品业	0.09	0.01	0.04	0.03	0.02	0.02	0.01	0.01	0.01	0.01	0.05	0.30	0.22	0.72
印刷和记录媒介复制业	0.03	0.04	0.04	0.14	0.04	0.09	0.04	0.05	0.08	0.05	0.06	0.05	0.10	0.30
文教体育用品制造业	0.05	0.05	0.05	0.03	0.04	0.04	0.03	0.02	0.02	0.04	0.04	0.02	0.02	0.02
石油加工及炼焦业	0.21	0.47	0.62	0.87	0.19	0.80	0.42	0.45	0.85	0.48	0.62	0.95	0.91	0.59
化学原料及化学制品制造业	0.54	0.40	0.46	0.35	0.36	0.40	0.40	0.31	0.28	0.30	0.43	0.53	0.53	0.51
医药制造业	0.15	0.15	0.11	0.12	0.12	0.12	0.09	0.10	0.10	0.09	0.09	0.09	0.14	0.15

81

续表

行业	2007	2008	2009	2010	2011	2012	2013	2014	2015	2016	2017	2018	2019	2020
化学纤维制造业	0.98	0.47	0.66	0.74	0.63	0.98	0.72	0.67	0.55	0.67	0.83	0.69	0.65	0.38
橡胶制品业	0.74	0.47	0.66	0.06	0.11	0.12	0.09	0.13	0.11	0.10	0.18	0.27	0.26	0.42
塑料制品业	0.14	0.13	0.14	0.11	0.12	0.11	0.08	0.08	0.09	0.09	0.08	0.09	0.08	0.09
非金属矿物品制品业	0.99	0.90	0.95	0.94	0.92	0.91	0.83	0.71	0.87	0.72	0.74	0.74	0.95	0.97
黑色金属冶炼及压延加工业	0.90	0.78	0.62	0.24	0.22	0.22	0.35	0.14	0.12	0.17	0.37	0.24	0.43	0.71
有色金属冶炼及压延加工业	0.90	0.73	0.62	0.67	0.46	0.47	0.56	0.61	0.71	0.87	0.57	0.85	0.49	0.79
金属制品业	0.09	0.12	0.12	0.07	0.06	0.05	0.06	0.07	0.06	0.05	0.05	0.05	0.06	0.07
普通机械制造业	0.18	0.09	0.14	0.09	0.09	0.11	0.17	0.20	0.18	0.15	0.17	0.16	0.19	0.23
专用设备制造业	0.15	0.11	0.11	0.10	0.11	0.13	0.12	0.11	0.12	0.11	0.13	0.13	0.13	0.13
交通运输设备制造业	0.05	0.04	0.06	0.05	0.12	0.09	0.11	0.12	0.11	0.08	0.10	0.12	0.10	0.13
电气机械及器材制造业	0.13	0.12	0.11	0.13	0.10	0.10	0.09	0.10	0.09	0.07	0.08	0.08	0.12	0.11
电子及通信设备制造业	0.01	0.00	0.01	0.04	0.04	0.02	0.02	0.02	0.01	0.00	0.00	0.02	0.02	0.02
仪器仪表及文化办公用机械	0.21	0.12	0.16	0.12	0.13	0.14	0.12	0.07	0.08	0.10	0.04	0.03	0.04	0.05
其他制造业	0.16	0.58	0.62	0.67	0.67	0.78	0.77	0.63	0.49	0.37	0.33	0.32	0.38	0.56

数据来源：根据UN Comtrade数据整理计算所得。

第二章　中印制造业贸易与投资合作现状

(一) 中印制造业产业内贸易指数

根据 UN Comtrade 数据整理计算得出中印制造业产业内贸易指数(如表2.6所示)。2007—2020年中印制造业产业内贸易指数的均值除了非金属矿物制品(0.87)、化学纤维制品(0.71)和皮革毛皮羽绒及其制品(0.72)以外,制造产业其余各行业的产业内贸易指数均值都较小,而且上述行业在中印制造业贸易总额中所占比重并不大。例如,产业内贸易指数的均值非常小的行业有:电子及通信设备制造业(0.02)、家具制造业(0.03)、木材加工及竹藤棕草制品业(0.03)、文教体育用品制造业(0.03)、金属制品业(0.07)、印刷和记录媒介复制业(0.08)、交通运输设备制造业(0.09)、仪器仪表及文化办公用机械(0.10)、电气机械及器材制造业(0.10)、塑料制品业(0.10)、造纸及纸制品业(0.11)、医药制造业(0.12)、专用设备制造业(0.12)、普通机械制造业(0.15)、烟草加工业(0.23)、橡胶制品业(0.27)、黑色金属冶炼及压延加工业(0.39)。

一方面,这说明了中印制造业贸易主要是以制造业产业内的各行业间贸易方式为主,中印制造业(各行业或部门之间既出口又进口)的产业内贸易量所占比重不大,中印制造业内各行业或部门之间的依存或协作关系不紧密。这主要是由于中印两国制造业生产要素的自然禀赋差异较大而自然形成的比较优势,而绝非一种基于两国制造业要素禀赋越相似、经济规模越接近所形成的可获得性比较优势。

另一方面,也说明了中印制造业内部的各行业间大多处于水平(而非垂直)分工协作关系。即便是中印制造业的综合互补性保持了较为稳定的增长态势,但这种互补性更多是基于两国各自的自然禀赋差异较大而自然形成的互补关系,并非中印制造业各行业或各部门内部间的双向流动所形成的互补关系。

(二)以世界为对象的中国和印度制造业产业内贸易指数

表 2.7 2007—2020 年中国对世界的制造业产业内贸易指数

行业	2007	2008	2009	2010	2011	2012	2013	2014	2015	2016	2017	2018	2019	2020	均值
食品加工和制造业	0.79	0.86	0.83	0.85	0.88	0.94	0.96	0.96	0.97	0.95	0.99	0.98	0.88	0.76	0.90
饮料制造业	0.77	0.87	0.86	1.00	0.90	0.87	0.91	0.96	0.92	0.91	0.83	0.82	0.83	0.85	0.88
烟草加工业	0.39	0.43	0.46	0.34	0.37	0.33	0.31	0.86	0.85	0.85	0.87	0.89	0.90	0.90	0.63
纺织业	0.46	0.40	0.40	0.37	0.34	0.35	0.34	0.31	0.30	0.28	0.27	0.26	0.23	0.17	0.32
服装及其他纤维品制造	0.03	0.04	0.03	0.04	0.05	0.06	0.06	0.06	0.07	0.08	0.09	0.10	0.11	0.13	0.07
皮革毛皮羽绒及其制品业	0.26	0.22	0.20	0.20	0.20	0.19	0.19	0.20	0.20	0.22	0.27	0.28	0.29	0.36	0.23
木材加工及竹藤棕草制品业	0.15	0.14	0.13	0.13	0.12	0.13	0.16	0.18	0.18	0.20	0.20	0.19	0.20	0.23	0.17
家具制造业	0.08	0.07	0.08	0.08	0.09	0.08	0.08	0.08	0.08	0.09	0.10	0.10	0.08	0.06	0.08
造纸及纸制品业	0.68	0.63	0.68	0.67	0.70	0.79	0.86	0.92	0.92	0.91	0.82	0.80	0.96	0.95	0.81
印刷和记录媒介复制业	0.60	0.57	0.66	0.67	0.64	0.62	0.67	0.65	0.59	0.61	0.62	0.66	0.69	0.71	0.64
文教体育用品制造业	0.32	0.27	0.29	0.31	0.32	0.29	0.25	0.27	0.23	0.23	0.17	0.17	0.17	0.15	0.25
石油加工及炼焦业	0.82	0.79	0.82	0.82	0.75	0.72	0.80	0.91	0.91	1.00	0.99	0.90	0.81	0.98	0.86
化学原料及化学制品制造业	0.67	0.75	0.65	0.69	0.74	0.74	0.74	0.80	0.84	0.83	0.82	0.84	0.84	0.87	0.77
医药制造业	0.79	0.81	0.87	0.86	0.98	0.92	0.86	0.82	0.80	0.76	0.73	0.75	0.66	0.76	0.81

第二章　中印制造业贸易与投资合作现状

续表

行业	2007	2008	2009	2010	2011	2012	2013	2014	2015	2016	2017	2018	2019	2020	均值
化学纤维制造业	0.76	0.86	0.70	0.78	0.94	0.90	0.84	0.96	0.99	0.81	0.88	0.85	0.86	0.86	0.86
橡胶制品业	0.53	0.56	0.62	0.67	0.60	0.59	0.58	0.54	0.49	0.43	0.42	0.41	0.39	0.41	0.52
塑料制品业	0.68	0.66	0.70	0.75	0.69	0.58	0.54	0.52	0.49	0.50	0.49	0.47	0.44	0.40	0.56
非金属矿物制品业	0.52	0.48	0.47	0.54	0.60	0.54	0.60	0.94	0.55	0.62	0.59	0.61	0.58	0.55	0.58
黑色金属冶炼及压延加工业	0.64	0.55	0.94	0.78	0.66	0.60	0.56	0.47	0.47	0.50	0.58	0.56	0.63	0.91	0.63
有色金属冶炼及压延加工业	0.73	0.76	0.46	0.56	0.61	0.59	0.64	0.71	0.72	0.71	0.67	0.66	0.70	0.53	0.65
金属制品业	0.38	0.37	0.43	0.44	0.41	0.38	0.36	0.36	0.32	0.35	0.34	0.33	0.30	0.26	0.36
普通机械制造业	0.93	0.89	0.95	0.95	0.92	0.85	0.79	0.78	0.72	0.69	0.70	0.70	0.67	0.63	0.80
专用设备制造业	0.77	0.90	0.86	0.76	0.78	0.97	1.00	0.95	0.97	1.00	0.98	0.93	1.00	0.98	0.92
交通运输设备制造业	0.79	0.73	0.84	0.85	0.87	0.92	0.99	0.92	0.96	0.97	0.98	1.00	0.94	0.89	0.90
电气机械及器材制造业	0.79	0.86	0.84	0.87	0.90	0.92	0.95	0.95	0.97	0.93	0.91	0.90	0.95	0.95	0.91
电子及通信设备制造业	0.36	0.35	0.36	0.34	0.36	0.39	0.39	0.36	0.37	0.37	0.21	0.22	0.22	0.22	0.32
仪器仪表及文化办公用机械	0.99	0.98	0.99	0.96	0.97	0.99	1.00	1.00	0.98	0.97	0.96	0.96	0.96	0.98	0.98
其他制造业	0.43	0.54	0.48	0.92	0.90	0.93	0.77	0.97	0.42	0.60	0.66	0.89	0.53	0.49	0.68
均值	0.57	0.58	0.59	0.61	0.62	0.61	0.61	0.66	0.62	0.62	0.61	0.61	0.60	0.61	0.61

数据来源：根据 UN Comtrade 数据整理计算所得。

表 2.8 2007—2020 年印度对世界的制造业产业内贸易指数

行业	2007	2008	2009	2010	2011	2012	2013	2014	2015	2016	2017	2018	2019	2020	均值
食品加工和制造业	0.65	0.61	0.97	0.91	0.81	0.84	0.70	0.79	0.88	0.94	0.91	0.76	0.77	0.76	0.81
饮料制造业	0.44	0.44	0.40	0.40	0.42	0.55	0.52	0.67	0.66	0.68	0.63	0.64	0.68	0.59	0.55
烟草加工业	0.17	0.14	0.25	0.19	0.18	0.20	0.22	0.21	0.19	0.17	0.18	0.15	0.16	0.14	0.18
纺织业	0.37	0.38	0.41	0.37	0.37	0.37	0.33	0.35	0.38	0.38	0.39	0.41	0.44	0.39	0.38
服装及其他纤维品制造	0.03	0.03	0.03	0.04	0.05	0.06	0.06	0.07	0.07	0.08	0.09	0.14	0.15	0.16	0.07
皮革毛皮羽绒及其制品业	0.30	0.33	0.33	0.38	0.37	0.39	0.35	0.37	0.41	0.42	0.47	0.51	0.52	0.43	0.40
木材加工及竹藤棕草制品业	0.84	0.98	0.81	0.64	0.60	0.68	0.85	0.85	0.76	0.81	0.73	0.72	0.74	0.96	0.78
家具制造业	0.89	0.96	0.92	0.96	0.99	0.96	0.87	0.88	0.89	0.85	0.89	0.87	0.78	0.59	0.88
造纸及纸制品业	0.37	0.35	0.40	0.41	0.39	0.42	0.46	0.41	0.44	0.44	0.41	0.49	0.56	0.65	0.44
印刷和记录媒介复制业	0.51	0.56	0.63	0.56	0.67	0.64	0.74	0.55	0.76	0.89	0.86	0.97	0.95	0.89	0.73
文教体育用品制造业	0.58	0.83	0.55	0.59	0.54	0.78	0.70	0.61	0.53	0.50	0.47	0.57	0.63	0.86	0.63
石油加工及炼焦业	0.63	0.62	0.40	0.33	0.29	0.25	0.18	0.20	0.34	0.37	0.36	0.36	0.40	0.49	0.37
化学原料及化学制品制造业	0.75	0.60	0.65	0.65	0.68	0.70	0.75	0.68	0.65	0.70	0.72	0.75	0.77	0.74	0.70
医药制造业	0.53	0.49	0.51	0.51	0.45	0.44	0.38	0.40	0.37	0.36	0.38	0.41	0.40	0.36	0.43

第二章　中印制造业贸易与投资合作现状

续表

行业	2007	2008	2009	2010	2011	2012	2013	2014	2015	2016	2017	2018	2019	2020	均值
化学纤维制造业	0.60	0.65	0.67	0.59	0.72	0.67	0.68	0.82	0.86	0.78	0.73	0.89	0.96	0.96	0.76
橡胶制品业	0.71	0.72	0.81	0.82	0.72	0.70	0.64	0.66	0.74	0.76	0.70	0.71	0.66	0.59	0.71
塑料制品业	0.91	0.91	0.98	0.96	0.88	0.89	0.86	0.94	0.96	0.97	1.00	0.95	0.98	0.99	0.94
非金属矿物制品业	0.77	0.89	0.95	0.90	0.99	0.97	0.88	0.96	0.92	0.95	0.90	0.99	0.99	0.96	0.93
黑色金属冶炼及压延加工业	1.00	0.92	0.90	0.96	0.96	1.00	0.79	0.92	0.90	0.97	0.76	0.92	0.91	0.65	0.90
有色金属冶炼及压延加工业	0.90	0.97	0.98	0.68	0.98	0.94	0.97	0.96	0.94	0.84	0.80	0.86	0.68	0.87	0.88
金属制品业	0.89	0.91	0.96	0.92	0.87	0.85	0.78	0.78	0.82	0.83	0.86	0.93	0.91	0.83	0.87
普通机械制造业	0.57	0.60	0.59	0.55	0.54	0.54	0.71	0.73	0.72	0.71	0.80	0.80	0.80	0.88	0.68
专用设备制造业	0.40	0.43	0.45	0.49	0.54	0.56	0.66	0.70	0.68	0.64	0.64	0.65	0.65	0.73	0.59
交通运输设备制造业	0.81	0.65	0.95	0.87	0.70	0.87	0.82	0.65	0.76	0.80	0.78	0.74	0.72	0.78	0.78
电气机械及器材制造业	0.67	0.75	0.59	0.74	0.57	0.56	0.65	0.67	0.60	0.56	0.51	0.48	0.47	0.49	0.59
电子及通信设备制造业	0.12	0.15	0.49	0.28	0.45	0.40	0.37	0.18	0.11	0.12	0.11	0.20	0.39	0.37	0.27
仪器仪表及文化办公用机械	0.29	0.32	0.35	0.32	0.35	0.38	0.39	0.38	0.39	0.45	0.24	0.25	0.29	0.29	0.34
其他制造业	0.58	0.82	0.45	0.81	0.60	0.87	0.87	0.89	0.95	0.89	0.66	0.48	0.41	0.51	0.70
均值	0.58	0.61	0.62	0.60	0.60	0.62	0.61	0.62	0.63	0.64	0.61	0.63	0.64	0.64	0.62

数据来源：根据 UN Comtrade 数据整理计算所得。

从以世界为对象的中国和印度制造业产业内贸易指数来看(如表2.7和表2.8所示),2007—2020年中国对世界制造业产业内贸易指数(均值)如仪器仪表及文化办公用机械(0.98)、专用设备制造业(0.92)、电气机械及器材制造业(0.91)、食品加工和制造业(0.90)、交通运输设备制造业(0.90)、饮料制造业(0.88)、石油加工及炼焦业(0.86)、化学纤维制造业(0.86)、造纸及纸制品业(0.81)、医药制造业(0.81)、普通机械制造业(0.80)等11大行业产业内贸易指数均在0.8以上。而2007—2020年印度仅有塑料制品业(0.94)、非金属矿物制品业(0.93)、黑色金属冶炼及压延加工业(0.90)、家具制造业(0.88)、有色金属冶炼及压延加工业(0.88)、金属制品业(0.87)、食品加工和制造业(0.81)等7大行业内贸易指数(均值)大于0.8以上。这说明了在世界市场上,中国制造业产业内贸易指数总体上强于印度,这主要是因为中国制造业在国际市场上具有较强的竞争优势,中国已经成为世界制造业强国和"世界工厂"[①],同时中国经济发展水平也起了决定性作用,中国制造业在世界市场同时具有产品差异与经济规模的可获得性比较优势。

但另一方面,除中印制造业的纺织业(0.48)、皮革毛皮羽绒及其制品业(0.62)、石油加工及炼焦业(0.60)和非金属矿物制品业(0.87)等行业或部门外,中印制造业的全行业或部门的产业内贸易指数,几乎都低于中国和印度对世界制造业产业内贸易指数(如图2.12和表2.9所示)。那么,我们有理由认为中印制造业产业(各行业或部门)内的紧密依存关系,还不如中国和印度分别对世界其他国家制造业产业(各行业或部门)的内部分工与协作关系。这一方面说明中印制造业分工协作关系的确还不够紧密;另一方面也说明中印制造业合作的空间或潜力巨大。

[①] Hualin Pu and Ting Li, "A Cross-Countries Research on the Duration of Export Trade Relationships in Manufacturing Industry", *American Journal of Industrial and Business Management,* No.4, 2018, pp. 850-866.

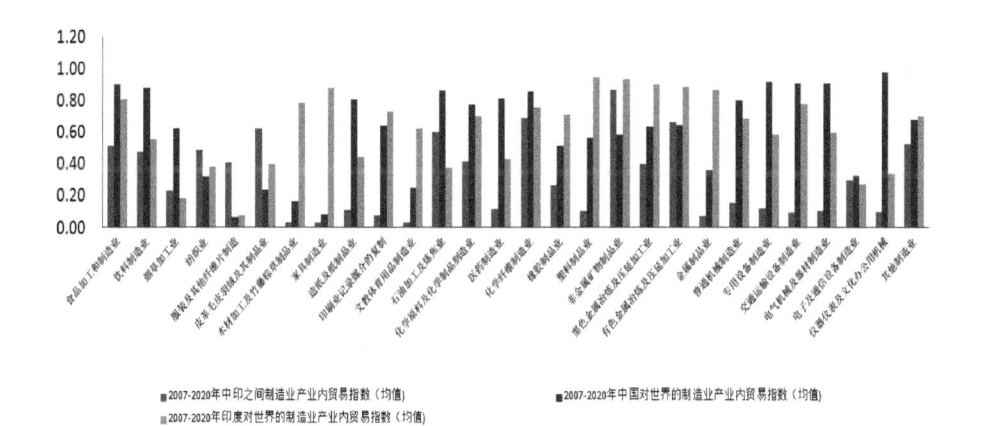

第二章 中印制造业贸易与投资合作现状

图 2.12 2007—2020 年中印对世界以及中印之间制造业产业内贸易指数

表 2.9 2007—2020 年中印对世界以及中印之间制造业产业内贸易指数均值表

行业	2007—2020 年中印制造业的产业内贸易指数均值	2007—2020 年中国对世界的制造业产业内贸易指数均值	2007—2020 年印度对世界的制造业产业内贸易指数均值
食品加工和制造业	0.51	0.9	0.81
饮料制造业	0.47	0.88	0.55
烟草加工业	0.23	0.63	0.18
纺织业	0.48	0.32	0.38
服装及其他纤维品制造	0.41	0.07	0.07
皮革毛皮羽绒及其制品业	0.62	0.23	0.4
木材加工及竹藤棕草制品业	0.03	0.17	0.78
家具制造业	0.03	0.08	0.88
造纸及纸制品业	0.11	0.81	0.44
印刷和记录媒介复制业	0.08	0.64	0.73
文教体育用品制造业	0.03	0.25	0.63
石油加工及炼焦业	0.60	0.86	0.37
化学原料及化学制品制造业	0.41	0.77	0.7
医药制造业	0.12	0.81	0.43

89

续表

行业	2007—2020 年中印制造业的产业内贸易指数均值	2007—2020 年中国对世界的制造业产业内贸易指数均值	2007—2020 年印度对世界的制造业产业内贸易指数均值
化学纤维制造业	0.69	0.86	0.76
橡胶制品业	0.27	0.52	0.71
塑料制品业	0.10	0.56	0.94
非金属矿物制品业	0.87	0.58	0.93
黑色金属冶炼及压延加工业	0.39	0.63	0.9
有色金属冶炼及压延加工业	0.66	0.65	0.88
金属制品业	0.07	0.36	0.87
普通机械制造业	0.15	0.8	0.68
专用设备制造业	0.12	0.92	0.59
交通运输设备制造业	0.09	0.9	0.78
电气机械及器材制造业	0.10	0.91	0.59
电子及通信设备制造业	0.02	0.32	0.27
仪器仪表及文化办公用机械	0.10	0.98	0.34
其他制造业	0.52	0.68	0.7

从要素密集程度分类来看（如表 2.10 所示），中国对世界的制造业产业内贸易指数从高到低依次是技术密集型、资本密集型和劳动密集型制造业产业；而印度对世界的制造业产业内贸易指数从高到低依次是资本密集型、技术密集型和劳动密集型制造业产业。这说明中国对世界制造业产业内贸易更多地与高技术、高附加值的制造业产品联系在一起，这主要是由于中国制造业产业结构不断升级、新兴产业发展壮大、资本和技术密集型制造产业的份额不断提高。除此之外，"中国制造 2025" 计划推动制造业沿着全球价值链中高端发展[1]，促使了中国制造业的转型升级。而印度对世界制造业产业内贸易更多地与资本密集程度较高的制造业产品相联系，这说明印度政

---

[1] Chuanwang Sun, Tiemeng Ma and Meilian Xu, "Exploring the prospects of cooperation in the manufacturing industries between India and China: A perspective of embodied energy in India-China trade(Article)", *Energy Policy*, Vol.113, 2018, pp. 643-650.

府实施的使国家转变为全球制造业中心的"印度制造"（Made in India）策略正在取得成效。[①]

与此同时，除了中印之间劳动密集型制造业产业内贸易指数的均值几乎同中国和印度分别与世界制造业产业内贸易指数的均值接近外，其余制造业产业内贸易指数值均存在较大差距。这说明中印之间制造业产业内贸易指数不仅并未与中国和印度分别与世界制造业产业内贸易指数保持高度的一致性，反而存在一定程度的错配现象。中印制造业之间更多的是劳动、资本密集型的分工与协作关系，中国对世界的制造业之间更多的是技术、资本密集型分工与协作关系，而印度与世界的制造业之间更多的是资本、技术密集型的分工与协作关系。因此，我们认为中印之间除劳动密集型制造业产业内的分工协作关系比其他行业或部门更加紧密外，其余资本与技术密集型产业关联度不大。这主要是由于中国和印度分别对世界制造业产业内分工协作关系存在一定的差异性。因此，深化中印之间制造业产业内分工协作关系，尤其需要侧重于中印之间的资本密集型和技术密集型制造业产业内的分工与协作关系。

表 2.10 2007—2020 年中国和印度分别对世界的产业内贸易指数和中印制造业产业内贸易指数

按要素密集程度分类的制造业	2007—2020年中印制造业产业内贸易指数（均值）	2007—2020年中国对世界的制造业产业内贸易指数（均值）	2007—2020年印度对世界的制造业产业内贸易指数（均值）
劳动密集型产品	0.39	0.46	0.45
资本密集型产品	0.33	0.57	0.75
技术密集型产品	0.17	0.80	0.55

数据来源：根据 UN Comtrade 数据整理计算所得。

---

① Ristina Maza, "Tech giants eye India. Can it compete with China's manufacturing industry?", Christian Science Monitor, 10 August 2015, https://www.csmonitor.com/Business/2015/0810/Tech-giants-eye-India.-Can-it-compete-with-China-s-manufacturing-industry, 5 July 2020.

第二节 中印（包括制造业在内的）投资合作现状[①]

作为中印经贸合作中的重要组成部分，中印投资合作在波折中取得了一定成效。两国间的经贸对话机制、投资促进协定及双边合作协议发挥了积极作用。关于中印两国制造业投资，2016年10月两国签署了产能合作协议，其中涉及制造业等领域的合作。中国在印投资的两大产业园区项目就有一大项目属于汽车制造业，其为北汽福田在印度马哈拉施特拉邦牵头开展的汽车产业园项目。除此之外，中国还有很多制造业企业在印开展业务，其中包括小米、OPPO、VIVO、YUHO、华为、中兴通讯、TCL、海尔、美的、复星国际、上汽集团、长城汽车等，这些公司以电子设备、汽车、家电和IT相关硬件制造公司居多。许多印度公司也通过独资、合资或者设立代表处的方式在中国设立业务，涉及制药、耐火材料、层压管、汽车零部件、风能等制造行业。一些著名的在华制造业印企有雷迪博士实验室有限公司、奥罗宾多制药公司、太阳药业有限公司、塔塔集团、马恒达集团、桑德兰姆阀门公司等。

然而，2017年印度单方面通知中国等国家终止双边投资促进协定。在中国方面，印度采取的立场是与中国在《区域全面经济伙伴关系协定》（RCEP）中的投资框架中重新谈判双边投资条款，这阻碍了中印两国企业在制造业等领域的相互投资。与中印制造业贸易额相比，中印制造业直接投资的规模仍相对较小。近年来，印度的投资保护主义和中印边界问题等因素使中印制造业直接投资受阻甚至陷入了停滞阶段。由于缺乏中印制造业双边直接投资合作的数据，本节主要对当前中印（包括制造业在内的）双边直接投资的现状及其内外在原因进行深入的分析与研究。

[①] 本节关于投资的内容主要参考了罗建的硕士毕业论文，参见罗建：《21世纪以来中印双边直接投资研究》，硕士学位论文，四川大学，2021年。

第二章 中印制造业贸易与投资合作现状

一、中国对印（包括制造业在内的）直接投资的发展现状

（一）中国对印直接投资规模的变化

21世纪以来，中国经济发展迅速，对印直接投资也逐渐活跃起来。直到2019年末，中国对印度直接投资的存量为36.1亿美元。[①]从2000年以来，中国对印直接投资规模变化（如图2.13所示）波动较大，且在2000—2008年和2009—2019年有较大的不同。

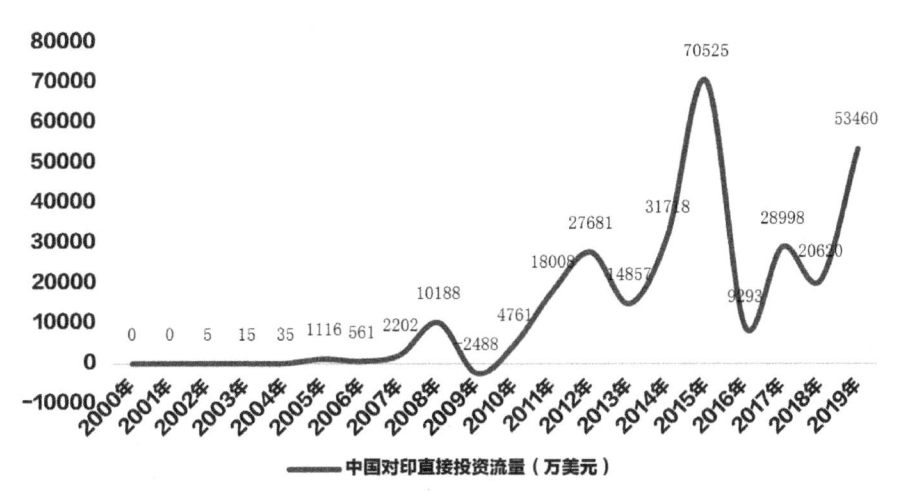

图2.13 2000—2019年中国对印直接投资流量变化

资料来源：2000—2002年数据来自印度工业和内贸促进局（DPIIT），且为印度对应财年的股权投资数据，网址 https://dpiit.gov.in/sites/default/files/FDI_Synopsis_China.pdf；其他数据来自中国商务部等部门机构发布的历年《中国对外直接投资统计公报》。

1.大幅度增长阶段（2000—2008年）

在2000—2008年，中印政治经济关系迅速升温，中国"走出去"战略加

[①] 数据来源于中国商务部等部门机构发布的《2019年度中国对外直接投资统计公报》，http://images.mofcom.gov.cn/hzs/202010/20201029172027652.pdf。

中印制造业贸易与投资合作研究

速实施,再加上印度国内经济发展良好,中国对印投资出现大幅增长。首先,中印政治经济关系在2003—2008年迅速升温。2003年,应中国总理温家宝的邀请,印度总理阿塔尔·比哈里·瓦杰帕伊(Atal Bihari Vajpayee)对中国进行了正式访问,并于会后签署了《中华人民共和国和印度共和国关系原则和全面合作的宣言》(以下称《宣言》)。在《宣言》中特别提到"为促进经贸合作,……,中印双方将采取必要措施消除贸易和投资方面存在的障碍"。[1] 此后,中印政治关系稳步提升,政府的合作逐渐增加,为中印相互投资构建了良好的政治环境和制度环境。[2] 其次,中国的"走出去"战略进入加快实施阶段。在2003年以后,我国的OFDI也进入了快速发展阶段。[3] 此外,印度国内经济发展良好,也为中国企业对印投资创造了良好的基础。根据世界银行公开数据,2000年印度GDP为4684亿美元,而2008年印度GDP为1.2万亿美元,2000—2008年印度GDP增长率为19.5%。如图2.14所示,中国对印直接投资基本呈现迅速增长的态势。2002年,中国对印直接投资(流量)仅有5万美元,而2004—2005年增长了约3倍到达1116万美元。在2006年短暂下滑后,2008年中国对印直接投资流量为1亿美元,在2003—2008年,仅5年就直接增长了678.2倍。

---

[1] "中华人民共和国和印度共和国关系原则和全面合作的宣言",中国政府网,2003年6月23日,http://www.gov.cn/gongbao/content/2003/content_62251.htm,2020年2月2日。

[2] 应印度前总理曼莫汉·辛格(Manmohan Singh)的邀请,时任中国总理温家宝于2005年4月9日至12日对印度进行正式访问,并于访问期间的会议后签署了《中华人民共和国与印度共和国联合声明》。在其中特别提到,两国领导人同意建立中印面向和平与繁荣的战略合作伙伴关系,双方也将继续商签双边投资促进和保护协定。在此之后,中印政治关系明显改善,经济合作也有所加强。

[3] 2000年3月的全国人大九届三次会议期间,"走出去"战略正式提出。党的十五届五中全会上,"走出去"战略的最终明确,首次明确提出"走出去"战略,并把它作为四大新战略(西部大开发战略、城镇化战略、人才战略和"走出去"战略)之一。参见于晓、矫磊:"'走出去'战略概述",《研究与探讨》,2011年第2期,http://qwgzyj.gqb.gov.cn/yjytt/159/1743.shtml。

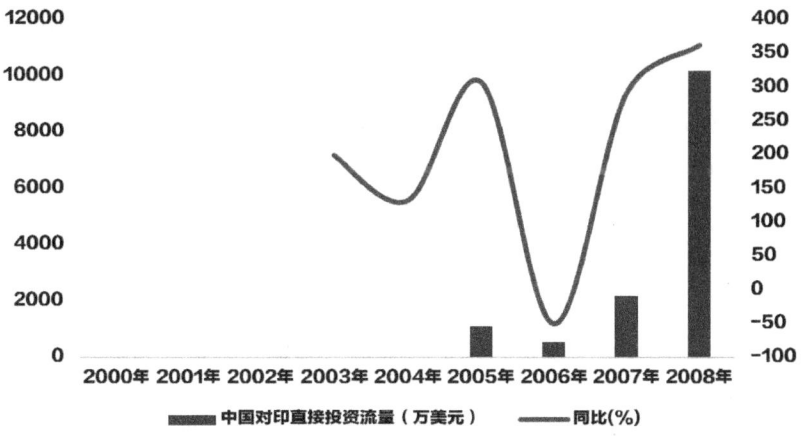

图 2.14 2000—2008 年中国对印直接投资流量变化

资料来源：2000—2002 年数据来自印度 DPIIT，且为印度对应财年的股权投资数据；其他数据来自中国商务部等部门机构发布的历年《中国对外直接投资统计公报》。

2. 波动阶段（2009—2019 年）

在 2008—2019 年，中国对印投资进程充满曲折坎坷。世界经济形势出现巨大变化，对中国对印直接投资造成巨大影响。

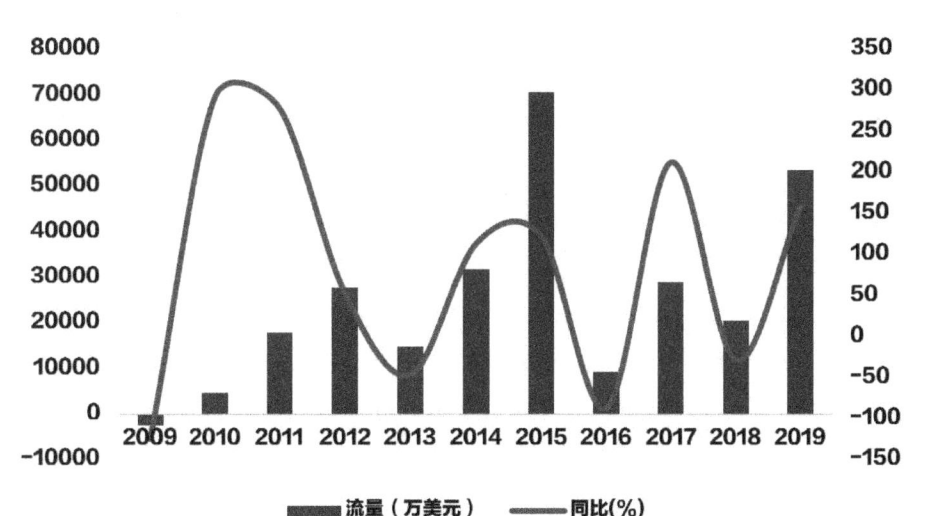

图 2.15 2009—2019 年中国对印直接投资流量变化

资料来源：中国商务部等部门机构发布的 2009—2019 年《中国对外直接投资统计公报》。

中印制造业贸易与投资合作研究

2008年,世界金融危机爆发,全球经济受挫,中国对印直接投资也受到巨大的影响。如图2.15所示,2009年中国对印直接投资流量为-2488万美元,同比下降了124.4%。因为世界金融危机的出现,中国在2008年宏观调控的首要任务是完成国内"保增长"的经济目标。所以,在2008年中国主要投资方向为国内基础设施建设。[①]而随着中国经济在2009年之后缓慢复苏,中国对印直接投资也迅速恢复,到2011年中国对印直接投资就已经超过2008年的水平,达到1.8亿美元。中国对印直接投资在经历短暂低谷之后出现大幅度增长,直到2014年达到3.17亿美元,而到了2015年更是达到了7.05亿美元,为中国对印直接投资的最高点。这主要是因为中国和印度两国都实行了更加开放的外资政策:在中国方面,2013年中国提出"一带一路"倡议后,"走出去"战略得到进一步发展;印度方面,在2014年印度政府提出"印度制造"等口号,并制定一系列的外资开放政策。

而在2016—2019年期间,中国对印直接投资又随着中印政治经济关系发展和印度开放投资政策调整而不断变化。在这个时期,印度的对外投资政策更为开放。例如,在2016年印度政府调整了对外资的限制,出台了《2016年印度全面改革外资直接投资规定改革法案》。其中规定印度将对外资全面开放国防等领域,也放松了对其他一些领域如医药领域的投资限制。[②]尽管2016年印度对外商投资限制有所放宽,但因国际问题的矛盾导致中印关系变差,也影响到了中国对印直接投资的发展。2016年7月,因中国等核供应国集团(NSG)成员未同意印度加入NSG的提案,导致印度国内的民族主义情绪高涨,发展到后来印度部分民族主义团体提出"抵制中国货"运动,最终造成印度投资环境逐渐不利于中国企业的经营。此次事件的影响也直接影响到中国对印直接投资的发展。在2016年中国对印直接投资的流量额仅为9293万美元,同比下降86.8%。如图2.15所示,在2017年和2019年中国对印直接投资有两次大幅度的增长,分别增长了212%和159.3%。而2017年中印在洞朗地区对峙之后,中国对印直接投资额在2018年下降了28.9%。而中国对印直接投资流量在2019年增长的原因可能是因

---

① "2008年宏观经济政策重大调整:审时度势 果断决策",中国政府网,2008年12月08日,http://www.gov.cn/jrzg/2008-12/08/content_1171885.htm,2020年12月18日。

② 陈利君、杨荣静:"2016年南亚地区经济发展形势与展望",《东南亚南亚研究》,2017年第1期,第55页。

为印度外资政策的变化。2019年印度进行了两次对外国直接投资规则的修订,其主要修订内容为"无需政府批准即可直接投资"的产业名单扩围,同时外资的持股比例得到进一步的放宽。[①] 2020年4月,印度工业和内部贸易促进局修改其FDI政策,与印度有陆地接壤的国家的企业或个人,对印度进行新的投资需要经过印度政府的审批。[②]可以预见的是,中国对印直接投资也会受到影响。

(二)中国对印直接投资的主要领域

通过对中国对印直接投资的行业分布的研究,能够确认中国企业对印投资的主要原因。通过对印度FDI集中的主要领域的研究,能够确认印度利用FDI的倾向及意愿。如果中国对印投资的领域与印度FDI主要分布的领域存在较大差别,则容易形成中国对印直接投资的障碍。所以通过二者的对比,能够发现中国对印直接投资可能存在的问题。

从中国对印直接投资企业的行业分布来看,截至2020年底,中国投资印度境内企业在备案中的有421家企业(机构)[③]:其中(如表2.11所示)第一产业最低约占0.5%,第二产业占比最大,约为73.2%,这意味着中国对印直接投资的企业主要分布在第二产业,而第三产业占比约为26.5%。具体来看,中国对印直接投资排在前五的行业分别为制造业、信息技术服务业、建筑业、科学研究和技术服务业、金融业,分别占比约67.9%、13.3%、6.2%、5%和2.9%,其中制造业投资占中国对印投资企业的三分之二以上。所以中国对印直接投资的主要产业是制造业、信息传输、软件和信息技术服务业等。但从中国企业对印投资金额上看,中国对印直接投资产业明显与企业数量分布有所差别。

---

① "印度收紧领土接壤国外国直接投资规则",中国贸易资讯网,2020年4月21日,http://www.tradeinvest.cn/information/5738/detail,2020年12月20日。

② Review of Foreign Direct Investment (FDI) Policy for curbing opportunistic takeovers/acquisitions of Indian companies due to the current COVID-19 pandemic, DPIIT, April 2020, https://dipp.gov.in/sites/default/files/pn3_2020.pdf, 2 December 2020.

③ 数据来源于中国商务部网站境外投资企业(机构)名录,并经整理计算后所得,参见http://femhzs.mofcom.gov.cn/fecpmvc/pages/fem/CorpJWList.html。

表 2.11 中国对印直接投资产业分布情况

产业	行业	企业数（个）	占比（%）
第一产业	农业	2	0.5
第二产业	制造业	286	67.9
	建筑业	26	6.2
第三产业	信息技术服务业	56	13.3
	科学研究和技术服务业	21	5
	交通运输、仓储和邮政业	3	0.7
	金融业	12	2.9
	租赁和商务服务业	7	1.7
	旅游业	1	0.2
	餐饮业	3	0.7
	其他	4	0.9

资料来源：中国商务部网站境外投资企业（机构）名录，并经整理计算后所得。

而印度FDI主要分布的行业（如表2.12所示），分别是服务业、计算机软件与硬件、电信、商业、住房等建设发展项目，分别占投资总额的比重为17%、12%、7%、6%和5%。从中可以看出印度更偏好于服务业、计算机软件与硬件行业的投资，这两个行业的占比加起来达到29%，超过总投资的四分之一。虽然中国和印度的行业划分标准存在较大差异，但不难发现中国对印直接投资的主要领域和印度FDI的主要领域的巨大差别。所以中国对印直接投资的领域选择与印度利用外资的主要方向是有较大差别的，这可能会影响中印双边直接投资的发展。

表 2.12 印度FDI主要分布的行业（单位：百万美元）

排名	行业	2018年4月—2019年3月	2019年4月—2020年3月	累计流量（2000年4月—2020年9月）	总占比（%）
1	服务业	9158	7854	84255	17
2	计算机软件与硬件	6415	7673	62466	12

续表

排名	行业	2018年4月—2019年3月	2019年4月—2020年3月	累计流量(2000年4月—2020年9月)	总占比(%)
3	电信	2668	4445	37278	7
4	商业	4462	4574	28543	6
5	住房等建设发展项目	213	617	25780	5

资料来源：印度 DPIIT。

(三)中国对印直接投资的方式

目前，中国对印进行直接投资的主要方式为设立私人有限公司。印度对不同的行业具有不同外资限制规定：在核能等行业具有较高的限制标准，以禁止外资进入；而在电信服务业、基础设施领域也具有一定的限制规定，虽然允许外资进入，但外商投资如若超过印度政府设定的投资比例上限，则需要经过印度政府相关部门的审批通过，才可继续进行投资；印度在电力（除核电外）、采矿业及电子产品等行业则鼓励外资的进入。[1]根据印度公司法，外国投资者可在印度以独资或合资的方式设立私人有限公司，此类公司设立后视同印度本地公司。[2]中国企业在印度投资主要以设立私人有限公司为主，其约有300余家[3]，投资方式比较单一。除此之外，也有中国企业通过海外并购的形式对印度进行投资，如2017年复星医药为了其全球布局的整体战略，以超10亿美元的价格收购了印度格兰德制药(Gland Pharma)[4]，但这种投资方式相比之下数量较少。

---

[1] 商务部国际贸易经济合作研究院、中国驻印度大使馆经济商务处、商务部对外投资和经济合作司：《对外投资合作国别(地区)指南－印度》2020年版，第49—52页，www.mofcom.gov.cn/dl/gbdqzn/upload/yindu.pdf。

[2] 刘岩：《中印双边对外直接投资问题研究》，硕士学位论文，河北大学，2014年，第11页。

[3] 数据来源于中国商务部网站境外投资企业(机构)名录。

[4] "复星医药并购格兰德制药——药企牵手，创造中印优势产业合作典范"，人民网，2018年5月24日，http://world.people.com.cn/n1/2018/0524/c1002-30009498.html，2020年12月30日。

二、印度对华（包括制造业在内的）直接投资的发展现状

（一）印度对华直接投资规模变化

21世纪以来，印度对华直接投资规模变化波动较大（如图2.16所示）。这一时期，印度对华直接投资大致可分为三个阶段：2000—2008年为大幅增加阶段，2009—2017年为波动阶段，2017年至今为收缩阶段。在2000—2008年，印度对华直接投资迅速增加。在2000年时，印度对华直接投资流量仅为1044万美元，而2008年印度对华直接投资流量达到8805万美元，增加了近7倍。在2009—2017年，印度对华直接投资开始进入曲折发展阶段。在2008年，因受国际金融危机的影响，印度经济受挫，开始减少对外投资。同时，中国也开始取消对外资的特殊优惠政策，导致印度对华直接投资流量也开始下降。直到2013年，中国国家主席习近平提出"一带一路"倡议[1]，印度对华直接投资流量也迅速上升。在2015年时，印度对华直接投资流量为8080万美元，比2013年的2705万美元上升了近2倍。2016年7月，因中国等核供应国集团成员未同意印度加入核供应国集团的提议，印度国内出现反华情绪，这也直接表现在印度对华直接投资上。[2]2016年，印度对华直接投资流量为5181万美元，同比下降35.9%。2016年10月，中印成功举办第四次战略经济对话，效果显著。2017年印度对华直接投资流量达到1.57亿美元，同比增长了212%，为21世纪以来印度对华直接投资的最高点。此后，印度对华直接投资进入收缩阶段。近两年来，印度对华直接投资连续下降，在2019年时投资流量为2563万美元，仅为2017年的16.3%。2020年，受到新冠肺炎疫情的冲击，加上印度又是疫情的重灾区，经济受损严重，而印度企业也遇到了巨大的困难。因此，印度对华直接投资在短时期内不会有太大增长。

---

[1] "百年瞬间丨习近平首提'一带一路'重大倡议"，央视新闻，2021年2月1日，http://m.news.cctv.com/2021/01/31/ARTIqeAE7xxsh9Lm6XqVUIVi210131.shtml，2021年2月19日。

[2] "面对中印边境冲突，中国如何做好危机管理"，澎湃新闻，2020年6月18日，https://www.thepaper.cn/newsDetail_forward_7896509_1，2021年2月19日。

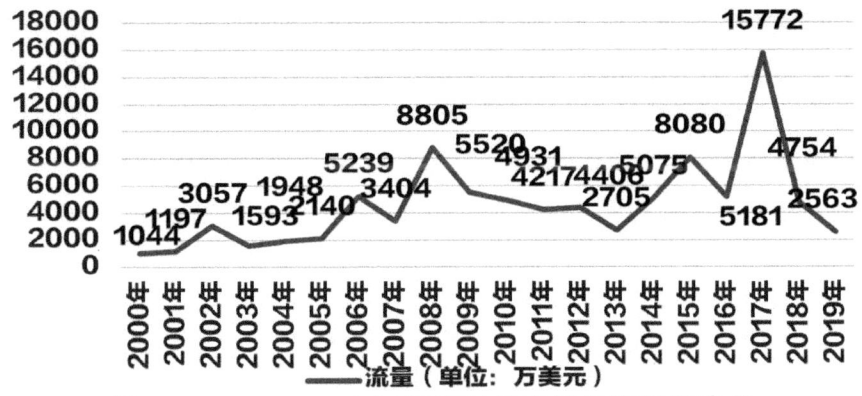

图 2.16　2000—2019 年印度对华直接投资流量变化

资料来源：2001—2020 年的中国统计年鉴。

（二）印度对华直接投资的主要领域

从印度对华投资行业的选择上来看，其领域并非一成不变。在 2013 年时，印度对华投资主要集中于 IT 行业，投资范围较窄。[①]在 2017 年时，印度对中国直接投资有所拓展，主要在制造业、租赁和商务服务业领域，企业数比重达到 78.2%。[②]2019 年，印度等"金砖国家"对华投资金额前三的行业分别是制造业、批发零售业和信息技术服务业（如表 2.13 所示）。

表 2.13　2019 年"金砖国家"在华投资金额前 5 位行业

行业	新设企业（家）	占比（%）	投入资金（万美元）	占比（%）
制造业	50	4.8	5651	65.6
批发零售业	592	56.5	2337	27.1
信息技术服务业	85	8.1	430	5.0
科学技术研究和技术服务业	72	6.9	106	1.2
租赁和商务服务业	126	12.0	93	1.1

资料来源：商务部发布的《中国外资统计公报 2020》。

---

① 黄梅波、王珊珊："后危机时代中印相互投资的前景展望"，《南亚研究季刊》，2013 年第 1 期，第 57 页。

② 杨文武、王彦、文淑惠："后金融危机时代中印投资合作研究"，《南亚研究季刊》，2017 年第 1 期，第 50 页。

中印制造业贸易与投资合作研究

而2019年中国FDI金额分布前三的行业,分别是制造业、房地产业、租赁和商务服务业,分别占实际使用外资的比重为25.0%、16.6%、15.6%。[①]通过印度等"金砖国家"对华直接投资与中国FDI的主要领域对比,可以看出印度对华直接投资的主要领域与中国FDI的主要分布领域相似。由此可知,印度对华直接投资的领域选择与中国利用外资的主要方向是大致相同的,所以印度对华直接投资的意愿与中国利用外资的意愿有一定的契合度。

(三)印度对华直接投资的主要方式

目前,印度对华进行直接投资的主要方式包括设立子公司、分支机构(如代表处)等。21世纪初,印度对华直接投资主要以设立子公司的方式进行,如2002年印度塔塔咨询服务公司(TCS)在杭州设立全球交付中心。而最近几年,印度对华直接投资更多地以合资的方式进行。以制药业为例,2018年印度阿拉宾制药(Aurobindo Pharma)与罗欣药业(中国)签订协议,在中国成立合资公司。而2019年,印度西普拉制药(Cipla Pharma)则与创诺制药(中国)达成合作意向,在华共建合资企业。由此可见,印度对华直接投资的方式发生了一定的转变。总体来看,印度企业在中国投资主要以设立子公司和联营公司为主。

---

① 数据来源:商务部发布的《中国外资统计公报2020》。

第三章 中印制造业贸易与投资便利化——基于南亚国家面板数据的测算与实证

随着国际经济关系的深入发展,各国及地区之间的贸易与投资关系变得更加紧密,同时也促使人们开始重视国际贸易与投资中出现的"非效率"现象,这使得贸易与投资便利化成为国际经济关系研究的核心问题。本章基于既有的研究成果,构建了较为全面的南亚国家贸易与投资便利化水平评估体系,对2013—2017年中国与南亚国家的贸易与投资便利化水平进行了测算,并通过拓展的引力模型计算了5年间中国与南亚国家的贸易成本,基于得到的面板数据构建回归方程,实证分析了南亚国家贸易便利化水平对贸易成本的削减作用和削减的贸易成本对双边贸易规模的促进作用,从而分析中国与印度制造业贸易与投资便利化水平。

第一节 中印制造业贸易与投资环境

一、贸易环境

(一)基础设施建设方面

在贸易便利化的各项指标中,基础设施建设主要指的是一国公路、铁路、港口和机场的设施建设,如公路长度、铁路覆盖率、港口吞吐量、空运水平等等,代表了一国对外贸易的运输能力和负载能力。一般来说,基础设施建设水平与一国的贸易便利化水平成正比。

由图3.1[①]可知,2013—2017年间,印度基础设施建设质量变化不大,而尼泊尔的基础设施建设质量下滑明显,巴基斯坦的铁路设施质量逐年递增,

---

① 本文根据世界经济论坛《全球竞争力报告》的相关数据绘制了中国与南亚四国2013—2017年各指标水平的变化趋势,其取值范围由低到高为1-7。

中印制造业贸易与投资合作研究

斯里兰卡则在 2015 年后各项指标均有不同程度的下滑。

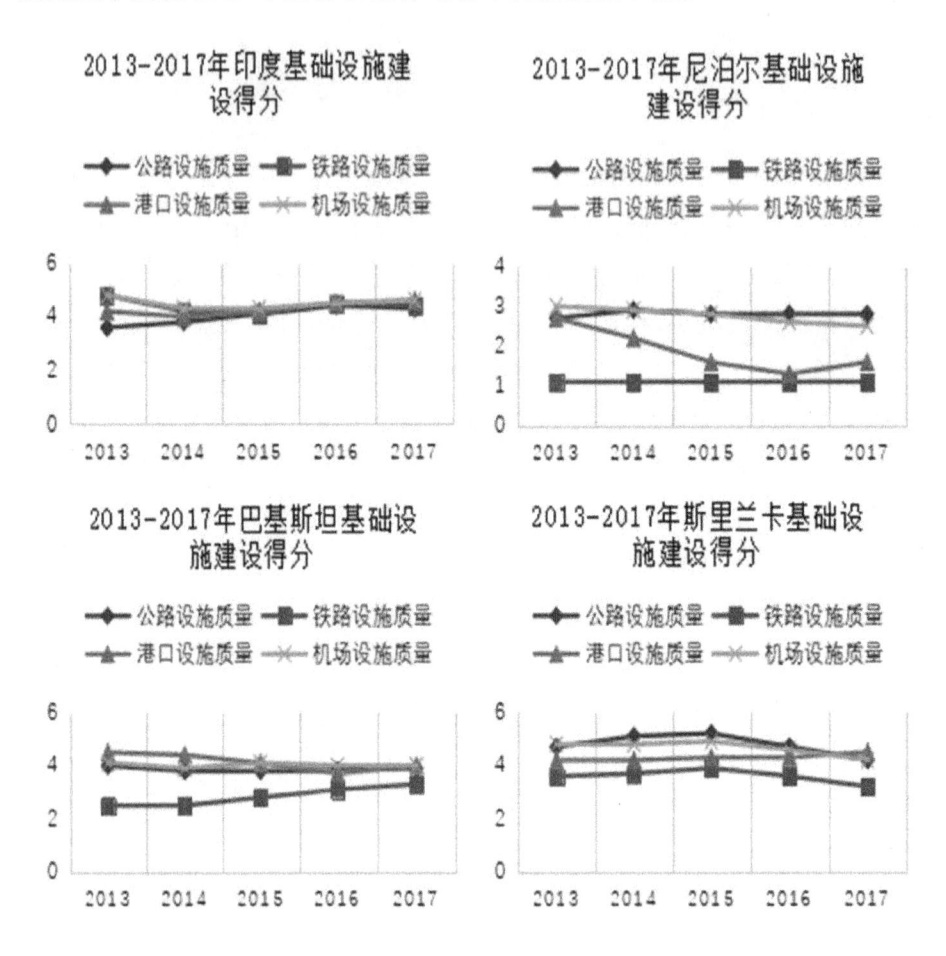

图 3.1 2013—2017 年南亚四国基础设施建设得分

总的来看,在 2017 年的样本国家中,印度在南亚国家中基础设施质量排名第一,其后是基础设施质量较为接近的巴基斯坦和斯里兰卡,尼泊尔排名最末。同时也能发现,铁路设施建设是南亚国家较为薄弱的一个方面。

(二)政府规制环境方面

政府规制环境得分一方面能反映出该国解决国际贸易纠纷的效率及公平程度,另一方面能体现政府制定国际贸易相关政策的方向,从而影响跨境贸易的成本,因此政府规制环境是贸易便利化水平评估体系中的一个重要方面。

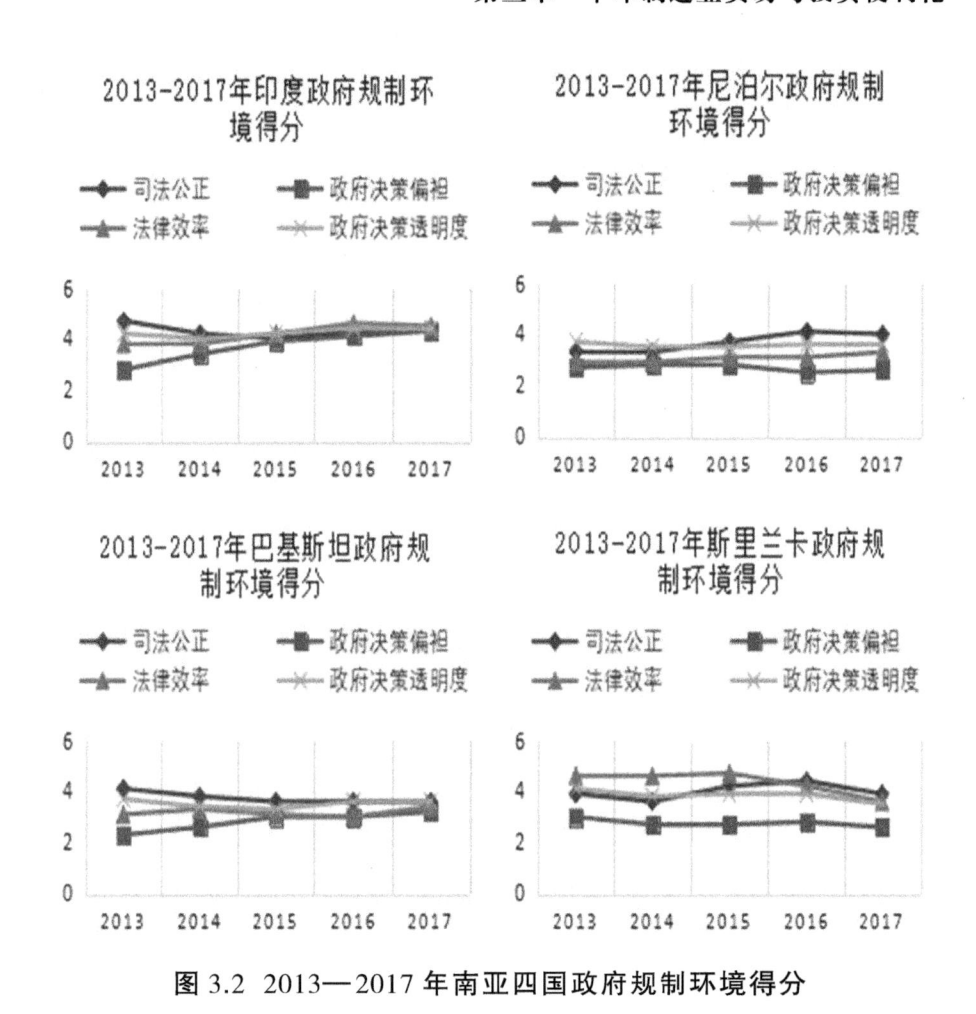

图 3.2 2013—2017 年南亚四国政府规制环境得分

由图 3.2 可知,2013—2017 年间,印度的政府规制环境得分总体呈增长趋势,而尼泊尔总体呈下降趋势,巴基斯坦在法律效率和政府决策偏袒两项指标上得分有较大提升,而斯里兰卡的政府规制环境指标得分则变化不大。总的来看,在南亚样本国家中,印度政府规制环境得分排名第一,其后是巴基斯坦,斯里兰卡排名第三,尼泊尔排名最末。

(三)口岸通关效率方面

口岸通关效率是贸易便利化问题中的重点,也是当今"贸易非效率"中非贸易成本的重要组成部分,是跨境贸易中时间成本的具体表现。本文鉴于数据的可获得性,通过世界银行的 Doing Business 数据库搜集了南亚国家跨境贸易口岸通关的出口时滞和开支,以表格形式进行横向对比。

表 3.1 2017 年南亚国家口岸通关效率水平

	边境出口耗时	边境出口耗费	单证出口耗时	单证出口耗费	边境进口耗时	边境进口耗费	单证进口耗时	单证进口耗费	进出口时间差
印度	66.2	251.6	14.5	77.7	96.7	331	29.7	100	45.7
孟加拉国	168	408.2	147	225	216	900	144	370	45
巴基斯坦	75	356	55	118	120	475.7	143	250	133
斯里兰卡	43	366	48	58	72	300	48	283	29
马尔代夫	42	596	48	300	100	981	61	180	71
平均水平	78.84	395.56	62.5	155.74	120.94	597.54	85.14	236.6	64.74

数据来源:世界银行 Doing Business 数据库。

其中,"边境出口指标衡量的时间和成本与遵守经济体的海关规定以及遵守为了让货物通过经济体边界而强制要求的其他检查相关的规定有关,另外还衡量了经济体港口或边界装卸的时间和成本。这一部分时间的成本还包括其他机构进行的通关和检查程序。例如,进行植物检疫的时间和成本在此将被纳入。单证合规指标则反映了满足来源经济体、目的地经济体以及任何过境经济体的所有政府机构对单证的要求所需的时间和成本。"[1]

由表 3.1 可知,在边境耗时方面,孟加拉国的进出口通关时间在南亚国家中最长,边境进口耗时 216 小时,边境出口耗时 168 小时,南亚国家的边境进口平均耗时为 120.94 小时,边境出口平均耗时为 78.84 小时,在全球范围内处于末流水平。在手续耗时方面,南亚国家中孟加拉国的进出口耗时最长。可见,孟加拉国进出口耗时都较长,其在口岸效率方面的贸易便利化水平在南亚国家中最低。印度的单证进出口耗时最少,单证进口耗时为 29.7 小时,单证出口耗时为 14.5 小时。南亚国家的单证进口平均耗时为 85.14 小时,单证出口平均耗时为 62.5 小时。从进出口通关时间差来看,巴基斯坦的进出口时间差最大,为 133 小时,其次是马尔代夫,为 71 小时。斯里兰卡的进出口时间差在南亚国家最小,为 29 小时,南亚国家平均进出口

---

[1] 世界银行:"跨境贸易",http://chinese.doingbusiness.org/zh/methodology/trading-across-borders,2019 年 12 月 5 日。

时间差为64.74小时。可见,从进出口时滞的角度来看,巴基斯坦和马尔代夫两国为保护本国生产,对国外货物商品入境施加了一定程度的贸易壁垒,而其他国家的贸易保护主义倾向较低,斯里兰卡的贸易保护主义最低。

在耗费方面,南亚国家平均耗费数额较高,马尔代夫的进出口耗费各指标均在样本国家中最高,边境出口耗费方面,印度的边境出口耗费最低,为251.6美元,南亚国家平均值为395.56美元,单证出口耗费最低的国家是斯里兰卡,为58美元,南亚国家平均值为155.74美元;边境进口耗费方面,斯里兰卡的边境进口耗费最低,为300美元,南亚国家平均值为597.54美元,单证进口耗费最低的国家是印度,为100美元,南亚国家平均值为236.6美元。

(四)网络普及方面

个人互联网用户占比代表互联网用户占该国人口的百分比,它能反映出互联网在该国的普及程度,而网民的数量又决定了该国电子商务市场的大小,从而可以看出其在电子商务方面的贸易便利化水平。

由表3.2所示,2013年个人互联网用户占比最高的南亚国家是不丹,为25.43%,而最低的孟加拉国占比仅为6.3%。2017年不丹的个人互联网用户占比在南亚国家中仍处于最高水平,达41.77%,占比最少的南亚国家是巴基斯坦,仅为15.51%。5年间南亚各国个人互联网用户占比均得到了较大的提升。孟加拉国和印度增速较快,增速分别达189.68%和134.9%,其余南亚国家也展现了逐年递增的态势,巴基斯坦的增速在南亚国家中最慢,为55.72%。

表3.2 南亚国家个人互联网用户占比水平(%)

年份	孟加拉国	不丹	印度	尼泊尔	巴基斯坦	斯里兰卡
2013	6.3	25.43	12.58	11.15	9.96	18.29
2014	6.5	29.9	15.1	13.3	10.9	21.9
2015	9.6	34.37	18	15.44	13.8	25.8
2016	14.4	39.8	26	17.58	18	29.99
2017	18.25	41.77	29.55	19.69	15.51	32.05
增长率	189.68	64.25	134.9	76.59	55.72	75.23

数据来源:世界经济论坛GCI数据库。

固定宽带订阅是指以等于或大于 256 kbit/s 的下行速度固定（有线）接入公共互联网，包括卫星互联网接入、电缆调制解调器、DSL、家庭/建筑物光纤以及其他固定（有线）宽带订阅。因此，一国固定宽带订阅占比能进一步说明该国的电信业发展情况和相关的通信基础设施建设水平。

表 3.3 中国与南亚国家的固定宽带订阅占比（%）

年份	孟加拉国	不丹	印度	尼泊尔	巴基斯坦	斯里兰卡	中国
2013	0.34	2.23	1.14	0.40	0.52	1.99	12.97
2014	0.63	2.72	1.16	0.75	0.59	1.99	13.63
2015	1.19	3.26	1.24	0.81	1.08	2.65	13.63
2016	2.41	3.56	1.34	1.06	0.95	3.10	18.56
2017	3.77	3.94	1.44	0.78	0.86	4.10	22.90
增长率	1011	76%	27%	95%	67%	106%	76%

数据来源于世界经济论坛 GCI 数据库

由表 3.3 可以看出，南亚国家的固定宽带占比极低，与中国有较大差距。2013 年不丹的固定宽带订阅占比在南亚国家中最高，为 2.23%，而最低的孟加拉国仅为 0.34%。2017 年固定宽带订阅占比最高的南亚国家是斯里兰卡，为 4.1%，尼泊尔最少，仅为 0.78%。5 年间南亚各国固定宽带订阅占比均得到了较大提升。孟加拉国和斯里兰卡增速较快，其中，孟加拉国的固定宽带订阅占比增速达到了惊人的 10 倍，斯里兰卡 5 年间的增速为 106%，其余南亚国家虽也展现了逐年递增的态势，印度的增速在南亚国家中最小，为 27%。可见，南亚国家的电信业极不发达，且相关的通信基础设施建设水平也较低，一方面说明南亚国家在电子商务发展上有很大的潜力，但同时落后的通信基建也会对贸易便利化的推进有较大的阻碍作用。

综上所述，南亚国家的贸易便利化程度较低，且各个国家间的发展极不平衡。因此，南亚国家贸易便利化的推进势在必行。虽然从上述数据分析可以看出，南亚国家近年来在基础设施建设、政府规制环境、口岸通关效率、网络普及方面体现出了一定程度的改善，但南亚国家平均水平与世界平均水平相比差距巨大，相信随着《贸易便利化协定》的生效和中国"一带一路"倡议的逐步推进，南亚国家的贸易便利化水平将得到进一步的提升，中国与

第三章　中印制造业贸易与投资便利化

南亚国家之间的双边贸易成本得到削减,双边贸易规模也将进一步扩大。

二、投资环境分析

(一)南亚政治环境

政治环境可以从政治稳定性、社会稳定性以及外部稳定性三个方面观察。首先,南亚各国政治环境不尽相同,主要是因为目前地区内政治发展的不平衡,以及各国执政党对于国内局面的掌控能力不同。在孟加拉国、印度、巴基斯坦和斯里兰卡,国内的执政党与在野党之间虽然存在不少矛盾,但国内政治稳定。不丹、尼泊尔以及马尔代夫等国在政治转型上依然存在问题,政治稳定性也不如其他南亚国家,但其政治民主化进程仍在继续。2021年9月7日,阿富汗塔利班宣布组建临时政府,但直到2021年底,尚未有国家正式承认阿富汗塔利班政权。

其次,南亚地区近年来社会日趋稳定,但各国的和平状况与安全局势存在较大差异,各国社会的稳定程度也不尽相同。根据经济与和平研究所(Institute for Economics and Peace)编制的《全球和平指数(Global Peace Index,GPI)》[①],2018年南亚地区(不包括马尔代夫)的平均指数评分为2.401,与上一年相比上升了0.005,在全球九大地区中仍旧排在第八位。其中南亚7个国家(不包括马尔代夫)该指数的评分从低到高依次是:不丹、斯里兰卡、尼泊尔、孟加拉国、印度、巴基斯坦、阿富汗(详见表3.4)。需要指出的是,2018年的全球和平指数是对2017年全球的和平状况进行了量化评估,该评分分数越高,排名越低,对应的和平状况也就越糟糕。因此2017年南亚地区依然属于和平状况表现较差的地区,但区域内的斯里兰卡、尼泊尔及印度局势都有所改善,社会日趋稳定。恐怖主义和暴力事件一直影响着南亚地区的社会稳定,而且由于恐怖主义与宗教极端主义、民族分裂主义相互

---

① 该指数排名是衡量全球和平程度的领先指标,评估范围包括全球163个国家及地区(该国家或地区需满足人口超过100万人或者土地面积超过2万平方公里),并且将全球划分为9个地区。根据评估,2018年和平状况好转的地区有中美洲和加勒比海地区、中东和北非地区,和平状况恶化的地区则有南亚地区、欧洲地区、北美地区、亚太地区、南美地区、撒哈拉以南非洲地区、俄罗斯和欧亚大陆地区。除此之外提供当前和平趋势、和平的经济价值以及如何发展和平社会的全面数据分析。

影响,对于南亚地区来说未来很长一段时间内都将受其影响,特别是在阿富汗、孟加拉国、印度和巴基斯坦等国恐怖暴力事件时有发生。短时间内南亚地区的社会稳定问题是无法彻底解决的。

表3.4 2018年南亚各国"全球和平指数"评分及排名[①]

地区排名	国别	评分	评分变化	全球排名
1	不丹	1.545	+0.071	19
2	斯里兰卡	1.954	-0.065	67
3	尼泊尔	2.053	-0.027	84
4	孟加拉国	2.084	+0.049	93
5	印度	2.504	-0.037	136
6	巴基斯坦	3.079	+0.021	151
7	阿富汗	3.585	+0.018	162
南亚地区		2.401	+0.005	/

数据来源:经济与和平研究所,参见 Institute for Economics & Peace. Global Peace Index 2018: Measuring Peace in a Complex World, Sydney, June 2018. Available from: http://visionofhumanity.org/reports。

最后,再看南亚地区的外部稳定性。印度一直以来都是南亚地区的政治与经济中心。但近年来随着中国的影响力不断上升,以及美国和日本"印太战略"的实施,南亚地区开始成为大国角力的舞台。在2018年中,不丹、马尔代夫、尼泊尔和巴基斯坦四国都举行了大选,而且都实现了执政党的更换。四国新的执政党对前任政府的外交政策有所调整,有的外交重心开始转向印度,而有的则试图在中印之间维持某种平衡。尼泊尔共产党取得大选胜利后,中国与尼泊尔的关系更进了一步,双方签订了包括中尼铁路在内的14项合作协议,并且根据运输协议,尼泊尔将可以使用中国的4个海港和3个陆港开展贸易,尼泊尔经济上长期依赖印度的状况有所改变。巴基斯坦方面,伊姆兰·汗(Imran Khan)成为新任总理,开始改善与印度、美国

---

① 说明:上表中缺少马尔代夫是因为GPI指数评估不针对马尔代夫等微型国家;"评分变化"一栏为2018年评分与2017年评分的差值,数据前的"+"号表示评分上升,"—"表示评分下降。

的关系。但中巴关系也不会因为新政府的外交政策调整就产生太大的变化,同时印巴间的长期矛盾并非短期内可以解决的。马尔代夫大选中,反对派马尔代夫民主党的易卜拉欣·穆罕默德·萨利赫(Ibrahim Mohamed Solih)赢得大选,他虽然调整了前政府的外交政策,但中马关系同样不会产生太大的变化。这是因为马尔代夫不会拒绝来自中国的经贸合作,而且当前中印关系已经逐渐回暖,马尔代夫与印度走近也只是想要在中印之间维持某种平衡。在不丹2018年的大选中,洛塔·策林(Lotay Tshering)领导的不丹统一党取得了最后胜利。上任后洛塔·策林便访问了印度,并且带回了来自印度的450亿卢比的财政援助。2019年1月末中国驻印大使罗照辉访问不丹,并与洛塔·策林举行会晤,他表示高度重视对华关系,希望加强双边的务实合作,以及通过友好协商早日解决双方边界问题。这次会晤是中国和不丹新政府的首次高层次接触,说明双方关系正在从对峙转向对话。除了以上四国外,剩下的孟加拉国、印度、阿富汗和斯里兰卡都在2019年迎来大选。选举结果不论怎样,都对于未来南亚国家之间的关系影响不大,因为印巴、阿巴等国之间的矛盾是长期存在的,而印度在南亚国家间的外交优势也是一时间无法消弭的。在与域外国家的关系方面,中印关系的走向是影响南亚地区稳定性的一个重要因素,所幸在2018年印度与中国外交关系已经有回暖迹象。除此之外,南亚各国与美国、俄罗斯、日本以及东南亚国家之间的关系都是比较稳定的,因此南亚地区的外部环境应该还是相对稳定的。

(二)南亚经济环境

南亚地区虽然整体发展水平较低,均为发展中国家,但地区内资源丰富,而且内部需求巨大。再加上各国近年来积极推进经济结构改革,努力改善投资环境及基础设施,以及鼓励科技创新以加快工业化进程,使南亚已经成为全球最具经济活力的地区之一,未来发展潜力巨大。根据联合国发布的《2019年世界经济形势与展望》,南亚地区经济在2017年和2018年继续保持相对强劲的增长,尤其是2018年增长率为5.6%,高于全球平均3.1%的增长率。未来在强劲的个人消费与公共投资,以及相对稳健的宏观经济调控与结构改革下,南亚地区的经济前景是比较乐观的,但短期与中期挑战依然存在。

南亚地区整体经济前景虽然比较乐观,但各国的经济发展趋势却大相径庭。包括孟加拉国、不丹和印度在内的经济体,其经济状况大体上依然是积极的,预计其GDP在短期内将保持强劲的增长。相比之下,巴基斯坦的经济前景却明显恶化了。因此,2018年南亚的区域GDP增速出现明显的减缓。然而,鉴于印度庞大的经济体量,在与其他发展中区域相比的情况下,南亚地区的经济前景依然值得期待。根据联合国发布的《2019年世界经济形势与展望》,预计该地区的GDP在2019年和2020年分别增长5.4%和5.9%。[①]尽管区域内的一些经济体开始收紧货币政策,但未来强劲的私人消费和公共投资将支撑经济的增长。尽管2018年因国内货币贬值和油价上涨,导致南亚地区通货膨胀率有所增加,但短期内将会维持低通胀或保持稳定。

南亚地区的经济前景虽然比较乐观,但实际上整个亚洲出现经济下行的风险都在增加,短期内南亚的几个经济体也出现了类似的情况。南亚地区经济下行的风险主要受到国内因素和外部环境的影响。国内因素主要有政治上的不稳定、阻碍改革执行的反对力量以及一些国家的安全问题,或多或少都影响到外资的进入。当前南亚地区落后的基础设施也限制了人们在发展生产力和减少贫困上的努力。除此以外,频发的自然灾害,特别是与气候变化有关的自然灾害,也是经济活动的主要风险之一。从外部来看,风险则来自突然收紧的全球金融环境、不断升级的贸易争端一直困扰印度和巴基斯坦等国的"双赤字"问题(财政赤字和贸易赤字)以及不断上升的债务水平,都暴露了南亚国家宏观经济的失衡和金融的脆弱性,而这些问题都影响着经济发展。南亚大部分经济体同时还面临着外汇储备不足的风险,这使它们无法应对严重的外部冲击。此外,南亚还是石油净进口地区,油价的大幅度上涨可能会增加地区的通货膨胀压力,甚至限制经济的运行。

具体来说,2018年印度经济的增长率为7.4%,预计2019年和2020年印度经济将分别增长7.6%和7.4%。强大的私人消费、扩张性的财政政策以及改革带来的好处,都将支撑着未来印度经济的增长,其中如何保持强劲而持续的私人投资是促进中期增长的关键。类似的还有孟加拉国,在强劲的

---

① 注:本节的增长数据均来源于联合国发布的《2019年世界经济形势与展望》(*World Economic Situation and Prospects 2019*)。

第三章　中印制造业贸易与投资便利化

固定投资、私人消费,以及宽松的货币政策的推动下,其经济的年增长率超过了7%,短期内还将继续保持快速增长。斯里兰卡经济正从2017年的缓慢增长中复苏,但由于企业信心不足、投资需求的疲软以及政治的动荡,其复苏的状态远远小于预期,短期内增长仍将低于其潜在实力。与此同时,巴基斯坦经济则面临着巨大的下行风险,经济前景充满挑战。巴基斯坦2018年的增速估计为5.4%,预计2019年和2020年的经济增速都将低于4%。主要原因有两个方面:一方面,其巨大的私人消费、不断改善的能源供应以及"中巴经济走廊"的建设支撑着经济活动。另一方面,巴基斯坦面临着严重的国际收支困难、"双赤字"问题、国际储备明显下降、本币压力越来越大,以及公共债务水平增高(接近GDP的70%)等问题。未来巴基斯坦经济增长的可持续性令人担忧。目前,巴基斯坦政府已是5年内第二次寻求国际货币基金组织的援助,以缓解其宏观经济和财政方面的困境。

除此之外,南亚的经济环境还面临着以下四个问题,若能解决,将有效增强地区的生产能力和国际竞争力,真正释放其增长潜力。第一,劳动力问题。南亚地区就业增长减缓,女性劳动参与率依然很低,甚至还在下降。此外,区域内的一些经济体在适龄劳动人口数量逐年增长的情况下,却出现了青年失业率升高的问题。以印度为例,虽然以软件和商业外包部门为主的服务业对经济发展贡献巨大,但其所吸纳的就业人口却极为有限,许多受过高等教育的年轻人无法找到学以致用工作。而一些未受过良好教育的年轻人却因为印度缺少大规模的劳动密集型产业同样无法实现就业。类似的就业问题在南亚绝非个例,未来如果无法有效地解决就业问题,就无法将潜在的人口红利转化为真正的经济增长。

第二,货币政策问题。在全球金融环境逐渐收紧的背景下,2018年南亚地区多数国家的货币贬值,而且孟加拉国、印度和巴基斯坦几个国家的经常账户赤字还在继续上升。如何在保持增长势头的同时,抑制通胀压力,并调整国内经济以应对全球流动性逆转风险,是南亚地区面临的一大挑战。当前南亚的一些经济体的货币政策已经开始适度收紧。印度储备银行时隔17个月,直到2019年2月才宣布基准利率下调至6.25%,此前的货币政策一直都是"校准型紧缩"。而且自2018年以来,印度卢比的汇率一直下滑,在2018年10月初跌至创纪录的低点,甚至成为亚洲表现最差的货币,但其消费者价格指数(CPI)在2018年下半年有所回落。因此,预计印度的通货膨胀率在短期内将比较温和,为此次降息提供了空间。鉴于尼泊尔卢比与印度卢比挂钩,预计尼泊尔中央银行(Nepal Rastra Bank)在2019年将同样采取紧缩政策。巴基斯坦国家银行(State Bank of Pakistan)在2018年的前8个月已将基准利率上调275个基点至8.5%,在11月30日再次加息至10%,尽管如此,巴基斯坦卢比的大幅度贬值加剧了消费者价格指数(CPI)的上涨,因此预计2019年其货币政策将继续收紧。

第三,财政赤字问题。整个南亚地区都已逐渐转向扩张性财政政策,财政赤字在短期内仍将居高不下。以印度为例,其公共预算的构成和规模对于促进经济增长、基础设施建设、政府补贴与福利性支出,以及农村经济的发展具有重要影响。这些因素在短期内都不利于财政赤字的削减。同时,尽管孟加拉国努力扩大税基,但该国的财政赤字依然居高不下,甚至接近占GDP的5%。巴基斯坦同样因为不断增加的财政支出和公共债务,出现财政赤字约占GDP4.8%的情况。巴基斯坦不得不寻求国际货币基金组织(IMF)的援助,IMF则希望借此推动巴基斯坦进行结构性改革,以控制政府支出。巴基斯坦官员却担心这将损害经济增长,双方尚未达成援助协议。总而言之,南亚地区在税收水平较低、公共刚性支出较多和结构性赤字持续存在的情况下,如何有效控制财政赤字问题仍是该地区面临的一大挑战。因此,南亚内部那些税基脆弱、债务水平较高的经济体需要制订中期整合计划,以应对财政赤字问题。其中,改善税收是建立财政缓冲、加强反周期调节和再分配的关键。

第四,研发能力问题。南亚地区人口虽然占世界人口的25%,但GDP却仅占世界GDP的5%。其中一个关键问题便是该地区研发能力比较落后,即使与其他发展中地区相比,也难以望其项背。例如以研发投资、创新活动及在包括由其他指标等构成的经济复杂性指数排名中(如图3.3),南亚地区不仅落后于发达地区,还远远落后于发展中地区。当前南亚地区的贸易开放程度和地区一体化程度有限,如果能加强研发能力与创新能力,未来参与全球市场竞争和价值链分工是具有巨大潜力的。事实上,印度的软件与商业外包部门、孟加拉国和斯里兰卡的服装部门以及巴基斯坦的锡亚尔科特(Sialkot)轻工业集群依靠自身研发能力,已经在全球化竞争中取得了一定的成绩,但南亚地区的多数经济体参与全球市场竞争和价值链分工依然任重道远。

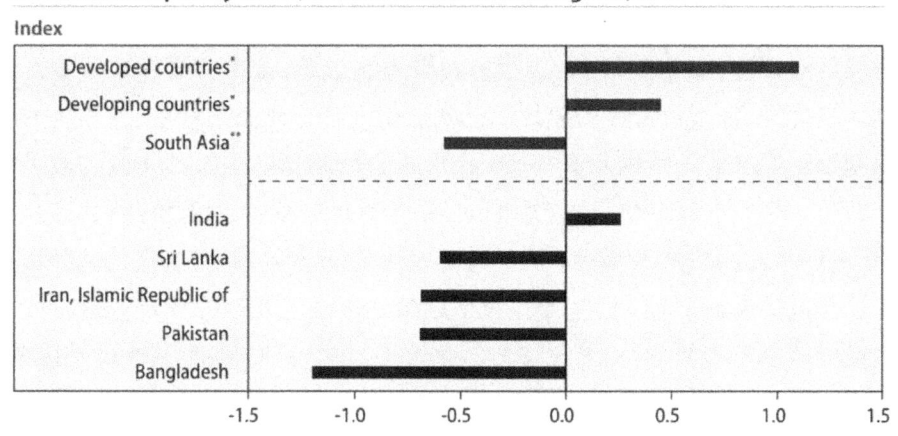

```
Economic Complexity Index, selected countries and regions, 2016
Index
```

Developed countries*	~1.1
Developing countries*	~0.45
South Asia**	~-0.55
India	~0.25
Sri Lanka	~-0.6
Iran, Islamic Republic of	~-0.7
Pakistan	~-0.7
Bangladesh	~-1.2

横轴：-1.5 -1.0 -0.5 0.0 0.5 1.0 1.5

图 3.3 2016 年南亚部分国家及地区经济复杂性指数统计图

数据来源：联合国经济和社会事务部（UN/DESA）。数据基于经济复杂性观察站（OEC）。

注：经济复杂性指数的计算是结合了一国出口产品多样性（基于其出口产品数量）和产品普遍性（基于出口特定产品的国家数量）的信息，从而衡量一国经济生产中的技术含量；南亚地区平均值为以上 5 国的平均值。

（三）南亚法律环境

随着南亚地区经济的快速发展，其庞大的内部市场让各国投资者争先恐后。想要规避投资当中的风险，就必须充分了解当地投资环境，特别是与国外投资密切相关的法律问题。总体来说，南亚国家大多希望制定较为宽松的法律制度以吸引外资，但实际上南亚国家的投资法律制度并不是完全宽松自由的，其在制度体系、外资准入、外资投资方式、劳工法律和环保法律方面均存在不同程度的问题。

在法律制度体系方面，南亚国家大都鼓励引入外资，但其相关法律制度体系的完善程度各不相同。印度的法律体系比较健全，主要继承了英国殖民时期的法律制度。但关于吸引外资的立法尚未形成体系，投资方面的法律主要来自《1999 年外汇管理法》及相关政策，而相关政策又主要以《工业政策决议》和《1991 年工业政策陈述》为基础，是印度庞杂的工业政策的一部分。而且由于各邦有着不同的法律规定和各异的实施情况,再加上司法系统低下的执法效率,对于投资者来说十分不便。自莫迪执政以来,印度也开始针对以上问题对外国直接投资政策进行改革,未来将进一步放宽外资准入条件,并继续放开投资领域。巴基斯坦同样鼓励外国投资,其相关的法律制度由《1976年外国私人投资(促进与保护)法案》《1992年经济改革促进和保护法案》《特殊经济区法》以及《巴基斯坦投资政策2013》构成。值得注意的是,2012年颁布的《特殊经济区法》对于在特殊经济区内的外资企业给予政策奖励。而《巴基斯坦投资政策2013》主要以降低商业运营成本和减少政府审批步骤、提高投资便利化水平、提供投资保护、减少监管障碍、允许公私合营和加强各方协调为着力点。而地方上的各省区在投资政策方面也具有一定的灵活性,可以设立本省的投资管理机构。例如旁遮普省和信德省就设有单独的投资管理机构。斯里兰卡则是在《宪法》中就规定外国投资不容侵犯,具体规定了保证外国投资不被国有化;有必要进行国有化时,将给予及时足额的赔偿;允许通过国际投资争端解决中心(International Centre for Settlement of Investment Disputes)解决争端。其他与外国投资相关的法律包括投资局颁布的1978年第四号法规,以及1980年、1983年、1992年、2002年和2009年的修订条款以及有关法律条文。[①]尼泊尔在政治转型结束后,开始进行法律改革。其中,对企业的建立运营和退出机制相关的法律进行了简化;并出台了出口刺激法;还在一些经济特区为外资提供包括海关、税收、移民在内的一站式服务;重新修订了《企业法》《外国投资和技术转让法(FITTA)》,并制定了《知识产权保护法》等一系列有利于投资的法律;政府还通过了《外国投资政策2015》并成立了尼泊尔工业局(DOI)和尼泊尔投资委员会(IBN),旨在提升投资便利化程度,以吸引外国投资。具体来说,尼泊尔工业局负责《外国投资和技术转让法》的管理和执行,以促进中型以上的外资工业发展,并审批20亿尼泊尔卢比以下的外资项目;尼泊尔投资委员会成立于2011年,负责为投资者提供快速通道及窗口式服务,并合理制定促进外资投资的政策。马尔代夫的相关法律体系则是不健全的,而且经常修改法案,因此外资在马国是缺乏法律保障的。虽然法律中

---

① 丁一:"到斯里兰卡投资应该知道的法律法规",《中国对外贸易》,2017年第2期,第23—25页。

第三章 中印制造业贸易与投资便利化

规定不会将外资企业国有化,但国有化事件还是时有发生:2012年马国政府无故撕毁与印度GMR集团的机场建设运营合同。阿富汗与马尔代夫类似,再加上安全形势的问题,其与投资相关的法律制度与政策体系也是不健全的。

外资准入方面,南亚国家除了印度和斯里兰卡以外,大都不需要政府审批。印度法律规定,外资企业首先需经过准入审批,再进行企业登记,并通过项目常规审批,最后才能进行项目建设。前两个手续办理一般比较顺畅,但最后的项目常规审批在邦级政府经常会遇到烦琐的审批程序。印度还将投资领域分为禁止、限制、鼓励投资三个领域,并采用负面清单的行业政策进行管理,但负面清单上的行业众多,并为印度国企和中小企业保留众多。所以其外资管理的行业政策更像是"正面清单"。此外,印度还针对阿富汗、孟加拉国、中国、伊朗、斯里兰卡和巴基斯坦等国家的外资及审批手续进行特殊限制。斯里兰卡的大多数领域虽然对外资开放,但很多行业实际上需要经过投资委员会和政府部门的个案审批,而且审批标准并不透明。特别是涉及重大投资比如基础设施建设时,还需要获得政府内阁的审批,这使得许多正常的商业投资染上了政治色彩。在巴基斯坦虽然不需要审批,但仍然存在5个限制投资领域:武器、高强炸药、放射性物质、证券印制和造币、酒类生产(工业酒精除外)。而且在非制造业设有最低投资金额限制,例如服务业为最低15万美元,农业及其他行业为30万美元。此外,因为巴基斯坦全民信仰伊斯兰教,外资企业禁止从事洗浴、电影院、夜总会和歌舞厅等违反伊斯兰教义的行业。

投资方式方面,南亚国家对于外国投资方式没有太多限制。下面以巴基斯坦为例,介绍一下南亚地区基本的并购程序。巴基斯坦的法律规定外资可以采取绿地投资或并购等方式进行投资,与之相关的公司注册、管理以及上市等工作则由巴基斯坦证券与交易委员会(SECP)负责。外资在巴国的并购程序具体如下:买家先与卖家签订备忘录,然后交证券与交易委员会等相关机构审批,再经过融资、法律和商业上的程序,以及进行价值评估与价格确定,最后双方就可以签署并购协议了。此外,由于南亚地区缺少发展资金,大多数国家鼓励外资以BOT、PPP方式参与本国的基础设施建设。巴基斯坦是较早开展BOT模式的国家,并于1993年颁布《巴基斯坦政府对于私营发电工程的政策框架与整套鼓励办法》,此办法主要适用于参与基础设施建设的外国公司,年限约在 25—30 年之间。斯里兰卡也鼓励外资以 BOT 方式参与该国的基础设施建设,其他领域则需要根据具体项目情况进行审批。关于 PPP 方式,南亚多数国家并没有专门的法律制度,仅孟加拉国和尼泊尔有相关法律,巴基斯坦和斯里兰卡则分别在电力行业和基建行业有专门的 PPP 鼓励办法。由于相关立法的缺失,外国投资者的利益无法得到相应保障,2016 年马尔代夫就出现了 PPP 项目违约情况。

劳工法律方面,南亚的劳工法律大多比较严格。其中最具代表性的是印度,其劳工法律堪称世界最烦琐和严格的法律,十分重视保护劳动者权益。印度的《1947 年工业争议法》曾规定,雇佣超过 100 人的公司必须经政府批准才能解雇员工。但在现实生活中,这是很难完全做到的。除此之外,印度关于劳工的法律法规就有上百部,涵盖了选聘、薪资、工作条件、福利待遇、劳动仲裁、工会以及社会保障保险等方面。值得注意的是,印度法律赋予了工会相对独立的地位和权力,工会不仅独立于政府和企业之外,而且还具有一定的话语权,极大地增加了企业解聘工人的难度。此外,由于一些南亚国家的民众信仰伊斯兰教,法律对于劳工特别是女性劳工有特殊规定,如给予信教员工一定的祈祷时间;为男女员工安排单独的工作、就餐场所和交通工具等。

环保法律方面,南亚国家大多具有相对完善的环境保护体系,相关立法也比较完善。以安全形势堪忧的阿富汗为例,其环保部门不仅有国家环保局,也有地方的省环保局,此外还有国家环境协调委员会和阿富汗国家咨询委员会。立法方面则有《阿富汗环境保护法》,规定所有工程项目都必须具有环境评估,特别是外资企业投资的矿业、能源和基建行业。此外,印度是南亚第一个,也是世界上第二个建立环境公益诉讼制度的国家。该制度是以印度的宪法为依据,具有违宪审查的特点,因而不得以私人为起诉对象,但要注意的是,作为私人的外国投资者,是可以作为政府公共部门的共同被告而被迫参与诉讼之中的。[①]

最后,我们也应该看到,南亚地区虽然发展较快,但仍属于不发达地区,法律建设和执法还在不断完善之中。此外,南亚地区依然存在社会腐败严重、公共机构办事效率不高,甚至出现一些不诚信行为导致合作破裂的现

---

① 杜玉琼"'一带一路'倡议下中国企业投资印度的法律风险及防范研究",《江海学刊》,2018 年第 2 期,第 143—148 页。

象。因此,在南亚投资的过程中,无论是政府还是市场主体都应具备一定的法律风险防范意识。

印度经济环境的改善进一步推动了中印制造业贸易。2008年金融危机以来,印度为了完善本国制造业发展的行政环境,采取了进一步优化政府服务职能,同时减少了投资审批环节,扩大"自动生效"的范围,近年来印度制造业规模逐步扩大。[1]同时,印度降低相关制造业关税,逐步减少在制造业方面的反倾销及贸易壁垒,如近年来印度持续下调家电产品及配件基本关税。[2]

第二节 中国与印度制造业贸易投资便利化水平的测算

一、贸易便利化水平

(一)贸易便利化评估体系的指标选取

"贸易便利化通常是指政府通过简化程序、协调法律法规和标准,采用新技术和其他有效方法,消除或减少资源跨国流动和配置的机制性和技术性障碍,以提高贸易的运作效率。"[3]因此,国内外学者构建的贸易便利化水平测算体系往往基于世界银行中 Wilson、Mann 和 Otsuki[4]的研究方法,并针对其研究对象的经济特点和贸易现状对其做进一步修正。本文借鉴了孔庆

---

[1] 张雷:"后危机时代印度制造业政策调整及中国应对",《理论月刊》,2015年第6期,第183—188页。
[2] 包益红:"发展机电产品贸易 促进中印经贸合作",《世界机电经贸信息》,2003年第8期,第24—28页。
[3] 王中美:"全球贸易便利化的评估研究与趋势分析",《世界经济研究》,2014年第3期,第47页。
[4] John S. Wilson, Catherine L. Mann, and Tsunehiro Otsuki, "Trade Facilitation and Economic Development: A New Approach to Quantifying the Impact", *The World Bank Economic Review*, Vol.17, No.3, p. 367.

峰和董虹蔚[①]的相关研究，并对各大国际组织贸易便利化评估体系作了些许参考，基于指标和数据的可获得性，并结合《贸易便利化协定》的内容和南亚国家的经济特点，设定了基础设施（I）、海关环境（C）、规制环境（R）、电子商务（E）和金融服务（F）5个一级指标，并细化为17个二级指标，综合地评价了一国的贸易便利化平（如表3.5所示）。

表3.5 贸易便利化指标构成及说明

一级指标	二级指标		范围	来源	指标说明
基础设施（I）	公路质量	I1	1-7	GCR	该指标可衡量贸易国的基础设施运输能力。
	铁路质量	I2	1-7	GCR	
	港口基础设施质量	I3	1-7	GCR	
	空运基础设施质量	I4	1-7	GCR	
海关环境（C）	不正当支付和贿赂	C1	1-7	GCR	该指标可衡量贸易国海关口岸的效率。
	非关税壁垒盛行程度	C2	1-7	GCR	
	海关程序的负担	C3	1-7	GCR	
规制环境（R）	司法独立性	R1	1-7	GCR	该指标可衡量贸易国政策和法律效果与规范性。
	政府决策的偏袒	R2	1-7	GCR	
	法律解决纠纷的效率	R3	1-7	GCR	
	政府决策透明度	R4	1-7	GCR	
电子商务（E）	企业最新技术可用性	E1	1-7	GITR	该指标可衡量贸易国电子商务发展水平。
	互联网用户	E2	1-100	GITR	
	基于ICTs的基本服务	E3	1-7	GITR	
	ICTs应用和政府效率	E4	1-7	GITR	
金融服务（F）	股票融资性	F1	1-7	GCR	该指标可衡量该国的金融服务。
	贷款容易程度	F2	1-7	GCR	

资料来源：世界经济论坛发布的2013—2017年的《全球竞争力报告》与《全球信息技术报告》。

[①] 孔庆峰、董虹蔚："'一带一路'国家的贸易便利化水平测算与贸易潜力研究"，《国际贸易问题》，2015年第12期，第158页。

(二)样本选择与数据来源

通过对世界经济论坛发布的 2013—2017 年《全球竞争力报告》(GCR)和《全球信息技术报告》(GITR)的相关数据进行处理,删除了两个无数据国家——阿富汗、马尔代夫,共得到中国与 6 个南亚国家的相关数据,并进行了标准化处理。具体方法为:以 X_i 代表各指标原始数值,$X_{\max i}$ 代表该项指标能够取得的最大值,Y_i 代表标准化数据,即:

$$Y_i = X_i / X_{\max i}, Y_i \in [0,1] \quad (3.1)$$

其中,不丹 2013 年的电子商务指标数据缺失,且所有样本国家 2017 年的电子商务数据指标缺失,且除此数据来源外,难以找到其他替代指标,因此本文仍然选择该组数据。考虑到一国的贸易便利化水平不存在明显的波动性,而是由于设施逐年改善而具有一定的单调性,因此,本文将对缺失数据的指标运用 TREND 函数进行临近点趋势插值处理。

(三)贸易便利化水平评估体系的各指标权重确定

利用数据分析软件 Stata14.0,对 2013—2017 年标准化后的共计 595 个指标数据进行全局主成分分析,即将面板数据表按时间时序纵向展开,然后对全局数据表进行经典主成分分析,以得到贸易便利化水平评估体系中各指标权重(检验结果和各系数构成见表 3.6)。

其中,SMC 检验结果均大于 0.5,KMO 检验得到的统计量为 0.7036,大于 70%,这两项检验结果均表明指标体系中的二级指标间高度相关。由计算结果可得到 4 个主成分,且 4 个主成分的累计贡献率为 85.25%,由 4 个主成分可以得到综合评价模型各指标的系数构成。"分别用每个主成分各指标对应的系数乘上该主成分的贡献率再除以 4 个主成分的累积贡献率,最后相加求和。"[①]对其进行进一步整理可得综合评价体系各指标的系数构成,

---

① 李豫新、郭颖慧:"边境贸易便利化水平对中国新疆维吾尔自治区边境贸易流量的影响——基于贸易引力模型的实证分析",《国际贸易问题》,2013 年第 10 期,第 124 页。

贸易便利化指标体系的综合评价模型为：

COMP=0.173I_1+0.206I_2+0.177I_3+0.207I_4+0.098C_1+0.097C_2+0.166C_3+0.063R_1+0.112R_2+0.158R_3+0.186R_4+0.086E_1+0.142E_2+0.188E_3+0.162E_4+0.192F_1+0.165F_2

通过对模型系数的加权平均处理，得到相应的二级指标权重，并将得到的二级指标权重相加得到一级指标权重：基础设施30%、海关环境14%、规制环境20%、电子商务22%和金融服务14%。而贸易便利化体系的综合评价指标（TFI）可以表示为：

TFI=0.067I_1+0.080I_2+0.069I_3+0.080I_4+0.038C_1+0.038C_2+0.064C_3+0.024R_1+0.043R_2+0.061R_3+0.072R_4+0.033E_1+0.055E_2+0.073E_3+0.063E_4+0.074F_1+0.064F_2

表3.6 KMO、SMC检验和主成分各指标系数构成

变量	1	2	3	4	smc	kmo
i1	0.3068	0.0885	−0.1799	−0.1166	0.9786	0.6765
i2	0.1622	0.4231	0.2418	−0.2025	0.9717	0.5988
i3	0.1479	0.4459	0.1108	−0.3495	0.9701	0.6195
i4	0.2895	0.2506	−0.0685	−0.195	0.9874	0.7081
c1	0.2856	−0.2888	−0.056	−0.0349	0.9907	0.8118
c2	−0.0388	0.1316	0.5908	0.3088	0.7853	0.3709
c3	0.3151	−0.1362	0.052	0.0237	0.9815	0.79
r1	0.2345	−0.2776	−0.1231	−0.0187	0.9011	0.718
r2	0.2686	−0.2294	0.1567	−0.2668	0.9758	0.7002
r3	0.304	−0.1088	−0.1182	0.2367	0.9586	0.8597
r4	0.2805	−0.0616	0.2501	0.0304	0.9267	0.7174
e1	0.0571	0.4279	−0.3322	−0.0188	0.8548	0.6067
e2	0.2649	−0.1406	0.1508	−0.0575	0.9017	0.6931
e3	0.2904	0.0893	−0.1634	0.2376	0.9806	0.7469
e4	0.2752	0.09	−0.2513	0.1368	0.9781	0.7188

续表

变量	1	2	3	4	smc	kmo
f1	0.1485	0.2604	0.0257	0.6926	0.8448	0.4731
f2	0.1943	−0.0165	0.4444	−0.0328	0.8063	0.6151
PRO	0.5083	0.1866	0.1043	0.0534	Overall	0.7036

数据来源：根据世界经济论坛数据计算整理。

贸易便利化的综合评价公式可表示为：

$$TFI = \sum_{i=1}^{n} \alpha_i X_i \quad (3.2)$$

其中，TFI 为国家贸易便利化水平，α_i 为各指标权重，X_i 为标准化指标数据，导入数据可得到样本国家的贸易便利化水平（结果见表3.7）。

表3.7 中国与南亚国家2013—2017年的贸易便利化水平

国家/年份	2013	2014	2015	2016	2017	平均水平	变化率
巴基斯坦	0.48	0.47	0.47	0.48	0.50	0.48	4.17%
不丹	0.48	0.49	0.49	0.51	0.52	0.50	8.33%
孟加拉国	0.44	0.44	0.43	0.45	0.46	0.44	4.55%
尼泊尔	0.41	0.40	0.40	0.41	0.42	0.41	2.44%
斯里兰卡	0.58	0.58	0.59	0.59	0.56	0.58	−3.45%
印度	0.56	0.55	0.56	0.60	0.60	0.57	7.14%
南亚平均	0.49	0.49	0.49	0.51	0.51	0.50	3.73%
中国	0.60	0.62	0.62	0.64	0.64	0.62	6.67%

数据来源：根据世界经济论坛数据计算整理。

曾铮和周茜[①]把 TFI 分为 4 个等级：0.8 分以上为非常便利，0.7～0.8 分为比较便利，0.6～0.7 分为一般便利，0.6 分以下为不便利。以 2017 年为例，南亚样本国家内贸易便利化水平最高的是印度，得分 0.6，为一般便利；其他南亚国家均为不便利水平，最低的是尼泊尔，得分仅为 0.42。南亚国家平均贸易便利化水平为 0.51，总体为不便利水平。

由 5 年间的变化趋势来看，南亚样本国家 5 年间贸易便利化水平有升有降。不丹的贸易便利化水平增幅最高，为 8.33%，其次是印度，增幅为 7.14%，孟加拉国和巴基斯坦也有一定的增幅，分别为 4.55% 和 4.17%，尼泊尔的增幅较小，仅为 2.44%，而斯里兰卡是唯一贸易便利化水平下降的南亚国家，降幅达 -3.45%。

总体而言，南亚样本国家 2013 年和 2017 年的平均贸易便利化水平分别为 0.49 和 0.51，大体上处于不便利水准，5 年间增长了 3.73%，较为缓慢，而从各国家间的贸易便利化水平的差距来看，2013 年的国家最大分差为 0.17，2017 年的国家最大分差为 0.18。因此，南亚各国间贸易便利化水平差距在逐渐扩大，南亚地区各国的贸易便利化进程不一。

二、投资便利化水平

（一）指标体系的构建

投资便利化涵盖广泛，相关数据的收集统计难度较大，再加上国际投资环境的不断变化，影响投资便利化的因素自然也并不固定。本文通过总结前面国内外学者的研究成果并结合南亚国家的实际特点，基于投资便利化一般性分析，认为影响南亚国家投资便利化的主要因素有基础设施质量（Q）、营商环境（B）、相关制度环境（R）和金融服务效率（F）等四大方面，尝试构建了投资便利化测度体系（见表 3.8），并将测评体系细化至 20 个二级指标，基本上包括了跨国投资过程中与投资便利化相关的内容，使其测度结果具有一定的科学性和系统性。限于数据一致性与可得性，本文采用 2013

[①] 曾铮、周茜：贸易便利化测评体系及对我国出口的影响，《国际经贸探索》，2008 年第 10 期，第 4—9 页。

第三章 中印制造业贸易与投资便利化

年至2018年的《全球竞争力报告》,但该报告中并未收录阿富汗和马尔代夫两国的数据,故本章的南亚国家投资便利化水平分析仅涉及孟加拉国、不丹、印度、尼泊尔、巴基斯坦和斯里兰卡6国。

为去除因取值范围和量纲量级不同的影响,因此将每个二级指标数据进行相应的线性变换,就是将原始的二级指标数据除以该指标的最大值,将所有二级指标数据都统一为0-1之间的规范值,使各个指标具有可比性。

表3.8 选取的投资便利化指标

一级指标	二级指标
基础设施质量指标（Q）	电力基础设施质量 / Electricity of infrastructure（Q1）
	港口设施质量 / Quality of port infrastructure（Q2）
	公路设施质量 / Quality of roads（Q3）
	航空设施质量 / Quality of air transport infrastructure（Q4）
	铁路设施质量 / Quality of railroad infrastructure（Q5）
营商环境指标（B）	薪酬与生产力的关系 / Pay and productivity（B1）
	FDI规则对商业的影响 / Business impact of rules on FDI（B2）
	国内市场规模指数 / Domestic market size index（B3）
	FDI和技术转移 / FDI and technology transfer（B4）
	人才的有效利用 / Efficient use of talent（B5）
相关制度环境指标（R）	法律权利指数 / Legal rights index（R1）
	司法独立性 /Judicial independence（R2）
	政府决策透明度 /Transparency of government policymaking（R3）
	司法解决投资争端效率 / Efficiency of legal framework in settling disputes（R4）
金融服务效率（F）	风险资本的可用性 / Venture capital availability（F1）
	金融服务可得性 / Availability of financial services（F2）
	金融服务负担能力 / Affordability of financial services（F3）
	证券市场融资难易程度 / Financing through local equity market（F4）
	银行的健全度 /Soundness of banks（F5）
	获得贷款的难易程度 / Ease of access to loans（F6）

使用 SPSS 20.0 软件将已经线性变换过的 2013—2017 年数据,用因子分析法提取其主成分,2013 年、2014 年、2015 年、2016 年和 2017 年都可以各自提取 4 个主成分:Comp1、Comp2、Comp3 和 Comp4,其主成分特征值占平方差的比重如表 3.9。

表 3.9 主成分特征值占平方差的比重(单位:%)

年份	Comp1	Comp2	Comp3	Comp4	cumulative
2013	56.536	24.775	9.922	5.334	96.567
2014	49.450	24.413	17.043	5.360	96.267
2015	49.324	23.619	14.953	8.614	96.511
2016	54.843	22.211	11.407	7.037	95.499
2017	57.047	21.659	12.810	7.754	99.271

注:cumulative 一栏为主成分特征值累积占总方差的比重。

2013—2017 年选取的 20 个二级指标主成分所占信息量都在 95% 以上,同时能够保证各变量之间的独立性,因而我们使用 4 个主成分以确认相应权重是合理的。

对前文经过线性变换处理的数据进行因子分析,再提取主成分以降低数据维度,可以得到南亚国家投资便利化综合评价模型,记为模型 I:

$$Comp = a1Q1 + a2Q2 + a3Q3 + a4Q4 + a5Q5 + b1B1 + b2B2 + b3B3 + b4B4 + b5B5 + c1R1 + c2R2 + c3R3 + c4R4 + d1F1 + d2F2 + d3F3 + d4F4 + d5F5 + d6F6$$

模型中的每个指标的系数是以提取过的主成分值乘以相应的贡献率,然后除以该特征值累计所占总方差的比重,再相加而得。2013—2017 年模型 I 的各项系数的构成如表 3.10 所示。

表 3.10 2013—2017 年模型 I 中各系数的构成状况

系数	年份				
	2013	2014	2015	2016	2017
a1	0.4295	0.1128	0.1475	0.2690	0.3183
a2	0.3024	0.4412	0.4730	0.5045	0.4484
a3	0.5402	0.3522	0.4347	0.4885	0.4515

续表

系数	年份				
	2013	2014	2015	2016	2017
a4	0.5989	0.5450	0.5140	0.5132	0.4941
a5	0.3598	0.5497	0.5377	0.4958	0.3528
b1	0.5924	0.3252	0.4024	0.5308	0.5074
b2	0.3936	0.3319	0.4220	0.4694	0.4558
b3	0.1990	0.3959	0.3818	0.4221	0.4605
b4	0.4688	0.5149	0.4793	0.5726	0.5922
b5	0.5814	0.2688	0.2564	0.5043	0.5391
c1	−0.1635	0.0317	−0.1445	0.0409	0.0630
c2	0.4811	0.0888	0.0646	0.1602	0.2416
c3	0.4213	0.3041	0.2728	0.4183	0.3975
c4	0.5494	0.3640	0.3098	0.3681	0.3828
d1	0.4234	0.5025	0.3977	0.5282	0.5817
d2	0.4691	0.4124	0.4206	0.5011	0.6164
d3	0.5161	0.4011	0.4072	0.5183	0.6092
d4	0.3919	0.4171	0.3129	0.3818	0.2107
d5	0.5579	0.3628	0.3608	0.3605	0.1946
d6	0.4463	0.5188	0.5013	0.3847	0.5427

用前文的模型 I 的各项系数除以相应的所有系数之和，即可得出南亚国家投资便利化测度综合评价模型，记为模型 II，表达式如下：

SAIF=a1'Q1+a2'Q2+a3'Q3+a4'Q4+a5'Q5+b1'B1+b2'B2+b3'B3+b4'B4+b5'B5+c1'R1+c2'R2+c3'R3+c4'R4+d1'F1+d2'F2+d3'F3+d4'F4+d5'F5+d6'F6

模型 II 中各项系数构成情况如表 3.11 所示。

表 3.11 2013—2017 年模型 II 中各系数的构成状况

系数	2013	2014	2015	2016	2017
a1	0.0502	0.0156	0.0212	0.0319	0.0376
a2	0.0353	0.0609	0.0680	0.0598	0.0530
a3	0.0631	0.0486	0.0625	0.0579	0.0534
a4	0.0700	0.0753	0.0739	0.0609	0.0584
a5	0.0420	0.0759	0.0773	0.0588	0.0417
b1	0.0692	0.0449	0.0579	0.0629	0.0600
b2	0.0460	0.0458	0.0607	0.0557	0.0539
b3	0.0233	0.0547	0.0549	0.0501	0.0544
b4	0.0548	0.0711	0.0689	0.0679	0.0700
b5	0.0679	0.0371	0.0369	0.0598	0.0637
c1	−0.0191	0.0044	−0.0208	0.0049	0.0074
c2	0.0562	0.0123	0.0093	0.0190	0.0286
c3	0.0492	0.0420	0.0392	0.0496	0.0470
c4	0.0642	0.0503	0.0446	0.0437	0.0452
d1	0.0495	0.0694	0.0572	0.0626	0.0688
d2	0.0548	0.0570	0.0605	0.0594	0.0729
d3	0.0603	0.0554	0.0586	0.0615	0.0720
d4	0.0458	0.0576	0.0450	0.0453	0.0249
d5	0.0652	0.0501	0.0519	0.0428	0.0230
d6	0.0521	0.0716	0.0721	0.0456	0.0641

指标系数如前文所述的处理后,与二级指标的权重相加后即可得到相应的一级指标的权重,即为基础设施质量(Q)、营商环境(B)、相关制度环境(R)和金融服务效率(F)的权重,表 3.12 为 2013—2017 年各个一级指标的权重。

第三章　中印制造业贸易与投资便利化

表 3.12　2013—2017 年各一级指标的权重

年份	基础设施(Q)	营商环境(B)	制度环境(R)	金融服务效率(F)
2013	0.2606	0.2612	0.1505	0.3277
2014	0.2763	0.2537	0.1089	0.3611
2015	0.3031	0.2793	0.0723	0.3453
2016	0.2693	0.2964	0.1171	0.3172
2017	0.2441	0.3020	0.1282	0.3257

最后将南亚各国相应的经过线性变换的二级指标数据代入模型 II,以得出南亚 6 国的投资便利化水平,其测算结果及排名状况见表 3.13,并决定以各个年度内南亚 6 国的投资便利化水平的算数平均数作为南亚区域的投资便利化水平。

表 3.13　2013—2017 年南亚国家投资便利化水平测算结果及排名

国家	2013	2014	2015	2016	2017
孟加拉国	0.4687/5	0.4820/4	0.4805/4	0.4919/5	0.5121/5
不丹	0.5238/4	0.4600/5	0.4637/5	0.5015/4	0.5302/4
印度	0.6202/2	0.5901/2	0.6042/2	0.6529/1	0.6574/1
尼泊尔	0.4314/6	0.4321/6	0.4318/6	0.4419/6	0.4593/6
巴基斯坦	0.5253/3	0.5254/3	0.5278/3	0.5177/3	0.5406/3
斯里兰卡	0.6342/1	0.6169/1	0.6355/1	0.5984/2	0.5597/2
南亚区域	0.5339	0.5178	0.5239	0.5341	0.5319

注:本文将各年度南亚各国的投资便利化水平的算数平均值作为南亚区域的投资便利化水平;"/"前为投资便利化水平测算结果,"/"后为投资便利化水平排名。

从表 3.12 各个一级指标所占的权重我们可以看出,金融服务效率对投资便利化水平影响最大,然后是营商环境与基础设施,影响最小的是制度环境。

再看较为具体的二级指标对投资便利化水平的影响,前文模型Ⅱ里各项二级指标系数就代表该二级指标对投资便利化水平的影响程度。从表3.11可得,在所选择的20个二级指标里,法律权利指数对南亚国家投资便利化水平的影响是不确定的:在2013年和2015年对投资便利化水平的影响是负面的,而在2014年、2016年和2017年则是正面作用,平均来说法律权利指数每改善1%,就会导致投资便利化水平提高0.0056%。其他二级指标均对投资便利化水平有正面的影响,影响比较显著的有:航空设施质量、FDI和技术转移、风险资本的可用性、金融服务可得性、金融服务负担能力和获得贷款的难易程度,其中每改善1%分别会使南亚投资便利化水平平均提升0.0677%、0.0665%、0.0615%、0.0609%、0.0616%及0.0611%。而港口设施质量、公路设施质量、铁路设施质量、薪酬与生产力的关系、FDI规则对商业的影响以及人才的有效利用等指标每提高1%,投资便利化水平则会平均提升0.0524%以上;国内市场规模指数、政府决策透明度、司法解决投资争端效率、证券市场融资难易程度和银行的健全度等指标每增强1%,投资便利化水平平均改善0.0437%以上;而通讯和电力基础设施质量这个指标的改善,则会使投资便利化水平平均改善0.0313%;司法独立性则是影响最小的指标,每提高1%,投资便利化水平平均提高0.0251%。

如表3.13所示,2013—2017年间表中的6个南亚国家中没有一国的投资便利化水平得分超过0.7,而且整个区域的平均分也未超过0.55分。其中,印度和斯里兰卡的投资便利化水平要高于区域的平均水平,得分基本上都在0.6左右;不丹和巴基斯坦得分则稍低一些,其投资便利化水平在0.5左右徘徊;剩下的孟加拉国和尼泊尔,大多数时候得分均小于0.5分。总体而言,南亚国家的投资便利化水平普遍较低,存在较大的提升空间。

同时,我们还观察到2013—2017年间南亚国家的投资便利化水平并非一成不变。其中,孟加拉国的投资便利化水平整体呈上升趋势,尼泊尔的投资便利化水平也在缓慢提升;而不丹、印度、巴基斯坦和斯里兰卡则是有升有降,不同的是不丹和印度是先降后升,而巴基斯坦改善比较缓慢,斯里兰卡在2016年后出现了明显的下降。

印度和斯里兰卡两国在南亚区域内投资便利化水平较高,它们的排名在2013—2017年也比较稳定,原因是影响两国投资便利化水平的20个二级指标大多处于区域内较高水平,其中2013年印度的航空设施质量、铁路设施质量、国内市场规模指数、FDI和技术转移、人才的有效利用、法律权利指数、政府决策透明度、风险资本的可用性和获得贷款的难易程度等9项二级指标的得分均处于南亚国家之首;而斯里兰卡同样也是9项二级指标在区域内取得首位,分别是公路设施质量、航空设施质量、薪酬与生产力的关系、FDI规则对商业的影响、司法解决投资争端效率、金融服务可得性、金融服务负担能力、证券市场融资难易程度及银行的健全度。2017年时,印度就有14项二级指标位居南亚第一,而斯里兰卡则只有银行的健全度一项指标处于领先,原因主要是这一年不丹有5项二级指标得到明显改善;分别是电力基础设施质量、司法独立性、政府决策透明度、司法解决投资争端效率和银行的健全度等5项指标居于首位。

第三节 实证分析

一、贸易便利化水平对双边贸易成本的影响

(一)贸易成本的计算

价差法能较为直接地计算出双边贸易的资金成本,但不能体现出贸易中的时间成本,且无法量化非关税壁垒的影响。因此本文选择Novy的测量方法,推导过程如下:

$$x_{ij} = \frac{y_i y_j}{y_w}(\frac{t_{ij}}{\Pi_i P_j})^{1-\sigma} \quad (3.3)$$

Anderson和van Wincoop基于引力模型中的多边阻力项理论,构建了一个估计国际贸易成本的一般均衡模型:

其中,x_{ij}表示i国对j国出口的贸易流量;y_i和y_j分别表示i国、j国的

名义收入，$y_w \equiv \sum y_j$ 表示世界上所有国家的名义收入之和；t_{ij} 表示跨境贸易成本，Π_i 和 P_j 是 i 国和 j 国的商品价格指数，代表多边阻力项，分别表示 i 国向外和 j 国向内的多边阻力，σ 为两国商品的替代弹性，且 $\sigma>1$。Novy 认识到国际贸易成本的减少将降低国内贸易量和国际贸易量的比值，从而在此基础上建立了一个更加精确的贸易成本测算模型。

由方程(3.3)可得到 j 国对 i 国出口贸易量 x_{ji} 和 i 国国内贸易量 x_{ii} 的方程：

$$x_{ji} = \frac{y_j y_i}{y_w}\left(\frac{t_{ji}}{\Pi_j P_i}\right)^{1-\sigma} \quad (3.4)$$

$$x_{ii} = \frac{y_i y_i}{y_w}\left(\frac{t_{ii}}{\Pi_i P_i}\right)^{1-\sigma} \quad (3.5)$$

其中，t_{ii} 表示 i 国的国内贸易成本，利用公式(3.5)可以导出 i 国向外和向内的多边阻力项的乘积：

$$\Pi_j P_j = \left(\frac{x_{jj}/y_j}{y_j/y_w}\right)^{1/(\sigma-1)} t_{jj} \quad (3.6)$$

同理可得 j 国向外和向内的多边阻力项的乘积：

$$\Pi_i P_i = \left(\frac{x_{ii}/y_i}{y_i/y_w}\right)^{1/(\sigma-1)} t_{ii} \quad (3.7)$$

将方程(3.3)和(3.4)两边对应相乘可得双向引力方程：

$$x_{ij}x_{ji} = \left(\frac{y_i y_j}{y_w}\right)^2 \left(\frac{t_{ij}t_{ji}}{\Pi_i P_j \Pi_j P_i}\right)^{1-\sigma} \quad (3.8)$$

将方程(3.6)和(3.7)代入方程(3.8)，可得：

$$\frac{t_{ij}t_{ji}}{t_{ii}t_{jj}} = \left(\frac{x_{ii}x_{jj}}{x_{ij}x_{ji}}\right)^{1/(\sigma-1)} \quad (3.9)$$

第三章　中印制造业贸易与投资便利化

假设 i 国与 j 国之间的贸易成本不对称,即 $t_{ij} \neq t_{ji}$,且两国国内贸易成本也不相同,即 $t_{ii} \neq t_{jj}$。因此,对方程(3.9)取平方根后减 1 可以得到 i 国与 j 国的双边贸易成本:

$$\tau_{ij} \equiv (\frac{t_{ij}t_{ji}}{t_{ii}t_{jj}})^{\frac{1}{2}} - 1 = (\frac{x_{ii}x_{jj}}{x_{ij}x_{ji}})^{\frac{1}{2(\sigma-1)}} - 1 \quad (3.10)$$

由公式(3.10)可以看出,若两国跨境贸易往来越多或者国内贸易量越少,则双边贸易成本越小,反之亦然。由此便可以通过已知的贸易流量数据来估算贸易国间的双边贸易成本。

此模型测量的双边贸易成本将跨境贸易涉及的所有成本均包含在内。包括市场准入成本、规制环境成本、信息成本等等,这也与本文构建的贸易便利化评估体系的各指标密切相关。

本模型中的国内贸易额 x_{ii} 代表的是国内货物贸易,且其数据很难直接获取,因此本文参考 Shang-Jin Wei[1] 计算国内货物贸易额的做法。即设 i 国 GDP 中服务贸易额的占比为 ρ_i,总出口额为 $TExp_i$,则国内货物贸易额 x_{ii}=$(1-\rho_i)(GDP_i-TExp_i)$。Anderson 和 van Wincoop[2] 的研究表明,两国商品的替代弹性 σ 通常介于 5—10 之间,本文沿用 Novy 的研究取值为 8,再分别就 σ 为 5 和 10 时对结果进行比较,考察不同替代弹性对贸易成本的影响。综上,本文所涉及 2013—2017 年样本国家的数据包括:

中国与南亚国家间的双边贸易额,数据来源于 UN Comtrade 数据库。中国和南亚国家的国内生产总值(现价美元)、服务贸易额在 GDP 中的占比和总出口额(现价美元),数据来源于世界银行 WDI 数据库。

计算结果如表 3.14 所示,以 2017 年为例,中国与样本国家双边贸易成本最低的是印度,其次是巴基斯坦,贸易成本最高的国家是不丹,且其与中国的贸易成本远远高于其他国家。

由 5 年间的变化率来看,中国与样本国家 5 年间双边贸易成本的变化

---

[1] Shang-Jin Wei, "Intra-National versus International Trade: How Stubborn are Nations in Global Integration?" *NBER Working Paper No. 5531*, 1996.

[2] James E. Anderson, Eric van Wincoop, "Gravity with Gravitas: A Solution to the Border Puzzle", *American Economic Review*, Vol. 93, No. 1, March 2003, pp. 170-192.

呈两极趋势。与中国贸易成本下降最快的国家是不丹,由2013年的4.728下降到2017年的4.246,降幅达到9.3%,其次是斯里兰卡,由2013年的1.579下降到2017年的1.5326,降低了3.4%,而中国与其他国家的双边贸易成本均有所增加,其中增加最多的是尼泊尔,由2013年的1.7上升到2017年的1.9346,增幅达27.6%。

总体而言,中国与南亚国家2013年和2017年的平均双边贸易成本分别为1.897和1.922,5年间增长了5.3%。双边贸易成本变化的差异性和平均水平的增加表明在贸易保护主义抬头的背景下,中国与南亚国家间贸易形势的严峻,也表明中国与南亚国家的双边贸易成本随着《贸易便利化协定》的实施和"一带一路"倡议的推进,未来有较大的削减空间。

表3.14 中国与南亚国家2013—2017年跨境贸易成本 τ 及变化率

$\sigma=5$	2013年	2014年	2015年	2016年	2017年	平均值	排名	变化率
孟加拉	3.367	3.268	3.267	3.311	3.4	3.3226	3	1%
不丹	20.209	15.924	14.509	18.069	17.432	17.2286	6	−13.7%
印度	2.167	2.227	2.346	2.45	2.343	2.3066	1	8.1%
尼泊尔	4.687	4.677	5.894	6.212	6.527	5.5994	5	39.3%
巴基斯坦	2.722	2.779	2.827	2.97	3.057	2.871	2	12.3%
斯里兰卡	4.247	4.077	4.026	4.015	4.058	4.0846	4	−4.5%
平均水平	6.233	5.492	5.478	6.171	6.136	5.902	—	7.1%
$\sigma=8$	2013年	2014年	2015年	2016年	2017年	平均值	排名	变化率
孟加拉	1.322	1.291	1.291	1.305	1.332	1.3082	3	0.7%
不丹	4.728	4.035	3.79	4.39	4.287	4.246	6	−9.3%
印度	0.932	0.953	0.994	1.029	0.993	0.9802	1	6.5%
尼泊尔	1.7	1.697	2.014	2.093	2.169	1.9346	5	27.6%
巴基斯坦	1.119	1.138	1.153	1.199	1.226	1.167	2	9.6%
斯里兰卡	1.579	1.53	1.516	1.513	1.525	1.5326	4	−3.4%
平均水平	1.897	1.774	1.793	1.921	1.922	1.8614	—	5.3%

续表

$\sigma=10$	2013年	2014年	2015年	2016年	2017年	平均值	排名	变化率
孟加拉	0.925	0.906	0.906	0.914	0.932	0.9166	3	7%
不丹	2.887	2.516	2.382	2.707	2.652	2.6288	6	−8.1%
印度	0.669	0.683	0.711	0.734	0.71	0.7014	1	6.1%
尼泊尔	1.165	1.163	1.359	1.406	1.453	1.3092	5	24.7%
巴基斯坦	0.793	0.806	0.816	0.846	0.864	0.825	2	8.8%
斯里兰卡	1.089	1.059	1.05	1.048	1.055	1.0602	4	−3.1%
平均水平	1.255	1.189	1.204	1.276	1.277	1.2402	—	4.8%

资料来源：根据 UN Comtrade 数据库和世界银行 WDI 数据库计算整理。

本文还对不同 σ 值时中国与南亚国家的双边贸易成本进行了计算，以检验不同的商品替代弹性对贸易成本的影响。以2017年为例，$\sigma=5$ 时中国与南亚国家的双边贸易成本平均水平高达6.136，而 $\sigma=10$ 时仅为1.277，这说明贸易成本的绝对值对商品替代弹性较为敏感。由图3.4可以看出，$\sigma=8$ 或10时商品替代弹性取值的不同对贸易成本变化趋势的影响较小，$\sigma=5$ 时波动则比较明显。当 σ 分别取值5、8和10时，5年间南亚国家与中国双边货物贸易的平均成本分别增加了7.1%、5.3%和4.8%，年均变化率分别为1.42%、1.06%和0.96%，由此可以看出，商品替代弹性的变化对贸易成本变化幅度和变化速度的影响并不大，不影响本文对中国贸易成本变动趋势的判断。

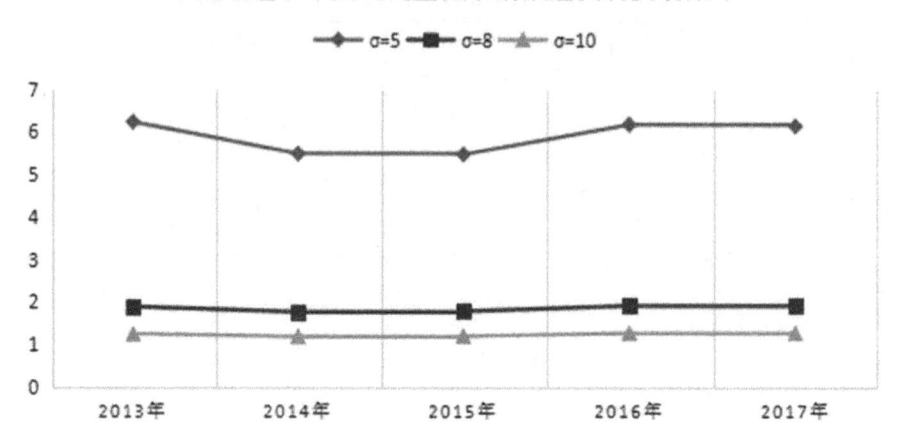

不同取值下中国与南亚国家的双边货物贸易成本

图 3.4 不同替代弹性对中国贸易成本的影响

(二)实证分析

由于本文将贸易成本定义为"在国际贸易流通过程中,货物价格在国内贸易和跨国贸易中的变化",而影响贸易成本的因素主要包括地理因素、历史文化因素、制度因素等。因此,本文根据贸易成本测量的公式推导、考虑数据的可获得性以及中国与南亚国家双边贸易的实际情况,结合上文的测量结果构建多元回归模型,将分析南亚国家贸易便利化水平对中国与其双边贸易成本的影响的回归方程设定为:

$$\ln(\tau_{ijt}) = \alpha_0 + \alpha_1 \ln(TFI_{jt}) + \alpha_2 \ln(Y_{jt}/Y_{it}) + \alpha_3 \ln(Dist_{ij}) + \alpha_4 llk_j + \varepsilon_{ijt}$$

(3.11)

其中,i 为中国,j 为南亚国家,t 为年份。α_0、α_1、α_2、α_3、α_4 为待估计参数,ε_{ijt} 为随机误差项。

τ_{ijt} 为式中的被解释变量,代表 i 国(中国)与 j 国(南亚国家)在 t 年的双边贸易成本,数据来源于本章的测算结果。

TFI_{jt} 为 j 国(南亚国家)在 t 年的贸易便利化水平,一般来说,贸易便利化能降低该国的对外贸易成本,因此对被解释变量 τ_{ijt} 的预期符号为负,数据来源于本文第二章的测算结果。

$Dist_{ij}$ 代表两国间的地理距离,代表 i 国(中国)与 j 国(南亚国家)首都之间的绝对距离,通常两国之间的距离越远,贸易成本越大,因此对被解释变量 τ_{ijt} 的预期符号为正,数据来源于法国国际经济研究所的 CEPII 数据库。

Y_{jt}/Y_{it} 代表 j 国(南亚国家)在 t 年的人均国内生产总值与 i 国(中国)在 t 年的人均国内生产总值的比值,如果两国人均 GDP 越接近,会产生"林德效应",双边贸易成本相应降低,因此对中国与南亚国家双边贸易成本的预期符号为正。数据来源于世界银行的 WDI 数据库。

llk_{ij} 为虚拟变量,表示 j 国(南亚国家)是否为内陆国,是则取 1,不是取 0。在样本国家中,尼泊尔和不丹为内陆国,其他国家为非内陆国。由于一国靠海则航运能力较强,从而贸易成本较低,因此对被解释变量 τ_{ijt} 的预期符号为正。

由于面板数据的时间区间为 2013—2017 年,样本国家仅 6 个国家,数据较少,属于短面板平衡数据,且变量中有不随时间改变的物理距离变量和是否为内陆国的虚拟变量,固定效应模型无法观测,而国家间的个体差异性可以用物理距离变量和虚拟变量定义,因此本文选择使用聚类稳健标准误下的混合回归模型,来分析南亚国家贸易便利化水平对贸易成本的影响(回归结果见表 3.15)。

逐次加入变量之后,模型调整后的 R^2 值逐渐提高,说明模型的解释力提高,各变量的符号也保持不变。由回归结果看出:从变量的回归系数来看,南亚国家贸易便利化水平对中国与南亚国家的双边贸易成本有较强的负效用,在 1% 的显著性水平下通过检验,符合预期,其回归系数为 -1.342,表明南亚国家的贸易便利化水平每提高 1%,中国与南亚国家的双边贸易成本将减少 1.342%;南亚国家与中国的人均国内生产总值之比对中国与南亚国家双边贸易成本的影响在 1% 的显著性水平下通过检验,符号为正,符合预期,表明两国人均 GDP 的差距越大,贸易成本也越大,说明中国与南亚国家贸易中存在"林德效应";中国与南亚国家间的物理距离对中国与南亚国家的双边贸易成本影响的结果显著,但符号不符合预期,这是由于样本国家与中国的距离相差不大且样本国家较少的缘故;南亚国家是否为内陆国对中国与南亚国家的双边贸易成本影响的结果显著,符合预期,且结果在 1% 的显著性水平下通过了检验。其中,物理距离变量和虚拟变量是否为内陆国需要综合考虑,即样本国家都处于南亚次大陆,距离中国较近的一般为内陆国家,而离中国较远的则都为非内陆国家,因此,距离变量相关系数的符号可以得到解释。

表 3.15 南亚国家 TFI_{it} 对 τ_{ijt} 影响的回归结果

变量	方程 1	方程 2	方程 3	方程 4
llk	0.841* (2.59)	0.947** (6.41)	0.757*** (7.93)	0.670*** (60.52)
ln(Yj/Yi)		0.416* (3.57)	0.538*** (22.24)	0.748*** (24.24)
ln(distij)			−0.829** (−4.86)	−0.666*** (−18.20)
ln(TFI_{jt})				−1.342*** (−7.59)
_cons	0.207 (2.26)	0.823** (5.09)	7.856** 7.856**	5.929*** (15.54)
N	30	30	30	30
R-squared	0.6823	0.8875	0.9441	0.9748

注:*、** 和 *** 分别表示 10%、5% 和 1% 的显著性水平

小结

本章利用了 Novy 扩展的引力模型测量了 2013—2017 年南亚样本国家与中国之间的贸易成本,通过对测量结果进行数据分析可以发现,印度与中国的贸易成本总体上为中贸易成本($0.7 < \tau < 1$),2016 年时为高贸易成本($\tau > 1$),呈上升再下降的趋势,最终变化率为 6.5%,即 5 年间中印两国贸易成本有所增加。除印度外,其他国家与中国的贸易成本均为高贸易成本,双边贸易成本平均水平由低到高的顺序为巴基斯坦、孟加拉国、斯里兰卡、尼泊尔和不丹。这些国家仍有较大削减空间。巴基斯坦与中国的贸易成本总体上呈逐年上升的趋势,5 年间的最终变化率为 9.6%;孟加拉国与中国的贸易成本总体上呈先下降再上升的趋势,5 年间的最终变化率为 0.7%;斯里兰卡与中国的贸易成本总体上呈上下波动的趋势,5 年间的最终变化率为 −3.4%;尼泊尔与中国的贸易成本总体上呈先下降再上升再下降的波动趋势,5 年间的最终变化率为 27.6%;不丹与中国的贸易成本远高于其他南亚国家,总体上呈先下降再上升的趋势,5 年间的最终变化率为 −9.3%;南亚

国家与中国之间的平均贸易成本除 2014 年有所下降之外,总体上呈先下降再上升的趋势,5 年间的最终变化率为 5.3%,这说明近年来随着"中巴经济走廊"的建设持续进行以及其他经贸合作的开展,中国与南亚国家国际贸易关系的发展并不尽如人意,虽然总体的贸易规模有所增加,但贸易成本仍处于较高水平,且呈上升趋势,因此,南亚国家的贸易便利化水平亟待提高。

本章还利用前文测量的南亚国家 2013—2017 年的相关数据建立面板数据模型,实证分析了南亚国家贸易便利化水平对中国与南亚国家双边贸易成本的影响,得出以下结论。

南亚国家贸易便利化水平对中国和南亚国家之间的双边贸易成本的影响为 -1.342,即南亚国家的贸易便利化水平每提高 1% 时,中国与南亚国家的双边贸易成本将减少 1.342%。贸易国的人均国内生产总值之比对中国与南亚国家的双边贸易成本有正向影响,说明中国与南亚国家贸易中存在"林德效应";且由于南亚国家与中国的地理分布因素,非内陆南亚国家临海因而与中国的贸易成本更低,但往往非内陆国与中国的物理距离更远,因此回归结果中物理距离的符号与理论预期相反,虚拟变量(是否为内陆国)的符号也佐证了这一点。

综上所述,近年来中国与南亚国家的双边贸易成本总体呈上升趋势,而南亚国家可以通过提高自身贸易便利化水平来削减与中国的双边贸易成本。

二、中国与南亚国家双边贸易成本对贸易规模的影响

(一)模型构建及数据来源说明

参考 Novy 的做法,先对方程(3.8)两边取自然对数,然后再对自然对数结果做一阶差分,从而得到方程(3.12):

$$\Delta\ln(X_{ij}X_{ji}) = 2\Delta\ln(y_i y_j / y_w) + (1-\sigma)\Delta\ln(t_{ij}t_{ji}) - (1-\sigma)\Delta\ln(\Pi_i P_j \Pi_j P_i)$$

(3.12)

由于双边贸易成本 $\Delta\ln(t_{ij}t_{ji})$ 未知,将方程(3.10)代入方程(3.12)得:

$$\Delta\ln(X_{ij}X_{ji}) = 2\Delta\ln(y_iy_j/y_w) + 2(1-\sigma)\Delta\ln(1+\tau_{ij}) - (1-\sigma)\Delta\ln(\Pi_iP_j\Pi_jP_i)$$
(3.13)

公式(3.13)表明当商品替代弹性固定时,贸易规模受贸易双方收入相对于世界收入的变化、双边贸易成本的变化及多边贸易阻力项的变化的影响。

基于上述公式推导,结合上文的测量和回归结果,本文根据得到的面板数据构建回归模型:

$$\ln(M_{ijt}) = \ln(m_{ijt} + m_{jit}) = \beta_0 + \beta_1\ln\ln(\tau_{ijt}) + \beta_2\ln(GDP_{it*jt/wt}) + u_{ijt}$$
(3.14)

其中,j 为进口国,i 为出口国(中国),t 为年份。β_0、β_1、β_2 为待估计参数,u_{ijt} 为随机误差项。

M_{ijt} 为式中的被解释变量,为 i 国(中国)与 j 国(南亚国家)两国在 t 年进出口贸易流量之和,代表两国间的贸易规模。其数值等于 $m_{ijt}+m_{jit}$,即等于 i 国(中国)对 j 国(南亚国家)的出口额加上 j 国(南亚国家)对 i 国(中国)的出口额之和。数据来源于 UN Comtrade 数据库。

τ_{ijt} 为 i 国(中国)与 j 国(南亚国家)两国 t 年双边贸易成本的大小,对被解释变量的预期符号为负,数据来源于第三章的测算结果。

$GDP_{it*jt/wt}$ 为 i 国(中国)与 j 国(南亚国家)两国在 t 年的 GDP 之积与全球 GDP 的比值,代表着两国收入相对于世界收入的变化,一般来说,一国收入增长会扩大其国际贸易规模,因此对被解释变量的预期符号为正,数据来源于世界银行 WDI 数据库。

(二)实证分析

由于回归模型中变量不含固定值变量,故对该归模型进行多种回归分析,面板数据的时间区间为 2013—2017 年。对混合回归和固定效应回归的结果进行 F 检验,Prob>F 的值接近于 0,表示拒绝原假设,说明固定效应回归优于混合回归;再对固定效应回归和随机效应回归的结果进行 Hausman

检验，Prob>chi2 的值为 0.0152，拒绝原假设，即代表固定效应回归优于随机效应回归，最后对随机效应回归的结果进行 LM 检验，Prob>chi2 的值为 0.0187，拒绝原假设，即代表随机效应回归优于混合效应回归。对面板数据进行异方差和自相关检验，异方差和自相关检验结果均显著，因此本文采用 bootstrap 自举标准误法对固定效应回归模型进行修正，来分析南亚国家与中国的双边贸易成本对双边贸易规模的影响（回归的结果见表 3.16）。

表 3.16 τ_{ijt} 对中国与南亚国家双边贸易规模影响的回归结果

变量	（1）混合回归	（2）固定效应	（3）随机效应	（4）修正固定效应
$\ln\tau_{ijt}$	−0.392*** (−14.35)	−0.306*** (−13.69)	−0.279*** (−13.02)	−0.306*** (−4.41)
lnGDPit*jt/wt	−0.00209 (−0.46)	0.0495*** (7.13)	0.0243*** (4.89)	0.0495*** (3.75)
_cons	3.930*** (33.19)	2.690*** (17.03)	3.262*** (26.38)	2.690*** (9.79)
N	30	30	30	30
R-squared	0.9914	0.9726	0.9826	0.9726
F 检验	36.98（P=0.0000）			
Hausman 检验	8.37（P=0.0152）			
LM 检验	4.33（P=0.0187）			
异方差检验	107.02（P=0.0000）			
自相关检验	22.951（P=0.0049）			

注：*、** 和 *** 分别表示 10%、5% 和 1% 的显著性水平

从变量的回归系数来看，南亚国家与中国的双边贸易成本对双边贸易规模有一定的阻碍作用，在 1% 的显著性水平下通过检验，符号符合预期。其回归系数为 −0.306，表明南亚国家与中国的双边贸易成本每削减 1%，双边贸易规模将增加 0.306%；南亚国家与中国的 GDP 之积与全球 GDP 的比值对双边贸易规模有一定的促进作用，在 1% 的显著性水平下通过检验，符号符合预期。其回归系数为 0.0495，即代表南亚国家与中国的 GDP 之积与全球 GDP 的比值每增加 1%，双边贸易规模将增加 0.0495%。

中印制造业贸易与投资合作研究

　　本章借鉴了 Novy 的引力模型推导,利用南亚国家 2013—2017 年的相关数据建立面板数据模型,实证分析了中国与南亚国家双边贸易成本对双边贸易规模的影响,并得到以下实证结论:南亚国家与中国的双边贸易成本对双边贸易规模的影响为负,南亚国家与中国的双边贸易成本每削减 1%,双边贸易规模将增加 0.306%;南亚国家与中国的 GDP 之积与全球 GDP 的比值对双边贸易规模的影响为正,南亚国家与中国的 GDP 之积与全球 GDP 的比值每增加 1%,双边贸易规模将增加 0.0495%。综上所述,我们可以得到本章的关键结论:印度的贸易便利化水平每提高 1% 时,中印的双边贸易成本将减少 1.342%,那么中印的双边贸易规模将增加 0.411%。

第四章 中印制造业贸易与投资合作面临的机遇

作为世界上两个最大的发展中国家和新兴市场经济体——中国和印度两国近年来国内生产总值大体上保持了快速增长势头,且中印两国制造业都取得了较大发展成就,尤其是中国制造业正在从"中国制造"向"中国创造"和"中国智造"升级。印度莫迪政府大力提倡"印度制造",其目的是想改变目前印度制造业的落后现状,补上印度经济发展的致命短板。中印(包括制造业在内的)相互直接投资愿望强烈,且中印投资合作还对中印制造业贸易具有创造效应。中印制造业发展与经贸合作实践在本质上存在产品、技术、市场和意愿等方面的互补性和相互需求性,这为中印制造业贸易与投资创造了巨大的合作与发展机遇。

第一节 持续快速的经济增长和制造产业发展需求及其发展差距带来的机遇

一、中印两国持续快速的经济增长为中印制造业贸易与投资合作提供了机遇

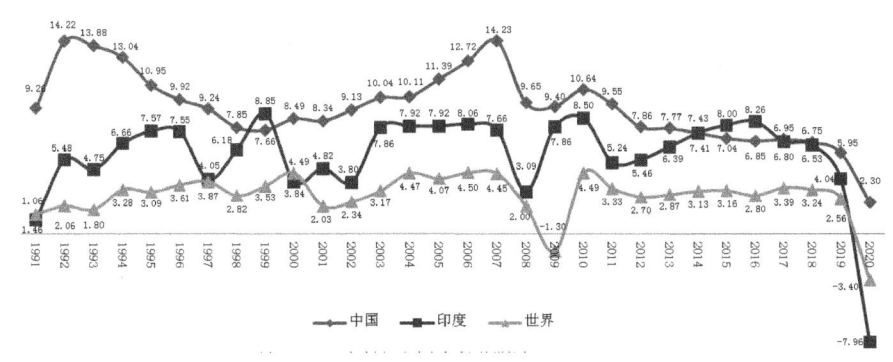

图 4.1 1991—2020 年中国、印度和全球经济增长率(%)

资料来源:世界银行 WDI 数据库。

中印制造业贸易与投资合作研究

据世界银行统计数据显示，1991—2020年29年间，中国和印度的经济年均增长率分别为9.29%和5.79%，都高于同期世界经济年均2.80%的增长率。期间（如图4.1所示），除个别年份，如1991年印度爆发经济危机、2020年由于新冠肺炎疫情的暴发严重破坏了经济外，其余年份中国与印度两国经济年均增长率均高于世界经济年均增长率。甚至印度在1999年、2015年和2016年的经济增长率还高于中国同期的经济增长率。由此可见，自1991年以来，中国与印度两国均保持了持续快速的经济增长态势，这为中印制造业贸易与投资合作提供了机遇。

首先（如图4.2所示），中印制造业贸易额与中印两国GDP保持了同步增长态势。

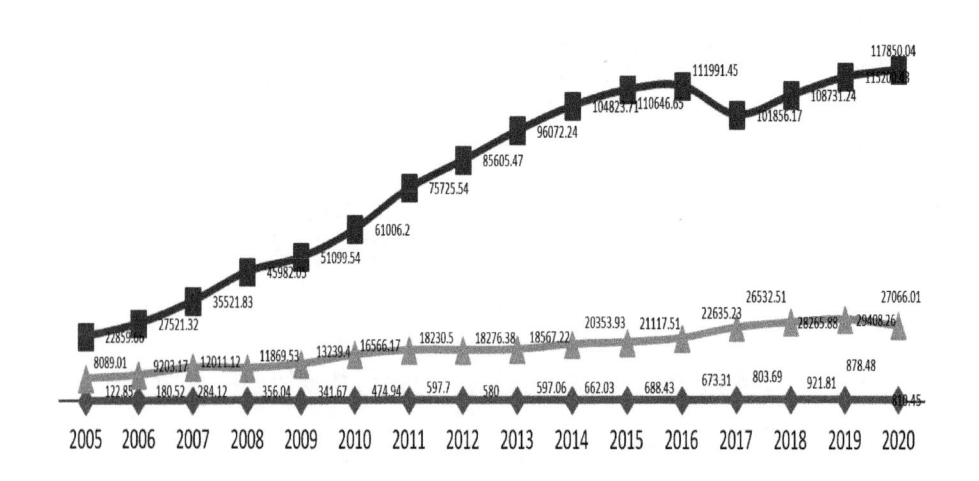

图4.2 中印制造业贸易额与中印GDP

资料来源：世界银行WDI数据库和UN Comtrade数据库。

理论上讲"两国贸易与国内生产总值成正比"。①事实上，根据世界银行WDI数据库和联合国商品贸易统计数据库（UN Comtrade）数据显示（如图4.2所示），2005—2020年中印制造业贸易额与中印两国GDP呈同步上升趋

---

① ［美］保罗·R.克鲁格曼、毛瑞斯·奥伯斯法尔德、马克·J.梅里兹著：《国际经济学》（第十版），丁凯等译，北京：中国人民大学出版社，2016年，第8页。

势。按2010年现价美元计算,中国GDP由2005年的22859.66亿美元上升到2020年的117850.04亿美元,比2005年增长5.15倍;同样,印度GDP由2005年的8089.01亿美元上升到2020年的27066.01亿美元,比2005年增长3.35倍。而中印制造业贸易额由2005年的122.85亿美元上升到2020年的810.46亿美元,比2005年增长5.60倍。由此可见,2005—2020年间,伴随中印经济持续快速增长,中印贸易也有着较快的增长[1],中印制造业贸易额保持了持续快速增长,其增长倍数还超过了中国与印度GDP的增长速度,中印制造业贸易额与中印两国GDP呈同步上升趋势,呈正相关性。

其次,中印双边(包括制造业在内的)直接投资与中印两国持续快速的经济增长保持了同步性,说明了中印两国持续快速的经济增长态势为中印制造业投资合作带来了机遇。根据《中国统计年鉴》等统计数据显示,中国对印度(包括制造业在内的)直接投资流量也由2002年5万美元上升到2005年的1116万美元,然后再上升到2010年的4761万美元、2015年的70525万美元和2019年的5.346亿美元;中国对印度(包括制造业在内的)直接投资存量也由2002年的80万美元,上升到2005年的1462万美元,然后再上升到2010年的4.798亿美元、2015年的37.701亿美元。与此同时,印度对华(包括制造业在内的)直接投资流量由2000年的1044万美元上升到2010年的4931万美元、2015年的8080万美元、2017年的1.577亿美元。而印度对华(包括制造业在内的)直接投资存量由2000年的1688万美元上升到2010年的3.9522亿美元、2015年的6.401亿美元、2019年的9.228亿美元。2003—2019年中国对印度(包括制造业在内的)直接投资流量、存量年平均增长率分别为29.21%、31.05%。2003年到2019年中国对印度(包括制造业在内的)直接投资流量、存量年平均增长率分别29.21%、31.05%。由此可见,(包括制造业在内的)中印双边直接投资流量和存量都与中印两国持续快速的GDP增长保持了正相关关系,或者说中印(包括制造业在内的)双边投资与两国经济增长保持了一定的同步性。

---

[1] Yanrui Wu, Zhangyue Zhou, "Changing bilateral trade between China and India", *Journal of Asian Economics*, Vol. 17, No. 3, June 2006, pp. 509-518.

二、中印制造业快速发展为中印制造业贸易与投资合作带来了机遇

从传统意义上来讲,制造业在各国的经济增长和发展中发挥着关键作用,制造业在国内生产总值中所占份额的增加成为一国经济增长的一个重要特征,因而中印两国均加快了制造业的发展速度。例如,改革开放以来,中国经济日益融入全球化进程,吸引到的外资和独特的劳动力成本优势相结合,物美价廉的中国制造产品占领了全球市场。中国制造业增加值由2017年的23.388万亿元人民币上升到2018年的25.594万亿元人民币、2019年的26.414万亿元人民币、2020年的26.594万亿元人民币和2021年前三季度的22.590万亿元人民币。中国制造业增加值占GDP的比重由2017—2021年前三季度分别为28.11%、27.84%、26.77%、26.17%和27.44%。而且中国制造业增加值已连续11年位居世界第一。中国的500种主要工业品中,超过四成产品的产量位居世界第一,制造业大国地位更加坚实。目前,中国正在吸引世界先进技术,构建自主知识产权,创立全球性品牌,从"中国制造"走向"中国创造",推进产业和经济的成功升级转型,因而将进一步扩大与全球各国制造产业的贸易与投资合作深度。再如,2014年莫迪上台以后很快提出了"印度制造"概念,试图像中国改革开放初期所做的那样,通过改革开放来招商引资,利用劳动力成本优势来大力发展制造业,使印度制造业占GDP的比重提升至25%,并提出"印度制造"的发展目标,使印度转变为一个全球设计和制造中心。根据印度国家统计局数据显示,印度制造业增加值在2011-2012年度为14.10万亿卢比,2012-2013年度上升到15.73万亿卢比,2013-2014年度上升到17.13万亿卢比,2014-2015年度的18.84万亿卢比、2015-2016年度的20.65万亿卢比和2016-2017年度上升到22.57万亿卢比。而且从2011-2012年度到2016-2107年度印度制造业占GDP的比重分别为17.39%、17.09%、16.53%、16.41%和16.57%,这说明印度制造产业取得了较大的进步。印度政府高度重视制造业,正在集中精力发展其基础设施,使其人力资源适应制造业发展的需要,并通过法律和税收改革增加营商的便利度,以利于大量吸引外国资本或利用中国制造业

产品。

三、中印制造业发展阶段的差异性为中印制造业贸易与投资合作带来了机遇

经过30年的改革开放和工业化的迅猛发展,中国已成为"制造大国",正朝着"制造强国"方向发展。与中国制造业相比,印度制造业存在着较大的差距。因而在中国制造业面临产能过剩、产业结构性升级调整和产业转移之际[1],印度政府承诺将继续改善基础设施,为吸引许多大型制造企业进入印度提供便利[2],中印制造业发展阶段性差异能为进一步扩大中印制造业贸易与投资合作提供机遇。

表4.1 2015年和2020年中印制造业增加值

类别	制造业(按现价计算,万亿美元)		制造业增加值占GDP的百分比(%)		制造业增加值年增长率(%)	
年份	2015	2020	2015	2020	2015	2020
中国	3.34	3.85	30.78%	26.17%	7.0%	2.3%
印度	0.32	0.34	16.57%	12.75%	10.81%	−8.37%

资料来源:根据世界银行国民经济核算数据、经济合作与发展组织国民经济核算数据、中国国民经济和社会发展统计公报相关数据测算所得。

首先,按现价美元计算,2015年中国制造业增加值达3.34万亿美元,而印度仅有0.32万亿美元,中国制造业产值是印度的10.44倍。2020年中国制造业增加值达3.85万亿美元,而印度仅有0.34万亿美元,中国制造业产值是印度的11.32倍。因此,中国制造业增加值始终大于印度,且这种差距

---

[1] 袁境:"'再工业化'战略与中印制造业发展分析",《西南金融》,2016年第4期,第38—42页。

[2] Ristina Maza, "Tech giants eye India. Can it compete with China's manufacturing industry?", Christian Science Monitor, 10 August 2015, https://www.csmonitor.com/Business/2015/0810/Tech-giants-eye-India.-Can-it-compete-with-China-s-manufacturing-industry, 5 July 2020.

呈现持续扩大的趋势。[①]其次,2015年和2020年中国制造业增加值占GDP的比重分别为30.78%和26.17%;2015年和2020年印度制造业增加值占GDP的比重分别为16.57%和12.75%(如表4.1所示),中印两国制造业占GDP的比重均呈下降趋势,但中国制造业占GDP的比重均高于同期印度的比值,这说明中国制造业发展水平远超过印度。最后,从中印制造业增长速度来看,与2015年相比,受新冠肺炎疫情的影响,2020年中印两国制造业年增长率均呈下降态势,相比之下,印度制造业受疫情的影响远远超过中国,中国制造业在2020年还保持2.3%的增长率,而印度制造业出现了−8.37%的增长率(如表4.1所示)。

表4.2 2015年和2020年中印制造业外资外贸状况

类别	外商直接投资制造业企业总数(家)		制造业外商直接投资(亿美元)		制造业对外直接投资(亿美元)		制造业产品出口额(万亿美元)		制造业产品进口额(万亿美元)		制造业产品进出口额(万亿美元)	
年份	2015	2020	2015	2020	2015	2020	2015	2020	2015	2020	2015	2020
中国	4507	3732	393.73	312.58	143.3	199.7	2.24	2.52	1.30	1.53	3.54	4.05
印度	2500[②]		265.5[③]				0.25	0.26	0.24	0.25	0.49	0.51

数据来源:中国商务部网站境外投资企业(机构)名录、《中国统计年鉴》、UN Comtrade数据库。

外商直接投资中国制造业企业的总数2015年为4507家,2020年为3732家,而2015年印度仅有2500家;外商直接投资中国制造业的金额

[①] 陈凤兰、黄梅波:"中印两国制造业国际竞争力比较分析",《亚太经济》,2018年第3期,第87—96页。

[②] 2016年2月13日至18日,"印度制造周"在印度金融和商业中心、印度最发达地区马哈拉施特拉邦首府孟买举行。这是继莫迪政府上台后第二次大手笔的招商引资动作。本次"印度制造周"号称有2500家国际企业、8000家本土企业以及来自近70个国家的代表参加。莫迪在开幕式上煽情地说,"印度制造"已经成为印度最大的品牌,"如果你想让本世纪成为你的世纪,那就让'印度制造'成为你的中心",参见"莫迪政府推进'印度制造'运动 实力几何",新华社,2016年2月25日,http://news.xinhuanet.com/world/2016-02/25/c_128748164.htm,2021年1月5日。

[③] 制造业投资占总FDI投资的比例从37%增加到45%;而2015年,流入印度的FDI则实现翻倍至590亿美元,说明印度政府改善投资环境的举措起到好的作用。

2015年为393.73亿美元,2020年为312.58亿美元,而2015年外商直接投资印度制造业的金额只有265.5亿美元。中国对外直接投资制造的金额2015年达143.3亿美元,2020年上升到199.7亿美元。与此同时,中国制造业产品进出口总额2015年为3.54万亿美元,2020年上升到4.05万亿美元;而印度则从2015年的0.49万亿美元上升到2020年的0.51万亿美元;2015年中国制造产品进出口总额是印度的7.2倍,2020年该数量则达到了7.94倍(如表4.2所示)。

表4.3 2015年中印制造业与全球制造业状况比较

类别	制造业增加值占全球制造业增加值比重		制造业进出口额占全球制造业进出口总额比重		制造业出口额占全球制造业出口总额比重		制造业进口额占全球制造业进口总额比重	
年份	2015	2020	2015	2020	2015	2020	2015	2020
中国	28.77%	29.20%	23.35%	15.51%	13.88%	17.78%	9.47%	11.13%
印度	2.75%	2.58%	3.22%	1.80%	1.51%	1.82%	1.71%	1.80%

资料来源:根据世界银行国民经济核算数据和UN Comtrade数据库数据计算整理得出。

再者,2015年中国制造业增加值占全球制造业增加值的28.77%,而印度的仅为2.75%;2020年中国制造业增加值占全球制造业增加值的29.20%,而印度的仅为2.58%。2015年中国制造业产品进出口额占全球制造业产品进出口总额的23.35%,而印度的仅有3.22%;2020年中国制造业产品进出口额占全球制造业产品进出口总额的15.51%,而印度的仅有1.80%(如表4.3所示)。由此可见,中国工业化进程正处于向后工业化过渡的阶段,而印度还处在工业化发展的初期阶段。中国形成了强大的工业实力,而印度却采取了一种"反常"的操作,工业基础比较薄弱。正因为中印制造业处于不同的发展阶段,"中国创造"和"印度制造"具有竞争中的互补性,即便它们之间存在一定的竞争,但也不是一个等量级的竞争关系,这为中印两国制造业贸易与投资合作带来了较大的机遇。

第二节 中印制造业贸易合作面临的机遇

一、中印制造业贸易合作占比较小为中印制造业合作带来机遇

根据经济合作与发展组织的数据[①]显示，中印制造业贸易额整体上由2005年的122.85亿美元上升到2020年的810.45亿美元，年均增长率为18.71%。其中，中国对印度制造业出口贸易额从2005年的85.63亿美元大幅上升到2020年的664.22亿美元，年均增长率为20.47%；中国从印度制造业进口贸易额从2005年的37.23亿美元上升到2020年的146.23亿美元，年均增长率为13.24%。然而，2012—2020年，中印制造业贸易额占中国制造业对外贸易总额的比重年均为2.01%，同期中印制造业贸易额占印度制造业对外贸易总额的比重年均为13.43%（如图4.3所示）。二者的比重都不大，尤其是中印制造业贸易占中国制造业对外贸易总额的比重更低。这说明了中印制造业贸易合作存在较大提升空间。

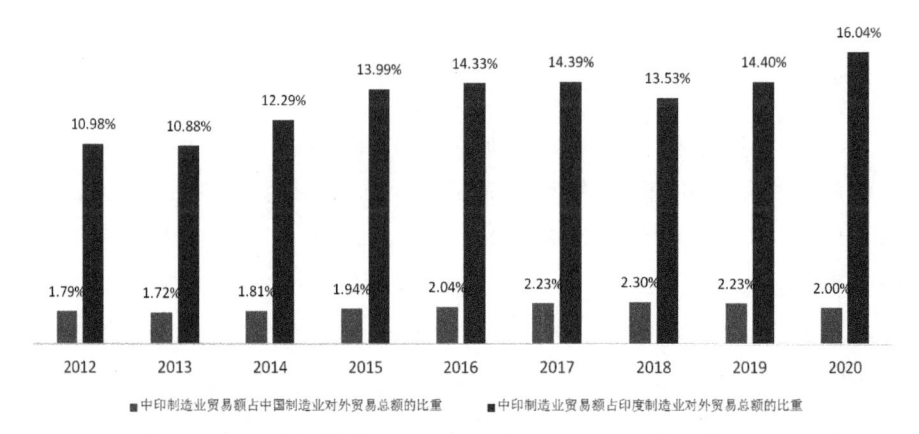

图4.3 中印制造业贸易额占中国和印度制造业对外贸易总额的比重

数据来源：由OECD数据库数据计算所得。

---

① 数据来源：OECD数据库，https://stats.oecd.org/。

二、印度制造业出口偏向型增长模式为中印制造业贸易合作带来机遇

"印度制造"计划的实践为中印制造业贸易合作创造了机遇。2014年莫迪政府向世界宣布"印度制造"系列新政策,启动了"印度制造"计划,希望到2020年印度成为世界第五大制造业中心。通过"印度制造"的创新,希望印度制造业在整个国民生产总值中的比重,由2016年的16.51%[1]提高到2022年的25%,而且期望制造业部门新增100万个就业岗位,并积极改善印度制造业营商环境。[2]莫迪政府大力提倡"印度制造",其目的是想改变印度目前制造业的落后现状,补上印度经济发展的致命短板。[3]另据全球著名的管理咨询公司麦肯锡公司研究的一项成果,到2025年印度制造业增加值有望达到1万亿美元,而且据"德勤全球制造业竞争力指数"显示,印度目前的制造业竞争力位居全球第四。[4]然而受新冠肺炎疫情的影响,印度发展制造业的计划无法在短期内取得较大突破。

但无论如何,根据印度中央统计局发布的(按2011—2012年可比价格计算)国民收入年度估算报告,印度制造业增加值由2011-2012财年的2188亿美元上升到2016-2017财年的3116亿美元,2012-2017财年印度制造业复合年均增长率达7.23%。[5]由此可见,随着"印度制造"计划政策得到贯彻执行,必然促进印度制造产业保持快速增长,而这又必然促使印度制造业产品的生产可能性边界向外移动,或者说促使印度制造业产品的相对供

---

[1] 数据来源:世界银行WDI数据库,网址 https://datatopics.worldbank.org/world-development-indicators/。

[2] India Brand Equity Foundation, *Indian Manufacturing Sector In India Industry Report*, 2019, https://www.ibef.org/industry/manufacturing-sector-india.aspx.

[3] 李艳芳:"印度莫迪政府经济发展战略转型的实施、成效与前景",《南亚研究》,2016年2期,第81—104页。

[4] 董思雁:"制造业构建动态比较优势的路径选择",《湖南科技学院学报》,2016年第11期,第82—84页。

[5] India Brand Equity Foundation, *Indian Manufacturing Sector In India Industry Report*, 2019, https://www.ibef.org/industry/manufactur-presentation.

给曲线向右移动,进而有利于扩大印度制造业产品出口贸易规模。

事实上,根据 OCED 官网统计数据显示,从 2005—2020 年,印度制造业对外贸易进出口总额由 2005 年的 1749.29 亿美元上升到 2016 年的 4698.93 亿美元,然后上升到 2020 年的 5053.18 亿美元,16 年间增长了 1.89 倍。其中,出口额由 2005 年的 893.69 亿美元扩大到 2016 年的 2453.53 亿美元,然后上升到 2020 年的 2582.34 亿美元,增长了 1.89 倍;进口额由 2005 年的 855.60 亿美元扩大到 2016 年的 2245.40 亿美元,然后上升到 2020 年的 2470.84 亿美元,同样增长了 1.89 倍。而且除了 2007—2011 年、2017—2018 年 7 个年份的逆差外,其余 9 年均为顺差(如图 4.4 和表 4.4 所示)。因此,我们认为在 2005—2020 年的 16 年间,印度制造业总体上属于出口偏向型增长。特别是从 2012 年以后,印度制造业出口偏向型增长趋势愈益明显,这为深化中印制造业贸易合作带来了潜在的机会,特别是为缩小中印制造业贸易差额创造了条件。

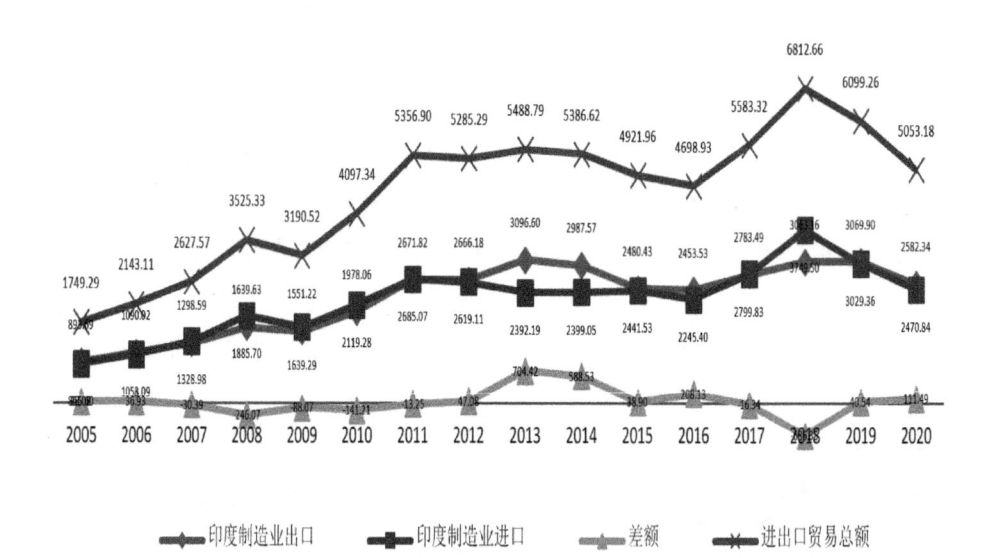

图 4.4 2005—2020 年印度制造业进出口贸易额(亿美元)

数据来源:由 OECD 数据库数据计算所得。

表 4.4　2005—2020 年印度制造业进出口贸易（亿美元）

年份	2005	2006	2007	2008	2009	2010	2011	2012
出口	893.69	1090.02	1298.59	1639.63	1551.22	1978.06	2671.82	2666.18
进口	855.6	1053.09	1328.98	1885.7	1639.29	2119.28	2685.07	2619.11
总额	1749.29	2143.11	2627.57	3525.33	3190.52	4097.34	5356.9	5285.29
差额	38.08	36.93	−30.39	−246.07	−88.07	−141.21	−13.25	47.08
年份	2013	2014	2015	2016	2017	2018	2019	2020
出口	3096.6	2987.57	2480.43	2453.53	2783.49	3063.16	3069.90	2582.34
进口	2392.19	2399.05	2441.53	2245.4	2799.83	3749.50	3029.36	2470.84
总额	5488.79	5386.62	4921.96	4698.93	5583.32	6812.66	6099.26	5053.18
差额	704.42	588.53	38.9	208.13	−16.34	−686.35	40.54	111.49

数据来源：根据 OECD 数据库数据整理所得。

三、中印投资合作的（包括制造业在内的）贸易创造效应为两国带来机遇

实证研究[①]表明，中印投资合作具有（包括制造业在内的）贸易创造效应。从中国对印度直接投资对中印（包括制造业在内的）贸易的影响来看，中国对印度直接投资的流量和存量对中国对印度（包括制造业在内的）的出口额有明显的促进作用，这意味着中国对印度直接投资具有（包括制造业在内的）贸易创造效应。中国对印度直接投资的规模越大，中国对印度（包括制造业在内的）的出口额将会更大。从印度对华直接投资对中印（包括制造业在内的）贸易的影响来看，印度对华直接投资也具有（包括制造业在内的）贸易创造效应。所以，中国对印度直接投资和印度对华直接投资都能促进中印（包括制造业在内的）贸易合作的发展。当然，中国对印度直接投资和印度对华直接投资并不能有效促进中印贸易平衡发展，这主要是因为中国

---

① 罗建：《21 世纪以来中印双边直接投资研究》，硕士学位论文，四川大学，2021年，第 52—53 页。

对印度直接投资规模与印度对华直接投资的规模相差较大。

从表4.5可以看出,近些年来,中国对印度直接投资的流量和存量都远高于印度对华直接投资的流量和存量,特别是2019年中国对印度直接投资流量和存量都远远高于印度。所以,在中国对印度直接投资存量和印度对华直接投资存量对中印(包括制造业在内的)贸易合作有相同影响的情况下,中国对印度(包括制造业在内的)出口贸易额的增加值也会远远大于印度对华(包括制造业在内的)出口贸易额的增加值。这意味中印双边直接投资的扩大极有可能会加剧中印(包括制造业在内的)贸易不平衡,除非印度对华直接投资额的增长远远大于中国对印度直接投资额的增长。中印双边直接投资具有(包括制造业在内的)贸易创造效应,但中印双边直接投资不一定会促进中印(包括制造业在内的)贸易平衡发展,而且就中印现有的双边投资规模来看,有可能在一定程度上加剧中印(包括制造业在内的)贸易的不平衡。

表4.5 2015—2019年中印双边直接投资流量及存量比较

年份	印度对华直接投资流量(万美元)	印度对华直接投资存量(万美元)	中国对印直接投资流量(万美元)	中国对印直接投资存量(万美元)
2015	8080	64005	70525	377047
2016	5181	69186	9293	310751
2017	15772	84958	28998	474733
2018	4754	89712	20620	466280
2019	2563	92275	53460	361009

数据来源:历年《中国统计年鉴》《中国对外直接投资统计公报》以及世界银行数据库。

第三节 中印制造业投资合作面临的机遇[①]

一、中资企业对印度（包括制造业在内的）直接投资意愿

（一）巨大的市场规模成为中资企业对印（包括制造业在内的）直接投资的诱因

开拓国际市场是 OFDI 的间接诱发因素之一，所以印度巨大的市场规模也是中国对印（包括制造业在内的）直接投资的主要原因之一。随着印度经济和人口增长，其市场的潜力也进一步扩大。印度在20世纪90年代开始进行经济改革，时间稍晚于中国，但取得的经济成就同样令人瞩目。根据世界银行公开数据，在2000年时，印度GDP仅为0.47万亿美元。而在2019年，印度GDP为2.87万亿美元。不过在2020年，因新冠肺炎疫情冲击，印度GDP增速为-7.3%。而在2021年，世界银行预计印度GDP增速能够恢复到5.4%。[②] 此外，国际货币基金组织（IMF）也对疫情下印度的经济复苏抱有信心，预测2021年印度GDP增速为6.8%。[③] 整体而言，印度具有较为良好的宏观经济发展前景。2019年，印度人口数量为13.66亿人，是世界第二大人口大国。印度庞大的人口规模意味着其具有庞大的市场潜力，对于中国投资者来说具有很大的吸引力。以医药行业为例，随着健康保险的普及和药房的增加，2019年印度国内药品市场营业额达到200.3亿美元，比2018年增长9.3%。到2023年，印度的在线药房市场估计将从2019年的约

[①] 本节关于投资的内容主要参考了罗建的硕士毕业论文，参见罗建：《21世纪以来中印双边直接投资研究》，硕士学位论文，四川大学，2021年。

[②] 数据来源：2020年世界银行发布的《全球经济展望》。

[③] 在国际货币基金组织于2020年10月发布的《世界经济展望》中，对印度在2020年和2021年的经济增速进行了预测，其预测结果分别为-8.6%和6.8%。参见 IMF, *World Economic Outlook, October 2020: A Long and Difficult Ascent*, 2020, https://www.imf.org/en/Publications/WEO/Issues/2020/09/30/world-economic-outlook-october-2020。

中印制造业贸易与投资合作研究

3.6亿美元激增至27亿美元。[1]此外,中国企业在印度手机市场更是表现良好。2019年,中国手机品牌小米、VIVO、OPPO、Realme位居印度手机市场前四,占据了其67%的手机市场份额。[2]因此,印度作为世界第二的人口大国不仅能带来巨大市场需求,而且还有廉价的劳动力资源吸引着中资企业前去投资。

(二)贸易障碍以及贸易不平衡问题是中资企业对印(包括制造业在内的)直接投资的重要动因

中国和印度之间的贸易障碍是促使中资企业对印度投资的重要动因。当使用正常手段贸易手段无法跨越高关税及配额限制等贸易壁垒时,OFDI便成为拓展国际市场的重要方式。[3]此外,中国商品经常受到印度的反倾销调查。[4]对于对印度开展贸易的中国企业来说,中印间的贸易障碍始终是企业正常发展的障碍,对印度进行(包括制造业在内的)直接投资则可以有效避免这种阻碍。

同时,中印贸易不平衡问题始终是中印关系的一道"心结",两国政府都希望能够解决这个问题。对于中国而言,中印贸易不平衡对中国并不有利。在2013年一次记者会上,中国商务部副部长蒋耀平提到中方从不刻意追求贸易逆差。外交部副部长宋涛则鼓励中印开展双向投资,在发展中逐步解决印度对华贸易逆差问题。[5]由此可见,中印贸易不平衡问题是双方都极为关切的重要问题。中印贸易不平衡问题在近些年变得较为严重。2019年印

---

[1] "India pharmaceuticals–a formula for success", Invest India, https://www.investindia.gov.in/sector/pharmaceuticals, 2 January 2021.

[2] 刘晓冬:"中印企业应共享两国经贸合作发展机遇",《中国贸易报》,2020年7月9日,第4版。

[3] 张涵冰:"简评跨国公司直接投资的诱发要素组合理论",《社会科学论坛》,2005年第4期,第217页。

[4] 自1995年1月1日印度修订"反倾销法"以来,截至2019年,印度针对中国进行反倾销调查达到232次,成为印度反倾销调查的首要目标。参见:"印度超美国——成为对华发起反倾销调查最多的国家",上观新闻,2020年9月20日, https://news.163.com/20/0929/12/FNMN48EQ0001899O.html, 2021年1月20日。

[5] "蒋耀平:中印贸易不平衡主要是由经济结构差异造成",新华网,2013年5月17日, http://world.xinhua08.com/a/20130517/1174562.shtml, 2021年2月20日。

第四章　中印制造业贸易与投资合作机遇

度自中国进口额为739.1亿美元,对中国出口额为177.6亿美元,印中贸易逆差额达到561.5亿美元。中印相互(包括制造业在内的)直接投资的扩大,将有助于缓解中印贸易不平衡问题。根据马库森的国际贸易和FDI间互补理论,中印相互(包括制造业在内的)直接投资将会促进中印贸易发展。例如,中国对印进行(包括制造业在内的)直接投资时,将带动印度产品的出口,促进中国对印度产品的进口。另一方面,中国对印(包括制造业在内的)投资可以在当地建厂,如小米、海尔等手机、电器厂商就可以在印度当地制造和销售,不仅能够促进当地就业、带动当地 GDP,还能减少印度对此类产品的进口。

(三)中印相互(包括制造业在内的)直接投资成为改善中印政治关系的重要路径

经贸合作是中印关系的重要支柱,加强经贸合作能够改善中印关系。中印双边(包括制造业在内的)直接投资的进一步发展,对于中印经贸合作具有重要意义。在2020年之后,中印关系出现新变化。在政治方面,中印加勒万河谷(Galwan Valley)边境冲突为逐渐缓和的中印关系泼下"冷水",重新进入低谷期。2020年6月,在中印边境加勒万河谷地区,中印边防部队发生对峙后引发冲突,并造成人员伤亡。[①]这是1967年中印边界冲突后首次因边界问题造成人员伤亡。在经济方面,印度修改投资政策及大肆禁用中国应用也为中印经贸关系发展带来挑战。2020年4月,印度商工部修改其 FDI 政策,与印度有陆地接壤的国家的企业或个人,对印度进行新的投资需要经过其政府的审批。[②]印度有陆地接壤的国家为中国、巴基斯坦等7个国家,其针对中国的意味非常明显,因为印度政府对来自巴基斯坦和斯里兰卡的投资一直有严厉的限制。此外,印度政府还采取了其他明显针对中国

---

① "驻印度大使孙卫东接受印度报业托拉斯专访谈中印加勒万河谷事件",中国驻印大使馆,2020年6月25日,http://in.china-embassy.org/chn/sgxw/t1792379.htm,2021年2月20日。

② Review of Foreign Direct Investment (FDI) Policy for curbing opportunistic takeovers/acquisitions of Indian companies due to the current COVID-19 pandemic, DPIIT, April 2020, https://dipp.gov.in/sites/default/files/pn3_2020.pdf, 2 December 2020.

的经济措施,如印度在2020年禁用了200多款中国应用以及联系在华的美国公司前往印度投资[①]等。由此可见,中印政经关系开始恶化。所以加强中印(包括制造业在内的)相互直接投资能够修复"经贸合作"的这个重要支柱,为中印关系缓和及改善提供路径。

二、印资企业具有对华(包括制造业在内的)直接投资需求

(一)印资企业具有对华(包括制造业在内的)直接投资愿望

20世纪80年代,中国开始进行改革开放,改变原有计划经济体制和对外交往关系,在经济发展方面取得了重大成就。从1991—2015年,中国GDP增长率已经连续20多年超过7%。在2000年时,中国GDP为1.2万亿美元,世界排名第六。而在2010年时,中国GDP已经达到5.9万亿美元,成为世界第二大经济体,仅次于美国。[②]2016年,中国GDP增长20多年来首度跌破7%,降至6.8%,但之后几年中国GDP增长率仍能保持6%以上的增长,中国的经济发展逐渐走向高质量平稳发展阶段。在2019年,中国GDP达到14万亿美元,而美国GDP为21万亿美元,这意味着中国GDP达到美国GDP的60%以上。[③]在2020年,即使在新冠肺炎疫情的冲击下,中国GDP仍能达到2%以上的增长。而在2021年,世界银行预计中国GDP增速能够恢复到7.9%。[④]国际货币基金组织也看好中国经济增长。[⑤]此外,2019年,中国的人口数量为13.98亿,是世界第一人口大国,这既意味着庞

---

① 在疫情期间,印度专门联系了在华投资的美国公司,表示愿意提供一些优惠政策,还专门划拨出大量土地,期望能吸收从中国转移出去的企业和产业。
② 洪银兴:"我国经济长期持续快速增长的动力因素分析",《辽宁大学学报(哲学社会科学版)》,2012年第1期,第2页。
③ 数据来源于世界银行数据库,并加以整理计算。
④ 2020年世界银行《全球经济展望》所报告,参见 World Bank Group, *Global Economic Prospects*, 2020, p. 4.
⑤ 在2020年10月国际货币基金组织(IMF)发布的《世界经济展望》中预测中国在2020年和2021年的经济增速(即GDP增长率)分别为1.9%、8.2%。参见 https://www.imf.org/zh/Publications/WEO/Issues/2020/09/30/world-economic-outlook-october-2020。

第四章 中印制造业贸易与投资合作机遇

大的市场需求潜力,也意味着能够继续给中国经济发展提供较为充足的劳动力。因此,印资企业同样具有对华(包括制造业在内的)直接投资的愿望。

(二)中印制药业在技术方面的不同优势,为印度对华制药业直接投资领域提供了较大的空间

根据国际生产折衷理论,技术优势是跨国公司对外投资的重要原因。虽然中国和印度都是发展中国家,但两国在不同领域有着各自的技术优势,如印度在信息服务业、仿制药等领域、而中国在机械制造等领域拥有比较优势。中国的大部分药厂仍处于仿制阶段,在仿制药物的生产能力方面远差于印度及其他国家。据统计,在国际化进程方面略有成效的13家中国企业获得美国食品药品监督管理局(FDA)、简化新药申请局(ANDA)等批准的总数仅有115项,不足印度获批数量的十分之一。[1]此外,中国制药业市场主要是为国内市场服务,因技术标准和研发能力的不足,还难以涉足国际市场。印度在仿制药研发及国际化方面拥有明显优势,而中国则更擅长生物技术研究及化合物筛选。[2]中印制药业在技术方面的不同优势,为印度在中国的制药业领域投资提供了空间。

(三)中国良好的外资政策和营商环境对印资企业具有较大的吸引力

东道国的外资政策往往是跨国公司对外投资的重要动力,中国良好的外资政策可能是印度对华(包括制造业在内的)直接投资的重要动因之一。在20世纪末期和21世纪初期,中国工业基础较发达国家尚为薄弱,国内资金相对匮乏。因此,为了快速发展经济,中国政府设立了非常优惠的外资政策,给予外资企业在税收等方面的极大优惠。以1986年发布的《国务院关于鼓励外商投资的规定》第七条为例:"产品出口企业和先进技术企业的外国投资者,将其从企业分得的利润汇出境外时,免缴汇出额的所得税。"[3]多

---

[1] 麦丽谊等:"中印仿制药出海之路对比及对我国医药国际化的启示",《中国医药工业杂志》,2018年第49卷第5期,第693页。
[2] 汤莉:"中印医药贸易合作:新挑战蕴含新机遇",《国际商报》,2020年7月3日。
[3] "国务院关于鼓励外商投资的规定",中国政府网,1986年10月11日,http://www.gov.cn/zhengce/2020-12/25/content_5574119.htm,2021年3月3日。

年来,中国优惠的外资政策吸引了许多印度企业来华投资。例如,印度的顶级药企西普拉制药在20世纪末就对中国进行了投资,印度塔塔集团旗下的印度塔塔咨询服务公司也在21世纪初来到了中国市场。

此外,中国良好的营商环境也是吸引印度企业对华投资的重要原因。自1978年中国进行改革开放之后,政府就开始逐渐提升国内的营商环境。几十年间,中国的营商环境有了极大的提高。2020年中国在全球营商便利化排名为31名,并且是当年全球营商环境改善最显著的经济体之一。[①]此外,印度对华投资的主要集中在制造业领域,21世纪中国国内较低的劳动力成本和较好的基础设施都是制造业投资重要的便利条件。中国的外资政策和营商环境在2008年出现了变化:在外资政策方面,之前外资的税收减免逐渐消失;在营商环境方面,虽然2008年以后中国国内的整体营商环境有了大幅度提高,但劳动力成本也相对上升,中国自身劳动力密集型产业也开始出现产业转移的现象。所以,中国良好的外资政策和营商环境对印度企业的吸引是分阶段的,在2008年前税收优惠和劳动力成本较低等因素吸引着印度企业的投资,但2008年以后税收优惠消失和劳动力成本上升一定程度上降低了印度对华投资的动力。

---

① World Bank, *Doing Business 2020 : Comparing Business Regulation in 190 Economies*. Washington, DC: World Bank, 2020, pp. 1-4.

第五章 中印制造业贸易与投资合作面临的挑战

中印制造业存在着产品、技术、市场、意愿等方面的互补性和相互需求性,为中印制造业贸易与投资创造了巨大的合作与发展机遇。然而,中印制造业贸易合作关系的非对称性、无法避免结构性失衡的矛盾以及一系列非经济制约因素,严重影响着中印制造业贸易的合作与发展。同时,(印度对)标准需求不足,中印标准体系不兼容和技术壁垒的存在,中印标准合作机制、沟通渠道和互认互换协议的缺乏,以及印度将经济、法律事务政治化处理,印度的土地、劳动力法律制度和环境法律制度障碍等,严重影响着中印制造业贸易与投资合作的广度与深度。这些因素使中印制造业贸易与投资合作面临较大的障碍。本章主要对上述问题进行详尽的分析与探讨。

第一节 中印制造业贸易合作面临的障碍

一、中印制造业贸易合作关系的非对称性

1. 中印两国在其制造业贸易伙伴关系国中的地位差异性较大。根据联合国商品贸易统计数据库数据(UN Comtrade)[①]计算得出,2016年中国在印度制造业贸易进口国中位居第1位,中国在印度制造业贸易出口国中位居第7位;而印度在中国制造业贸易进口国中位居第20位,印度在中国制造业贸易出口国中位居第5位。这说明了中印两国在其制造业贸易伙伴关系国中,中国在印度制造业贸易关系国中的地位明显高于印度在中国制造业贸易伙伴关系国中的地位。

---

① 数据来源:UN Comtrade,网址 https://comtrade.un.org/。

2. 中印制造业贸易依存度存在不对称现象。[①]根据经济合作与发展组织数据库(OECD Statistics)的统计数据和世界银行国民经济核算数据计算,2005—2020年16年间,中印制造业贸易总额占中国国内生产总值的比重不大,其平均值也仅有0.7%;而同期中印制造业贸易总额占印度国内生产总值的比重平均值为2.86%(如表5.1所示)。中印制造业贸易依存度从侧面反映了中印制造业贸易对中印两国GDP的贡献度。因此,在中印制造业贸易合作关系中,中印制造业贸易对印度国内GDP的贡献度明显高于中国。

表 5.1 2005—2020年中印制造业双边贸易额占中印各自国内生产总值的比重(%)

年度	2005	2006	2007	2008	2009	2010	2011	2012	2013
占中国GDP比重	0.54%	0.66%	0.8%	0.77%	0.67%	0.78%	0.79%	0.68%	0.62%
占印度GDP比重	1.52%	1.96%	2.37%	3%	2.58%	2.87%	3.28%	3.17%	3.22%
年度	2014	2015	2016	2017	2018	2019	2020	均值	
占中国GDP比重	0.63%	0.62%	0.6%	0.79%	0.85%	0.76%	0.69%	0.7%	
占印度GDP比重	3.25%	3.26%	2.97%	3.03%	3.26%	2.99%	2.99%	2.86%	

资料来源:根据OECD数据库的数据和世界银行国民经济核算数据计算整理得出。

中印制造业贸易重要度[②]差值较大,存在严重的不对称性。根据经济合作与发展组织的统计数据测算,2005—2020年中国对印度制造业贸易重要度均值为11.91%,且整体呈现逐年上升趋势;而印度对中国制造业贸易重要度均值为1.8%,整体呈现波动上升的态势(如表5.2所示)。尽管中印制

[①] 对外贸易依存度又称为对外贸易系数(传统的对外贸易系数),是指一国的进出口总额占该国国民生产总值或国内生产总值的比重。其中,进口总额占GNP或GDP的比重称为进口依存度,出口总额占GNP或GDP的比重称为出口依存度。对外贸易依存度反映一国对国际市场的依赖程度,是衡量一国对外开放程度的重要指标。

[②] 中国对印度制造业贸易重要度是中印双边制造业贸易额占印度制造业对外贸易总额的比率,印度对中国制造业贸易重要度是中印双边制造业贸易额占中国制造业对外贸易总额的比率。

第五章　中印制造业贸易与投资合作面临的挑战

造业贸易重要度均呈上升态势,但从差距角度来说,两者相差10.11%,其差距较大。这说明中印制造业贸易对印度制造业贸易影响程度及重要度远远大于对中国制造业贸易的影响程度和重要度。同时也表现出了印度对中国市场有一定的依赖性。[①]

表 5.2　2005—2020 年中印制造业双边贸易重要度

年份	中国对印度制造业贸易重要度(%)	印度对中国制造业贸易重要度(%)
2005	7.02	0.95
2006	8.42	1.13
2007	10.81	1.45
2008	10.1	1.59
2009	10.71	1.75
2010	11.59	1.85
2011	11.16	1.95
2012	10.97	1.79
2013	10.88	1.72
2014	12.29	1.81
2015	13.99	1.94
2016	14.33	2.04
2017	14.39	2.23
2018	13.53	2.3
2019	14.4	2.23
2020	16.04	2
均值	11.91	1.80

资料来源:根据 OECD 数据库的数据计算整理得出。

[①] Kangkang Li, "China and India Trade Competition and Complementary: Analysis of the 'Belt and Road' Background", *Modern Economy*, No.7, 2018, pp. 1213-1226.

4. 中印制造业贸易结合度①也存在不对称性。根据经济合作与发展组织的统计数据测算,中国对印度的制造业结合度基本上都是大于1的,且整体呈现出波动上升态势,而印度对中国的制造业贸易结合度基本上都是小于1,且整体呈现下降趋势(如图5.1所示)。这说明在中印制造业贸易关系上,中国对印度制造业出口同印度制造业进口具有较高的契合度,而印度对中国制造业出口同中国制造业进口的契合度不高。

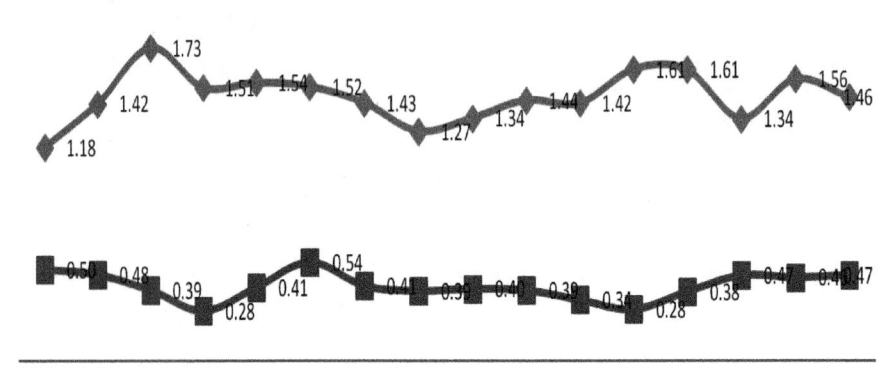

→— 中国对印度制造业贸易结合度指数　　■— 印度对中国制造业贸易结合度指数

图 5.1　2005—2020 年中印制造业双边贸易结合度指数

资料来源:根据 OECD 数据库的数据计算整理得出。

由此可见,中印制造业贸易关系事实上存在着非对称性,而且这种非对称性还有持续扩大的趋势。特别是对印度而言,中国对印度制造业贸易关系的紧密程度远高于印度对华制造业贸易关系的紧密程度。这主要是由于中印两国制造业产业结构和综合实力的差异性。因此,印度需进一步改善对华制造业贸易结构与贸易条件,才有可能进一步挖掘对华制造业贸易的

---

① 制造业贸易结合度指数是一国对另一国的制造业出口额占该国制造业出口总额的比重与该国制造业的进口总额占世界进口总额的比重之比,常用来衡量制造业贸易结合的紧密程度。计算公式:$TCD_{ab}=(X_{ab}/X_a)/(W_b/M_w)$,其中,$TCD_{ab}$ 为 a 对 b 国的制造业贸易结合度,X_{ab} 为 a 国对 b 国的制造业出口额,X_a 表示 a 国的制造业出口总额,W_b 表示 b 国制造业进口总额,M_w 表示世界制造业进口额。如 TCD_{ab} 大于1,则表示两国制造业贸易合作关系较为紧密;如果等于1,则表示两国制造业贸易合作关系处于平均水平;如果小于1,则表示两国制造业贸易合作关系较为松散。

第五章　中印制造业贸易与投资合作面临的挑战

市场潜力。

二、中印制造业贸易结构性失衡的矛盾无法避免

表 5.3　中印制造业贸易差额及其占比

年度	2005	2006	2007	2008	2009	2010	2011	2012
中国对印度制造业贸易顺差（亿美元）	48.4	102.76	192.36	265.37	242.97	336.67	404.05	366.07
中印制造业双边贸易总额（亿美元）	122.85	180.52	284.12	356.04	341.67	474.94	597.7	580
中国对印度制造业贸易顺差占中印制造业双边贸易总额的比重（%）	39.4	56.93	67.7	74.53	71.11	70.89	67.6	63.11
年度	2013	2014	2015	2016	2017	2018	2019	2020
中国对印度制造业贸易顺差（亿美元）	364.22	414.88	464.11	486.31	547.55	608.36	610.67	517.99
中印制造业双边贸易总额（亿美元）	597.06	662.03	688.43	673.31	803.69	921.81	878.48	810.45
中国对印度制造业贸易顺差占中印制造业双边贸易总额的比重（%）	61	62.67	67.42	72.23	68.13	66	69.51	63.91

资料来源：根据 OECD 数据库的数据计算整理得出。

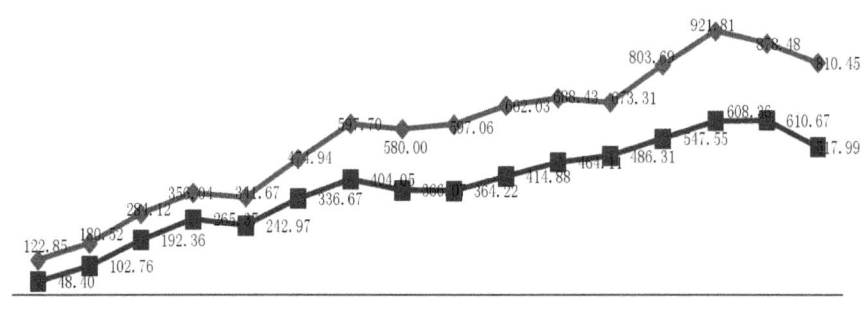

图 5.2　中印制造业贸易总额与中印制造业贸易差额（亿美元）

资料来源：根据 OECD 数据库的数据计算整理得出。

中印制造业贸易与投资合作研究

根据经济合作与发展组织的统计数据计算,如表 5.3 所示和图 5.2 所示,随着中印制造业贸易规模的不断扩大,中印制造业贸易差额或者说中国对印度制造业贸易顺差额度也呈上升态势。例如,中国对印度制造业贸易顺差由 2005 年的 48.4 亿美元上升到了 2020 年的 517.99 亿美元,其占中印制造业贸易总额的比重也由 2005 年的 39.40% 上升到了 2020 年的 63.91%。这说明在中印制造业贸易关系中,以中国制造业产品对印度出口为主,而印度对中国制造业产品出口相对较少。与此同时,中印制造业贸易结构性失衡并没有因中印制造业贸易规模扩大而得到改善。这主要是由于在世界贸易市场中,中国充当着商品制造者和提供者的重要角色,而印度在世界贸易市场中仅仅是个消费者[①],"印度制造"暂时还无法从根本上取代"中国制造"的竞争优势。

中印制造业贸易关系结构性失衡的内在渊源,主要体现在以下几个方面:

首先,在世界市场上,"中国制造"的比较优势或国际竞争力明显强于"印度制造"。根据联合国贸易与发展会议(UNCTAD)统计数据,测算出了在世界范围内的中国与印度制造业显示性比较优势指数(如图 5.3 所示)。显示性比较优势指数(Revealed Comparative Advantage Index,RCA)是衡量一国产品或产业在国际市场竞争力最具说服力的指标。一般认为,若 RCA_{ij} 大于 2.5,则说明 i 国在 j 种商品上具有极强的竞争优势;若 RCA_{ij} 介于 1.25 与 2.5 之间,则表示 i 国在 j 中商品上具有中等较强的竞争优势;若 RCA_{ij} 介于 0.8 与 1.25 之间,说明 i 国在 j 种商品上具有中等竞争优势;若 RCA_{ij} 小于 0.8,则示 i 国在 j 种商品上没有竞争优势,即出口竞争力较弱[②]。公式为:

$$RCA_{kxi} = (X_{ki}/X_i)/(X_{kw}/X_w) \quad (5-1)$$

其中,X_{ki}、X_i 分别表示 i 国 j 类产品出口额和 i 国出口总额,X_{kw}、X_w 分

[①] Amitendu Palit, Shounkie Nawani, "India-China Trade: Expliaining the Imbalance", *ISAS working Paper*, No.95, 26 October 2009.

[②] 涂庄:"中国与印尼贸易互补性和竞争性研究——基于显示性比较优势指数分析",《北方经济》,2012 年第 15 期,第 89—91 页。

第五章 中印制造业贸易与投资合作面临的挑战

别表示世界 j 类产品的出口额和世界出口总额。

■2007年-2020年中国制造产品比较优势指数（均值）　■2007年-2020年印度制造产品比较优势指数（均值）

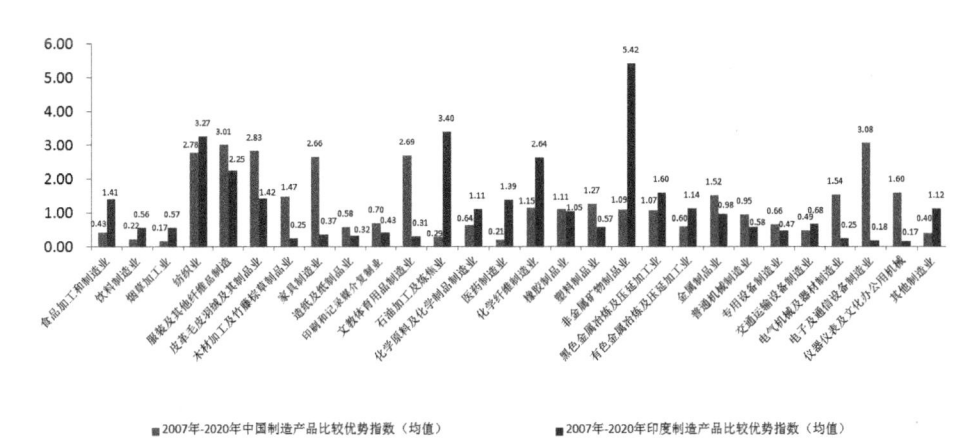

图 5.3 中印制造业产品显示性比较优势指数

资料来源：根据 UNCTAD 的统计数据计算所得。

根据 UNCTAD 统计数据测算，在 28 个制造产业中，中印两国在"饮料、烟草加工、造纸及纸制品、印刷和记录媒介复制业、专用设备和交通运输设备"等 6 个行业均不具有比较优势，或者说在这 6 个行业中，中印两国均不具有国际竞争力（如图 5.3 所示和表 5.4 所示）。

表 5.4 2007—2020 年中印制造业均不具有显示性比较优势的行业

编号	行业	2007—2020 年中国制造产品显示性比较优势指数（均值）	2007—2020 年印度制造产品显示性比较优势指数（均值）
1	饮料制造业	没有竞争优势	没有竞争优势
2	烟草加工业	没有竞争优势	没有竞争优势
3	造纸及纸制品业	没有竞争优势	没有竞争优势
4	印刷和记录媒介复制业	没有竞争优势	没有竞争优势
5	专用设备制造业	没有竞争优势	没有竞争优势
6	交通运输设备制造业	没有竞争优势	没有竞争优势

资料来源：根据 UN Comtrade 数据库数据整理计算所得。

如表5.5所示,中印两国在纺织、服装及其他纤维制品、皮革毛皮羽绒及其制品、化学纤维制造业、橡胶制品业、非金属矿物制品业、黑色金属冶炼及压延加工业、金属制成品等8个行业均具有显示性比较优势。其中,中国在纺织业、服装及其他纤维制品制造、皮革毛皮羽绒及其制品业等行业具有较强的竞争优势,而印度在纺织业、服装及其他纤维制品制造、化学纤维制造业、非金属矿物制品业等行业具有较强的竞争优势。这一方面说明中印两国在上述8个行业对于世界市场而言均具有比较优势,另一方面也说明了中印两国在这些行业之间具有较强的竞争性。

表5.5 2007—2020年中印制造业均具有显示性比较优势的行业

编号	行业	2007—2020年中国制造产品显示性比较优势指数(均值)	2007—2020年印度制造产品显示性比较优势指数(均值)
1	纺织业	极强竞争优势	极强竞争优势
2	服装及其他纤维制品制造	极强竞争优势	极强竞争优势
3	皮革毛皮羽绒及其制品业	极强竞争优势	中等较强竞争优势
4	化学纤维制造业	中等竞争优势	极强竞争优势
5	橡胶制品业	中等竞争优势	中等竞争优势
6	非金属矿物制品业	中等竞争优势	极强竞争优势
7	黑色金属冶炼及压延加工业	中等竞争优势	中等较强竞争优势
8	金属制成品	中等较强竞争优势	中等竞争优势

资料来源:根据UN Comtrade数据库数据整理计算所得。

对于其余如食品加工、木材加工及竹藤棕草制品业、家具制造业、文教体育用品制造业等14个行业,中印两国制造业的显示性比较优势具有互补性(如表5.6所示)。其中,中国在木材加工及竹藤棕草制作品、家具制造业、文教体育用品制造业、塑料制品业、普通机械制造业、电气机械及器材制造业、电子及通信设备制造业、仪器仪表及文化办公用机械等8个行业中具有比较优势。而印度在食品加工和制造业、石油加工及炼焦业、化学原料及化学制品制造业、医药制造业、有色金属冶炼及压延加工业、其他制造业等6个行业中具有比较优势。

第五章　中印制造业贸易与投资合作面临的挑战

表 5.6　2007—2020 年中印制造业显示性比较优势互补的行业

编号	行业	2007—2020 年中国制造产品显示性比较优势指数（均值）	2007—2020 年印度制造产品显示性比较优势指数（均值）
1	食品加工和制造业	没有竞争优势	中等较强竞争优势
2	石油加工及炼焦业	没有竞争优势	极强竞争优势
3	化学原料及化学制品制造业	没有竞争优势	中等竞争优势
4	医药制造业	没有竞争优势	中等较强竞争优势
5	有色金属冶炼及压延加工业	没有竞争优势	中等竞争优势
6	其他制造业	没有竞争优势	中等竞争优势
7	木材加工及竹藤棕草制作品	中等较强竞争优势	没有竞争优势
8	家具制造业	极强竞争优势	没有竞争优势
9	文教体育用品制造业	极强竞争优势	没有竞争优势
10	塑料制品业	中等较强竞争优势	没有竞争优势
11	普通机械制造业	中等竞争优势	没有竞争优势
12	电气机械及器材制造业	中等较强竞争优势	没有竞争优势
13	电子及通信设备制造业	极强竞争优势	没有竞争优势
14	仪器仪表及文化办公用机械	中等较强竞争优势	没有竞争优势

资料来源：根据 UN Comtrade 数据库数据整理计算所得。

由此可见，在制造产业的 28 个行业中，中国的 16 个制造行业具有显示性比较优势（或者说具有国际竞争力），而印度只有 14 个制造行业具有显示性比较优势（或者说具有国际竞争力）。中国制造业的国际竞争优势要强于印度，这主要因为印度货物贸易商品结构低级化。[1]

其次，在中印双边市场上，中国的制造业贸易竞争力指数[2]明显高于印

---

[1] 陈凤兰、黄梅波：“中印两国制造业国际竞争力比较分析”，《亚太经济》，2018 年第 3 期，第 87—96 页。

[2] 贸易竞争力指数，即 TC（Trade Competitiveness）指数，是对国际竞争力分析时比较常用的测度指标之一，它表示一国进出口贸易的差额占进出口贸易总额的比重，即 TC 指数 =（出口额 − 进口额）/（出口额 + 进口额）。

度的制造业贸易竞争力指数。

就中印双边市场而言,贸易竞争力指数能够反映出一国某产业在另一国的竞争优势。根据 UN Comtrade 数据库的数据计算,在 2010—2016 年间以及 2017—2020 年间 28 个制造业行业中,中国制造业产品在印度市场上除了食品加工、饮料、非金属矿物、有色金属冶炼及压延加工业制造业等 4 个行业不具有竞争优势外,其余 24 个制造行业均具有竞争优势(如表 5.7 和表 5.8 所示)。

表 5.7 2010—2016 年中国对印度的制造业贸易竞争力指数

行业	2010	2011	2012	2013	2014	2015	2016	均值
食品加工和制造业	−0.61	−0.7	−0.65	−0.61	−0.47	−0.43	−0.38	−0.55
饮料制造业	−0.53	−0.72	−0.67	−0.51	−0.79	−0.61	−0.57	−0.63
烟草加工业	0.9	0.92	0.92	0.84	0.65	0.72	0.85	0.83
纺织业	0.68	0.65	0.41	0.16	0.3	0.24	0.46	0.41
服装及其他纤维制品制造	0.61	0.36	0.61	0.75	0.74	0.7	0.68	0.63
皮革毛皮羽绒及其制品业	0.28	0.34	0.25	0.35	0.34	0.47	0.52	0.36
木材加工及竹藤棕草制品业	0.98	0.98	0.97	0.96	0.95	0.96	0.95	0.96
家具制造业	0.98	0.94	0.96	0.97	0.97	0.97	0.96	0.96
造纸及纸制品业	0.97	0.98	0.98	0.99	0.99	0.99	0.99	0.98
印刷和记录媒介复制业	0.86	0.96	0.91	0.96	0.95	0.92	0.95	0.93
文教体育用品制造业	0.97	0.96	0.96	0.97	0.98	0.98	0.96	0.97
石油加工及炼焦业	0.13	0.81	−0.2	0.58	0.55	0.15	0.52	0.36
化学原料及化学制品制造业	0.65	0.64	0.6	0.6	0.69	0.72	0.7	0.66
医药制造业	0.88	0.88	0.88	0.91	0.9	0.9	0.91	0.89

第五章 中印制造业贸易与投资合作面临的挑战

续表

行业	2010	2011	2012	2013	2014	2015	2016	均值
化学纤维制造业	0.26	0.37	0.02	0.28	0.33	0.45	0.33	0.29
橡胶制品业	0.94	0.89	0.88	0.91	0.87	0.89	0.9	0.90
塑料制品业	0.89	0.88	0.89	0.92	0.92	0.91	0.91	0.90
非金属矿物制品业	−0.06	−0.08	−0.09	−0.17	−0.29	−0.13	−0.28	−0.16
黑色金属冶炼及压延加工业	0.76	0.78	0.78	0.65	0.86	0.88	0.83	0.79
有色金属冶炼及压延加工业	−0.33	−0.54	−0.53	−0.44	−0.39	−0.29	−0.13	−0.38
金属制品业	0.93	0.94	0.95	0.94	0.93	0.94	0.95	0.94
普通机械制造业	0.91	0.91	0.89	0.83	0.8	0.82	0.85	0.86
专用设备制造业	0.9	0.89	0.87	0.88	0.89	0.88	0.89	0.88
交通运输设备制造业	0.95	0.88	0.91	0.9	0.89	0.92	0.9	
电气机械及器材制造业	0.87	0.9	0.9	0.91	0.9	0.91	0.93	0.9
电子及通信设备制造业	0.96	0.96	0.98	0.98	0.98	0.99	0.99	0.98
仪器仪表及文化办公用机械	0.88	0.87	0.86	0.88	0.93	0.92	0.9	0.89
其他制造业	0.33	0.33	0.22	0.23	0.37	0.51	0.63	0.37

资料来源：根据 UN Comtrade 数据库数据整理计算所得。

表5.8 2017—2020年中国对印度的制造业贸易竞争力指数

行业	2017	2018	2019	2020	均值
食品加工和制造业	−0.43	−0.17	−0.30	−0.55	−1.45
饮料制造业	−0.70	−0.56	−0.63	−0.73	−2.62
烟草加工业	0.69	0.71	0.91	0.21	2.52
纺织业	0.46	0.42	0.58	0.58	2.03
服装及其他纤维制品制造	0.70	0.66	0.70	0.78	2.85
皮革毛皮羽绒及其制品业	0.58	0.60	0.68	0.66	2.52
木材加工及竹藤棕草制品业	0.99	0.98	0.97	0.91	3.84
家具制造业	0.96	0.96	0.97	0.98	3.86

177

续表

行业	2017	2018	2019	2020	均值
造纸及纸制品业	0.95	0.70	0.78	0.28	2.71
印刷和记录媒介复制业	0.94	0.95	0.90	0.70	3.49
文教体育用品制造业	0.96	0.98	0.98	0.98	3.91
石油加工及炼焦业	0.38	−0.05	0.09	0.41	0.83
化学原料及化学制品制造业	0.57	0.47	0.47	0.49	2.00
医药制造业	0.91	0.91	0.86	0.85	3.52
化学纤维制造业	0.17	0.31	0.35	0.62	1.44
橡胶制品业	0.82	0.73	0.74	0.58	2.87
塑料制品业	0.92	0.91	0.92	0.91	3.65
非金属矿物制品业	−0.26	−0.26	0.05	0.03	−0.44
黑色金属冶炼及压延加工业	0.63	0.76	0.57	−0.29	1.67
有色金属冶炼及压延加工业	−0.43	−0.15	0.51	−0.21	−0.28
金属制品业	0.95	0.95	0.94	0.93	3.76
普通机械制造业	0.83	0.84	0.81	0.77	3.25
专用设备制造业	0.87	0.87	0.87	0.87	3.49
交通运输设备制造业	0.90	0.88	0.90	0.87	3.55
电气机械及器材制造业	0.92	0.92	0.88	0.89	3.60
电子及通信设备制造业	1.00	1.00	0.98	0.98	3.96
仪器仪表及文化办公用机械	0.96	0.97	0.96	0.95	3.84
其他制造业	0.67	0.68	0.62	0.44	2.41

资料来源：根据 UN Comtrade 数据库数据整理计算所得。

相反，在2012—2016年和2017—2020年间28个制造业行业中，印度制造业产品在中国市场上除了食品加工、饮料、石油加工及炼焦业这3个行业具有微弱的竞争优势外，其余25个行业在中国市场上均不具有竞争优势（如表5.9和表5.10所示）。

表5.9 2012—2016年印度对中国的制造业贸易竞争力指数

行业	2012	2013	2014	2015	2016	均值
食品加工和制造业	0.32	0.56	0.45	0.42	0.41	0.43
饮料制造业	0.39	0.68	0.66	0.74	0.75	0.64

续表

行业	2012	2013	2014	2015	2016	均值
烟草加工业	−0.83	−0.38	−0.44	0.05	−0.37	−0.39
纺织业	−0.26	0	−0.13	−0.09	−0.29	−0.16
服装及其他纤维制品制造	−0.28	−0.44	−0.46	−0.46	−0.39	−0.40
皮革毛皮羽绒及其制品业	−0.54	−0.52	−0.45	−0.57	−0.59	−0.53
木材加工及竹藤棕草制品业	−0.96	−0.94	−0.91	−0.93	−0.9	−0.93
家具制造业	−0.95	−0.94	−0.93	−0.94	−0.92	−0.93
造纸及纸制品业	−0.98	−0.96	−0.98	−0.98	−0.98	−0.98
印刷和记录媒介复制业	−0.98	−0.97	−0.97	−0.97	−0.96	−0.97
文教体育用品制造业	−0.97	−0.98	−0.98	−0.98	−0.95	−0.97
石油加工及炼焦业	−0.02	0.15	0.33	−0.03	0.08	0.10
化学原料及化学制品制造业	−0.66	−0.62	−0.74	−0.78	−0.75	−0.71
医药制造业	−0.78	−0.82	−0.86	−0.88	−0.9	−0.85
化学纤维制造业	−0.04	−0.35	−0.34	−0.51	−0.28	−0.30
橡胶制品业	−0.89	−0.86	−0.88	−0.93	−0.93	−0.90
塑料制品业	−0.72	−0.86	−0.9	−0.9	−0.9	−0.86
非金属矿物制品业	−0.67	−0.58	−0.56	−0.7	−0.71	−0.65
黑色金属冶炼及压延加工业	−0.74	−0.62	−0.88	−0.89	−0.81	−0.79
有色金属冶炼及压延加工业	0.44	0.18	0	0	−0.25	0.07
金属制品业	−0.9	−0.88	−0.87	−0.88	−0.89	−0.89
普通机械制造业	−0.88	−0.81	−0.8	−0.83	−0.85	−0.84
专用设备制造业	−0.89	−0.86	−0.87	−0.89	−0.91	−0.89
交通运输设备制造业	−0.89	−0.65	−0.7	−0.9	−0.93	−0.81
电气机械及器材制造业	−0.95	−0.94	−0.93	−0.95	−0.93	−0.94
电子及通信设备制造业	−0.98	−0.98	−0.98	−0.99	−0.99	−0.99
仪器仪表及文化办公用机械	−0.89	−0.89	−0.93	−0.92	−0.9	−0.91
其他制造业	−0.92	−0.82	−0.81	−0.76	−0.6	−0.78

资料来源：根据 UN Comtrade 数据库数据整理计算所得。

表 5.10 2017—2020 年印度对中国的制造业贸易竞争力指数

行业	2017	2018	2019	2020	均值
食品加工和制造业	0.52	0.61	0.71	0.80	0.66
饮料制造业	0.82	0.79	0.83	0.57	0.75
烟草加工业	0.03	−0.11	−0.51	−0.28	−0.22
纺织业	−0.35	−0.31	−0.47	−0.48	−0.40
服装及其他纤维制品制造	−0.52	−0.53	−0.55	−0.68	−0.57
皮革毛皮羽绒及其制品业	−0.65	−0.70	−0.72	−0.58	−0.66
木材加工及竹藤棕草制品业	−0.94	−0.93	−0.93	−0.89	−0.92
家具制造业	−0.94	−0.95	−0.95	−0.95	−0.95
造纸及纸制品业	−0.93	−0.67	−0.72	−0.15	−0.62
印刷和记录媒介复制业	−0.96	−0.95	−0.95	−0.97	−0.96
文教体育用品制造业	−0.97	−0.96	−0.96	−0.93	−0.95
石油加工及炼焦业	0.15	0.47	0.62	0.63	0.47
化学原料及化学制品制造业	−0.61	−0.49	−0.49	−0.51	−0.52
医药制造业	−0.82	−0.87	−0.84	−0.84	−0.84
化学纤维制造业	−0.26	−0.29	−0.37	−0.64	−0.39
橡胶制品业	−0.86	−0.81	−0.82	−0.72	−0.80
塑料制品业	−0.90	−0.92	−0.92	−0.90	−0.91
非金属矿物制品业	−0.64	−0.66	−0.81	−0.80	−0.73
黑色金属冶炼及压延加工业	−0.67	−0.74	−0.55	0.30	−0.42
有色金属冶炼及压延加工业	0.10	−0.36	−0.54	−0.07	−0.22
金属制品业	−0.91	−0.93	−0.92	−0.92	−0.92
普通机械制造业	−0.81	−0.80	−0.80	−0.79	−0.80
专用设备制造业	−0.90	−0.90	−0.90	−0.89	−0.89
交通运输设备制造业	−0.89	−0.90	−0.87	−0.86	−0.88
电气机械及器材制造业	−0.95	−0.94	−0.90	−0.92	−0.92
电子及通信设备制造业	−0.98	−0.97	−0.97	−0.99	−0.98
仪器仪表及文化办公用机械	−0.98	−0.98	−0.95	−0.92	−0.96
其他制造业	−0.70	−0.71	−0.59	−0.45	−0.62

资料来源：根据 UN Comtrade 数据库数据整理计算所得。

第五章　中印制造业贸易与投资合作面临的挑战

再次,在中印双边市场上,中国的制造业贸易互补性指数①明显高于印度的制造业贸易互补性指数。

根据 UN Comtrade 数据库的数据整理计算得到,2010—2016 年间在 28 个制造业行业中,除了食品加工和制造业、饮料制造业、烟草加工业、服装及其他纤维制品制造业、造纸及纸制品业、印刷和记录媒介复制业、石油加工及炼焦业、橡胶制品业、非金属矿物制品业、交通运输设备制造业和其他制造业等 11 个行业外,中国出口印度制造业的 17 个行业产品贸易互补性指数大于 1 (如表 5.11 和表 5.12 所示)。这说明了中国制造品在印度市场的互补性较强。

表 5.11 2010—2016 年中国对印度的制造业贸易互补性指数

行业	2010	2011	2012	2013	2014	2015	2016	均值
食品加工和制造业	0	0.03	0.03	0.02	0.01	0.01	0.01	0.02
饮料制造业	0	0.01	0.01	0.01	0	0	0	0.01
烟草加工业	0.02	0.42	0.34	0.23	0.16	0.06	0.05	0.18
纺织业	0.7	5.35	5.66	6.31	5.4	3.9	3.31	4.38
服装及其他纤维制品制造	0.02	0.16	0.38	0.67	0.53	0.44	0.43	0.38
皮革毛皮羽绒及其制品业	0.11	1.28	1.56	1.93	1.49	1.32	1.32	1.29
木材加工及竹藤棕草制品业	0.1	1.77	1.41	1.13	1.38	1.09	0.73	1.09
家具制造业	0.22	1.48	2.15	2.5	1.94	1.8	1.51	1.66
造纸及纸制品业	0.07	0.79	0.84	0.98	0.87	0.52	0.59	0.67
印刷和记录媒介复制业	0.03	0.22	0.25	0.26	0.11	0.23	0.19	0.18
文教体育用品制造业	0.1	0.67	1.42	2.13	1.71	1.31	0.84	1.17
石油加工及炼焦业	0.05	0.69	0.21	0.71	1.04	0.55	0.5	0.54
化学原料及化学制品制造业	0.64	6.24	7.71	7.5	7.71	6.77	4.35	5.85
医药制造业	1.9	12.74	12.47	14.96	13.82	9.8	7.46	10.45
化学纤维制造业	0.15	3.48	1.34	2.76	4.02	3.61	2.44	2.54

---

① 贸易互补性指数(Trade Complementarity Index)是用来衡量双边贸易某类产品互补性强弱度的指标,如果该指数大于 1,表明双边贸易产品互补性强;当该指数小于或等于 1 时,表明双边贸易产品互补性弱,其值越小,互补性越不明显。

续表

行业	2010	2011	2012	2013	2014	2015	2016	均值
橡胶制品业	0.26	0.95	0.62	0.86	0.75	1.05	1.07	0.79
塑料制品业	0.23	2.14	2.31	2.85	2.52	2.05	2.02	2.02
非金属矿物制品业	0.03	0.25	0.42	0.38	0.35	0.35	0.28	0.29
黑色金属冶炼及压延加工业	0.79	3.9	3.6	2.57	4.66	3.34	2.23	3.01
有色金属冶炼及压延加工业	0.16	1.17	1.6	2.03	2.85	1.41	1.18	1.49
金属制品业	0.22	2.32	2.67	2.91	2	1.54	1.54	1.89
普通机械制造业	0.62	5.19	4.57	3.53	2.86	2.23	2.19	3.03
专用设备制造业	0.35	3.75	3.69	3.94	3.3	2.99	3.18	3.03
交通运输设备制造业	0.07	0.75	0.75	0.66	0.9	0.51	0.84	0.64
电气机械及器材制造业	0.22	2.18	2.43	2.73	2.28	2.28	2.79	2.13
电子及通信设备制造业	1.33	8.32	9.72	11.85	11.22	11.84	12.84	9.59
仪器仪表及文化办公用机械	0.13	1.3	1.5	1.85	1.68	1.24	1.27	1.28
其他制造业	0.17	1.16	0.61	0.51	0.33	0.3	0.26	0.48

资料来源：根据 UN Comtrade 数据库数据整理计算所得。

表 5.12 2017—2020 年中国对印度的制造业贸易互补性指数

行业	2017	2018	2019	2020	均值
食品加工和制造业	0.008	0.023	0.032	0.020	0.021
饮料制造业	0.001	0.003	0.002	0.006	0.003
烟草加工业	0.079	0.059	0.107	0.013	0.064
纺织业	3.224	3.252	3.349	2.087	2.978
服装及其他纤维制品制造	0.503	0.409	0.453	0.485	0.462
皮革毛皮羽绒及其制品业	1.577	1.801	1.792	1.111	1.570
木材加工及竹藤棕草制品业	1.842	1.169	0.913	0.380	1.076
家具制造业	1.374	1.216	1.348	1.082	1.255
造纸及纸制品业	0.771	0.621	0.675	0.440	0.627
印刷和记录媒介复制业	0.230	0.196	0.184	0.148	0.190
文教体育用品制造业	0.862	1.619	1.354	1.629	1.366
石油加工及炼焦业	0.461	0.578	0.130	0.104	0.318

第五章 中印制造业贸易与投资合作面临的挑战

续表

行业	2017	2018	2019	2020	均值
化学原料及化学制品制造业	3.771	4.853	5.480	5.465	4.892
医药制造业	7.194	7.907	8.343	7.394	7.709
化学纤维制造业	1.942	1.527	3.477	2.110	2.264
橡胶制品业	0.632	0.393	0.442	0.268	0.434
塑料制品业	2.151	2.293	2.583	1.839	2.217
非金属矿物制品业	0.246	0.371	0.456	0.355	0.357
黑色金属冶炼及压延加工业	1.933	1.773	1.920	1.604	1.807
有色金属冶炼及压延加工业	1.068	1.851	1.093	0.806	1.204
金属制品业	1.725	1.923	2.337	2.088	2.018
普通机械制造业	2.213	2.452	2.434	2.313	2.353
专用设备制造业	2.882	3.032	3.275	3.273	3.115
交通运输设备制造业	0.441	0.617	0.417	0.418	0.473
电气机械及器材制造业	3.389	2.911	2.631	2.096	2.757
电子及通信设备制造业	2.590	2.140	1.886	2.311	2.232
仪器仪表及文化办公用机械	7.011	4.920	3.909	4.461	5.075
其他制造业	0.489	0.879	0.921	0.536	0.706

相反，2012—2016年间在28个制造业行业中，除了纺织业、皮革毛皮羽绒及其制品业、化学纤维制造业、有色金属冶炼及压延加工业等4个行业外，印度制造业出口至中国的24个行业产品贸易互补性指数均小于1，甚至是负数（如表5.13和表5.14所示）。这说明了印度制造产品在中国市场的互补性较差。

表5.13 2012—2016年印度对中国的制造业贸易互补性指数

行业	2012	2013	2014	2015	2016	均值
食品加工和制造业	0.4	0.29	0.14	0.16	0.12	0.22
饮料制造业	0.07	0.06	0.06	0.06	0.06	0.06
烟草加工业	0	0.01	0	0	0	0.00
纺织业	2.54	8.44	6.1	8.06	3.57	5.74
服装及其他纤维制品制造	0.09	0.07	0.07	0.09	0.13	0.09
皮革毛皮羽绒及其制品业	1.08	1.12	1.35	0.9	0.88	1.07

183

续表

行业	2012	2013	2014	2015	2016	均值
木材加工及竹藤棕草制品业	0.02	0.02	0.06	0.04	0.05	0.04
家具制造业	0.05	0.05	0.05	0.05	0.07	0.05
造纸及纸制品业	0	0	0	0	0	0.00
印刷和记录媒介复制业	0	0	0	0	0	0.00
文教体育用品制造业	0.01	0.01	0.01	0.01	0.04	0.01
石油加工及炼焦业	0.04	0.03	0.13	0.2	0.15	0.11
化学原料及化学制品制造业	0.74	0.81	0.64	0.63	0.53	0.67
医药制造业	0.04	0.02	0.02	0.02	0.01	0.02
化学纤维制造业	0.84	0.53	1.49	1.03	2.38	1.25
橡胶制品业	0	0.01	0.01	0.01	0.02	0.01
塑料制品业	0.07	0.04	0.03	0.04	0.05	0.05
非金属矿物制品业	0.43	0.49	0.43	0.56	0.63	0.51
黑色金属冶炼及压延加工业	0.27	0.41	0.14	0.14	0.23	0.24
有色金属冶炼及压延加工业	14.51	12.12	14.03	7.95	3.22	10.37
金属制品业	0.02	0.03	0.04	0.03	0.03	0.03
普通机械制造业	0.1	0.18	0.22	0.19	0.18	0.17
专用设备制造业	0.06	0.07	0.06	0.07	0.07	0.07
交通运输设备制造业	0	0.01	0.01	0	0	0.01
电气机械及器材制造业	0.01	0.01	0.02	0.02	0.03	0.02
电子及通信设备制造业	0.01	0.01	0.04	0.01	0.03	0.02
仪器仪表及文化办公用机械	0.05	0.06	0.02	0.03	0.04	0.04
其他制造业	0.02	0.03	0.03	0.14	0.11	0.07

资料来源：根据 UN Comtrade 数据库数据整理计算所得。

表 5.14 2017—2020 年印度对中国的制造业贸易互补性指数

行业	2017	2018	2019	2020	均值
食品加工和制造业	0.689	0.777	1.577	1.307	1.088
饮料制造业	0.313	0.245	0.329	0.271	0.289
烟草加工业	0.025	0.008	0.002	0.002	0.009
纺织业	11.361	12.238	6.441	3.083	8.281
服装及其他纤维制品制造	0.347	0.363	0.281	0.089	0.270

第五章 中印制造业贸易与投资合作面临的挑战

续表

行业	2017	2018	2019	2020	均值
皮革毛皮羽绒及其制品业	2.285	1.607	1.044	0.439	1.344
木材加工及竹藤棕草制品业	0.065	0.076	0.084	0.053	0.069
家具制造业	0.190	0.097	0.071	0.028	0.096
造纸及纸制品业	0.026	0.428	0.296	2.035	0.696
印刷和记录媒介复制业	0.005	0.003	0.005	0.005	0.004
文教体育用品制造业	0.095	0.077	0.067	0.058	0.074
石油加工及炼焦业	0.785	4.748	1.530	0.344	1.852
化学原料及化学制品制造业	4.046	7.292	7.272	4.700	5.828
医药制造业	0.057	0.041	0.061	0.044	0.051
化学纤维制造业	7.573	4.914	8.881	0.798	5.541
橡胶制品业	0.126	0.137	0.121	0.112	0.124
塑料制品业	0.188	0.166	0.164	0.105	0.156
非金属矿物制品业	3.436	2.958	0.976	0.530	1.975
黑色金属冶炼及压延加工业	1.712	0.791	2.562	18.258	5.831
有色金属冶炼及压延加工业	32.276	7.675	1.037	2.931	10.980
金属制品业	0.101	0.088	0.127	0.086	0.101
普通机械制造业	0.767	0.660	0.781	0.567	0.694
专用设备制造业	0.289	0.207	0.235	0.141	0.218
交通运输设备制造业	0.011	0.012	0.009	0.010	0.010
电气机械及器材制造业	0.120	0.103	0.260	0.092	0.144
电子及通信设备制造业	0.035	0.028	0.058	0.026	0.037
仪器仪表及文化办公用机械	0.198	0.083	0.109	0.155	0.136
其他制造业	0.220	0.109	0.365	0.478	0.293

资料来源：根据 UN Comtrade 数据库数据整理计算所得。

由此可见，无论是从国际市场角度还是从中印双边国内市场角度来看，中国制造业的竞争优势明显强于印度，而且中国制造产品在印度国内市场的互补性也明显优于印度制造产品在中国的。

正因为如此，中印制造业贸易合作的进一步扩大陷入了两难境地：如果要进一步扩大中印制造业贸易规模，可能要采取进一步加剧中印制造业贸易失衡的措施，这必然会进一步扩大印度对华制造业贸易的逆差。采取进一步扩大中印制造业贸易逆差办法来扩大中印制造业贸易规模,印度则是很难接受的。中国廉价并优质的制造产品大量涌入印度国内,印度担心会影响其国内工业的发展。[①]所以,我们认为,印度制造业产品无法进一步拓展中国市场空间,而中国制造业产品能进一步拓宽印度市场,但由于受中印制造业贸易不平衡的制约,中印制造业贸易空间的拓展受到了严重阻碍。因此,中印制造业贸易合作陷入了进退两难的困境和尴尬局面。

三、中印经济增长因素影响两国进一步扩大制造业贸易规模

根据世界银行统计数据以及联合国商品贸易数据库数据计算,在2005—2020年期间,中印制造业贸易年增长率与中印GDP的年增长率保持了同步性。例如,中印制造业贸易年增长率从2005年的42.22%上升到了2007年的57.39%,然后下降到2009年的-4.04%,然后上升到2010年的39%之后,再次下降到2012年的-2.96%,之后再次上升到2015年的3.99%之后,再次下降到2016年的-2.2%,然后上升到2017年的19.36%之后,再次下降到2020年的-7.74%。而中国GDP年增长率从2005年的11.4%上升到了2007年的14.23%,然后下降到2009年的9.4%和2020年2.3%。印度GDP年增长率也从2005年的9.28%上升到了2007年的9.8%,然后下降到2008年的3.89%和2020年-8%(如表5.15和图5.4所示)。这说明了在2005—2020年期间,中印制造业贸易年增长率与中印两国GDP年增长率几乎保持了相同周期性的增减变化趋势。

表5.15 中印GDP年增长率和中印制造业双边贸易年增长率(%)

年份	2005	2006	2007	2008	2009	2010	2011	2012	2013
中印制造业双边贸易额年增长率	42.22	46.94	57.39	25.31	-4.04	39	25.85	-2.96	2.94
中国GDP年增长率	11.4	12.72	14.23	9.65	9.4	10.64	9.54	7.86	7.76
印度GDP年增长率	9.28	9.26	9.8	3.89	8.48	10.26	6.64	5.46	6.39

---

① Deep K. Datta-Ray, "Sino-India trade relations: understanding the bilateral and regional implications", *ISAS Brief*, No.46, 22 January 2008.

第五章　中印制造业贸易与投资合作面临的挑战

续表

年份	2014	2015	2016	2017	2018	2019	2020	均值
中印制造业双边贸易额年增长率	10.88	3.99	-2.2	19.36	14.70	-4.70	-7.74	15.35
中国GDP年增长率	7.3	7.0	6.8	6.9	6.7	5.9	2.3	8.51
印度GDP年增长率	7.51	8.01	8.3	6.8	6.5	4	-8	6.41

数据来源：世界银行WDI数据库和UN Comtrade数据库的数据整理计算所得。

因而，从长期趋势来看，中印制造业双边贸易年增长率与中印GDP年增长率呈现出了高度的正相关系。而中印两国经济增长率都出现下降态势，根据国际货币基金组织的报告显示，全球经济形势将在中短期内呈现出缓慢增长的新常态和新现实[①]。为此，我们有理由认为受中印经济增长率下降趋势的影响，中印制造业贸易增长率呈现同步下降态势。因而，中印制造业贸易增长潜力的发挥将受到一定程度的限制。

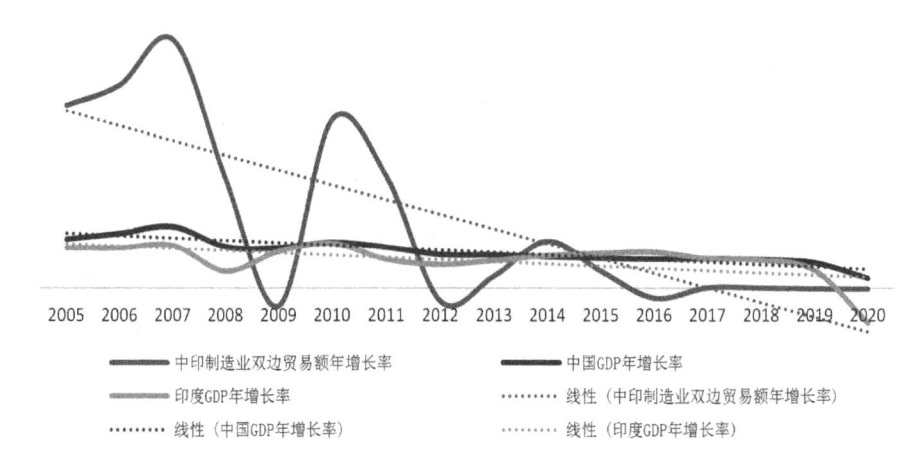

图5.4 中印GDP年增长率以及中印制造业双边贸易额年增长率(%)

数据来源：世界银行WDI数据库和UN Comtrade数据库的数据整理计算所得。

---

① International Monetary Fund, *World Economic Outlook: Too Slow for Too Long*, Washington, DC: International Monetary Fund, 2016, p. 17.

四、一系列非经济因素制约着中印制造业贸易合作与发展

众所周知,中印制造业贸易合作与发展在很大程度上受到了一系列非经济因素的制约。比如中印两国的边界争端问题(如洞朗对峙事件、加勒万河谷冲突等)、两国政治互信问题、域外大国霸权主义及强权政治问题[1],以及影响中印双边关系的巴基斯坦、美国和日本等域外国家因素。这主要是因为中印制造业贸易合作关系发展"不只是一个经济问题,在某种意义更是一个政治问题,甚至政治因素扮演着举足轻重的角色"。[2]这些非经济问题均在一定程度上影响或制约着中印两国制造业贸易合作与发展。同时,在国际市场上,中印越来越多地参与国际市场,被视为在制造业领域的两个"强大巨头"。[3]

除此之外,中印制造业贸易存在着市场信息不对称以及市场营运风险较高、中印制造业贸易关系中的仲裁机制尚不健全等诸多因素,从而在客观上阻碍了中印制造业贸易合作关系的持续深入发展。

---

[1] Ghulam Ali, "The Russia-Sino-Indo Triangle: Retrospect and Prospect", *IPRI Journal*, Vol. 6, No.1, Winter 2006, p. 152.

[2] 杨文武、蒲诗璐:"后金融危机时代中印贸易合作研究",《西南民族大学学报(人文社科版)》,2017年第2期,第142—151页。

[3] Lucio Castro, Marcelo Olarreaga, Daniel Saslavsky, "The Impact of Trade with China and India on Argentina's Manufacturing Employment", *World Bank Policy Research Working Paper No. 4153*, March 2007.

第二节 中印制造业贸易与投资合作面临标准层面的挑战

一、标准需求不足不利于中印制造业贸易与投资相关标准合作

长期以来,印度经济的巨大发展潜力一直令外界十分期待,但现实情况却是印度国内需求相对不足,这不仅体现在印度的中产阶级消费能力不及预期,也体现在该国产品制造的质量技术要求偏低等方方面面,后者也影响着印度在与他国展开贸易与投资合作时对技术标准的要求。图5.5展示了中国和南亚7国国际标准需求情况,根据ISO国际标准中使用量排名前三的标准[①]的有效证书总量情况,可以计算出中国三大标准有效证书数量总额是印度的10倍以上。由于证书量与人口数密切相关,所以我们将运用有效证书数量总和/人口数(S/POP)这一指数进行进一步的分析。由图5.5可知,中国的S/POP值最高,其次为斯、马、印三国。这些说明印度的三大标准的人均需求量比同为南亚地区国家的斯、马两国都少,凸显出印度的标准需求偏低。总之,印度的标准需求不足,会导致中印两国制造业贸易与投资时标准合作难以大幅度展开。

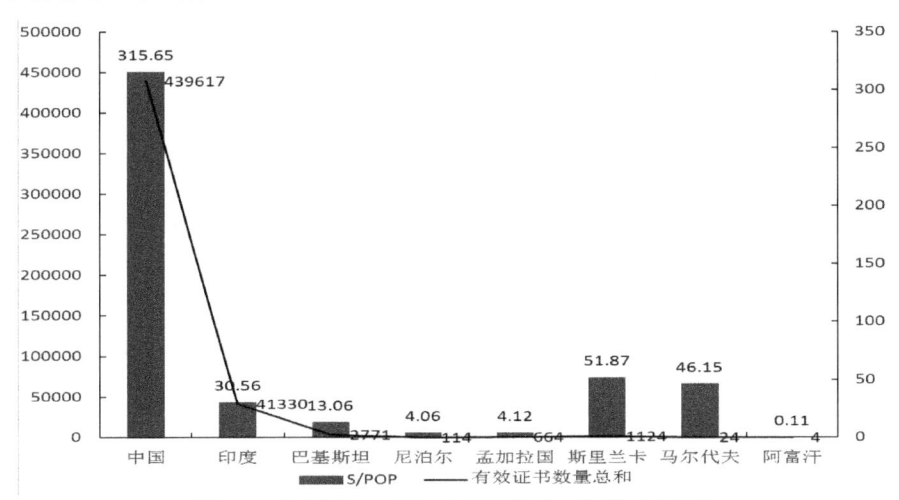

图 5.5 中国和南亚七国国际标准需求情况

---

① 排名前三的标准分别是 ISO 9001:2015、ISO 14001:2015、ISO/IEC 27001:2013。

中印制造业贸易与投资合作研究

数据来源：人口数据源自世界银行，年份为2018年；有效证书数量总和由2018年ISO管理体系标准认证情况调查数据计算所得。

印度科研水平薄弱是制约中印制造业贸易与投资合作中的又一个障碍。除了软件和制药等部分产业，印度总体科技实力相对中国比较薄弱。中国与印度制造业贸易与投资标准合作进展缓慢，这部分是由于印度国内的计量、标准和合格评定等关联机构的科研能力薄弱所导致。表5.16展示了中国和印度的计量与标准技术情况。从表5.16中可知，在校准和测量能力（CMC）方面，印度的CMC数量不到中国的六分之一，这体现出印度的计量科研实力相对薄弱。中国是唯一拥有国际法制计量组织（OIML）证书发证机构的国家，而全球的OIML发证机构也仅有12家，同时中国计量院取得的OIML国际建议的发证资格达到了11项。这不仅体现了中国发证机构——中国计量院——的先进技术能力和高水平管理体系，更直接反映出印度法制计量水平薄弱。国际标准化组织（ISO）技术委员会（TC）负责制定各细分领域的标准。从表5.16中可发现，中印两国参与ISO的TC人数比较接近。从TC参与人数/人口数（TC/POP）这一指数来看，中印两国也比较接近，这反映出了中印两国积极参与制定和主导国际标准的意愿。虽然印度积极参与国际标准制定、努力扩大标准话语权，但印度在标准相关领域科研总体水平还是比较薄弱。

表5.16 中印计量与标准技术情况

国别	CMC（项）*	OIML国际建议的发证资格（项）**	TC参与人数（人）***	人口数（百万人）#	TC/POP
中国	1576	11	731	1392.73	0.52
印度	236	0	659	1352.62	0.49

资料来源：*数据来自BIPM的关键比对数据库（KCDB），截至2019年11月。**中国的数据来自中国计量院，印度数据根据OIML官网资料分析得出。截至2019年11月。***TC参与人数来源于ISO网站，截至2019年12月7日。#人口数据来源于世界银行，年份为2018年。

二、标准体系不兼容和技术壁垒阻碍了中印制造业贸易与投资合作

中印两国制造业标准体系存在诸多差异,涉及工程机械、汽车、医药和家具等各个领域。中印两国由于各自国情不同,发展阶段不一致,两国制造业标准化发展水平存在一定差距。由于印度国内政治、经济和基础设施问题,印度制造业发展相对落后,相应地导致标准发展落后,标准化体系单一化。具体来看,在工程机械方面,印度对该类产品需求旺盛,规定标准需符合本国国情。比如,印度的土方机械主要采用了ISO标准,对噪声的要求较中国宽松,部分类别需根据印度《中央机动车法案》进行认证。①中印两国对混凝土搅拌站的标准规定有诸多差别,中国标准对环境保护作出了规定,对技术标准要求更为严苛。印度的要求则偏低,即便如此,中国产品出口至印度需要在产品结构和运输等标准进行调整,控制系统的标准需实现印度化。②中印磨煤机等工程机械也存在着标准和行业惯例差异,在展开贸易与投资合作时需要一一甄别。在汽车行业,印度的汽车技术法规大部分来源于欧盟的标准,并根据国情加以修改,这造成了中印两国汽车标准的诸多不同。譬如在被动安全法规方面,两国的组织实施要求、试验规程和评估方法均存在差异。③两国的轻型汽车排放标准也有不一致之处,包括测试工况、排放污染物、技术升级、测试项目种类和要求,因此中印两国展开汽车贸易时需按照对方国家的排放法规要求设计和检测车辆。④在医药业方面,印度

---

① 曾奕迪等:"中印土方机械安全标准对比分析",《大众标准化》,2019年第13期,第70页。
② 张辉:"中国—印度混凝土搅拌站标准对比分析",《装备制造技术》,2020年第6期,第229、242页。
③ 钟新才:"中印汽车碰撞安全法规研究与对策",《汽车零部件》,2020年第9期,第90页。
④ 钟新才:"中印汽车排放标准及出口对策研究",《时代汽车》,2020年第12期,第6、9页。

在产品标准等方面具有一定的优势,其国际化程度高。[1]相比中国,印度家具领域的标准更新速度慢,往往滞后于目前的家具制造水平;同时,印度家具产品标准所涉及的内容主要集中在产品标准,配套的基础性标准较少,而中国的则覆盖了家具产品标准的六大领域。另外,中国家具相关标准数量约是印度的5倍。[2]正是因为中印两国制造业技术标准存在诸多不一致,导致两国制造业标准体系不兼容,标准互认难度大。中印两国的制造业产品若想进入对方国家,会面临包括标准和技术法规在内的限制。

中印两国设置过多的技术性贸易措施或者技术性贸易壁垒[3]也会带来许多制造业标准合作障碍。中国与印度可以基于正常目的实施技术性贸易措施,但有时候又容易出于其他目的人为设置技术性贸易壁垒。由于无法直接判断一项TBT措施或SPS措施是否为技术性贸易壁垒,所以通过其是否会引起WTO成员国的特别贸易关注以判断一项TBT措施或SPS措施是否会形成贸易障碍。[4]表5.17显示了中国与印度等国所受到的特别贸易关注(STC)次数(不考虑其他国家就某一TBT措施或SPS措施多次提出关注的情况),可以发现中印与TBT相关的STC次数(TBT-STC次数)分别为72次和32次,与SPS相关的STC次数(SPS-STC次数)分别为32次和16次。与南亚其余国家所受到的STC次数相比,中印两国设置技术性贸易壁垒更加频繁。由于技术性贸易壁垒多涉及标准、技术法规等内容,这无形中也阻碍着中印之间的制造业贸易与投资标准合作。印度政府为保护国内制造业,会通过设置一些所谓"合理的技术法规和标准"对中国等一些国家造成影响。印度自实施"产品符合印度标准声明"注册制度以来,中国出口至

---

[1] 刘冬冬、孙利华:"中印原料药产业竞争力比较研究",《中国药事》,2008年第11期,第954页。

[2] 骆立刚等:"金砖国家家具领域标准化比较分析——以中国和印度为例",《中国标准化》,2021年第1期,第163页。

[3] 广义的技术性贸易措施包括《技术性贸易壁垒(TBT)协定》和《实施卫生与植物卫生措施(SPS)协定》中关于商品的标准、合格评定程序、技术法规、卫生安全等要求。实施技术性贸易措施的本意基于维护国家安全、保护人类和动植物生命与健康等目的,但是很多国家都将其作为一种调节贸易不平衡等问题的手段,这阻碍了商品的国际流动,对国际贸易造成了严重的影响,从而成为一种技术性贸易壁垒。

[4] 田曦、柴悦:"特别贸易关注视角下技术性贸易措施对我国出口贸易的影响",《国际贸易问题》,2019年第3期,第41—42页。

印度的货物的检验检测难度加大,给广大来自中国的机电产品、电子信息产品和玩具产品贸易商带来了挑战。[1]比如,印度有95%左右[2]的进口玩具都来自中国厂商。印度商工部为了保护国内玩具厂商,于2017年9月发布了第26/2015-2020号玩具进口通知,其中规定进口玩具需要符合印度新标准且必须到该国认可的专业检测实验室进行认证。[3]这无疑给中国广大玩具出口商带来了业务停摆的挑战。

表5.17 截至2019年中国与南亚国家所受到的特别贸易关注次数

国别	中国	印度	巴基斯坦	尼泊尔
TBT-STC 次数	72	32	1	1
SPS-STC 次数	32	16	0	0
国别	孟加拉国	斯里兰卡	马尔代夫	阿富汗
TBT-STC 次数	0	0	0	0
SPS-STC 次数	0	0	0	0

注:时间范围为1995年至2019年12月12日。

资料来源:WTO的TBT信息管理系统(TBT IMS)和SPS信息管理系统(SPS IMS),网址分别为http://tbtims.wto.org/、http://spsims.wto.org/。

三、中印制造业贸易与投资缺乏标准化合作机制、沟通渠道和互认互换协议

由于历史和现实等诸多原因,我国与印度在制造业标准合作渠道、固定合作机制、互认互换协议等方面的数量和质量仍远远不够,这进一步导致中印在制造业贸易与投资方面的标准合作存在着机制和渠道方面的障碍。在

---

[1] 庄媛媛、郭琼琼、常汞:"'一带一路'倡议下中国与南亚标准化合作探析",《南亚研究季刊》,2018年第4期,第36页。

[2] 数据来自原绍兴检验检疫局,http://www.sx.ziq.gov.cn/。

[3] "质检总局关于印度修订进口玩具政策的警示通告",原国家质检总局检验监管司,2017年9月25日 http://jyjgs.aqsiq.gov.cn/wjgg/zjwj/201709/t20170927_498625.htm,2019年8月17日。

中印制造业贸易与投资合作研究

与南亚国家的合作中,国家标准委先后分别与孟加拉国、尼泊尔的标准化机构签署了合作备忘录,而中印之间的制造业贸易与投资方面的标准合作已经长期停滞不前。中国国家标准委已经与印度标准局有关负责人进行过多次会谈,印方负责人也表示愿意加强标准合作并签署标准化合作协议,但迟迟未见成果落地。印度标准局近年主要的双边合作对象为德国、孟加拉国、不丹、巴西、南非、俄罗斯、阿曼、斯洛伐克、台湾和吉尔吉斯斯坦等国家或地区[①],但中国作为亚洲大国及印度最大的邻国,却被印方标准局纳入非主要的合作对象之中,其中的原因值得考究。中印两国围绕制造业标准尚未建立部长级合作机制,同时两国也缺乏研究对方国家制造业标准有关机构,这导致制造业标准合作缺乏沟通渠道与合作平台。这些都会影响中印两国展开制造业贸易与投资方面的标准合作。总之,两国制造业标准沟通渠道不顺畅、合作机制不健全是两国制造业贸易投资存在的突出问题。

　　印度之所以不愿与中国加强制造业贸易与投资方面的标准合作,是由战略野心、边界争端、贸易失衡等多方面原因。首先,印度作为南亚次大陆唯一大国,非常注重自身在南亚地区的主导力,担心中国通过各种途径削弱其影响力。例如,为了反制中国的"21世纪海上丝绸之路"倡议,印度针锋相对地提出了"季风计划"。然后,中印边界问题也在一定程度上阻碍了中印双方在各领域展开务实合作。在历史上,中印两国围绕边界问题产生了诸多矛盾。虽然大多数突发性冲突状况都被两国运用智慧和理性所克服,但还是给两国高层以及人民带来了不适。2017年的中印洞朗对峙事件更是让印方的国内民族主义情绪达到了顶峰。在这种不利背景下,两国制造业贸易与投资方面的标准部门及机构想顺利展开合作更是举步维艰。最后,中印贸易失衡问题也阻碍着中印围绕制造业贸易方面的标准展开合作。印度国内贸易有关部门在制定制造业标准相关政策和法律法规时必定会衡量中国制造业产品大量进入本国的问题。

---

① Bureau of Indian Standards, *Annual Report 2016-17*, New Delhi: BIS, 2017, p. 37.

第三节 中印制造业贸易与投资合作面临的法律障碍

一、印度劳动法律制度

印度《宪法》规定中央和地方政府都有权制定劳动法律制度,因此根据立法主体的不同,印度劳动法律制度分为中央立法和地方立法,其中部分事项为中央立法权保留范畴,如矿山和油田的劳动和安全管理、关于工会雇员的劳资纠纷等事项属于中央立法权;工会、工业和劳工纠纷,社会保障和保险,就业和失业等事项由中央和地方共同享有立法权,在中央和地方立法关系上,原则上地方立法不能涵盖中央保留事项,其劳动法律制度也不得违背中央政府的立法。印度大约有200部劳动法律,约四分之一为印度中央劳动立法。在此基础上,以劳动法的立法权和执法权为依据,印度劳动立法可以分为以下四类:1.由中央制定并由中央政府负责执行的劳工法;2.由中央(或地方共同)制定并由中央和邦政府共同执行的劳动法;3.由中央政府制定并由各邦政府执行的劳动法;4.由各邦政府制定并执行适用于各邦的劳动法。[1]虽然印度劳动法律制度较为详细地界定和明晰了印度工人、工会和雇主的权利、义务与责任等,但数量庞大的劳动法律制度构成了复杂的立法与执法差异。

从印度劳动法律制度的具体内容和其调整的法律关系分析,中央政府颁布的劳动法律制度可分为以下几类:1.与劳资关系有关的法律,如1947年《工业争议法》(Industrial Dispute Act)、1926年《工会法》(the Trade Unions Act);2.与工资相关的法律,如1948年《最低工资法》(Minimum Wages Act)、1936年《工资支付法》(Payment of Wages Act)、1965年《奖金支付法》(Payment of Bonus Act);3.与社会保障有关的法律,如1952年《雇员公积金和杂项条款法》(Employees' Provident Funds and Miscellaneous

---

[1] National Crime Investigation Bureau, *Labour Laws in India*, https://ncib.in/pdf/ncib_pdf/Labour%20Act.pdf.

Provisions Act)、1948年《雇员国家保险法》(*Employees'State Insurance Act*);4.与工作时间、服务条件和就业有关的法律,包括1948年《工厂法》(*Factories Act*)、1946年《工业就业(常设命令)法》[*Industrial Employment (Standing Orders) Act*]、1970年《合同劳工(规定和废除)法》[*Contract Labour (Regulation and Abolition) Act*]、1942年《每周假日法》(*Weekly Holiday Act*);5.与妇女平等和权利有关的法律如1976年《同酬法》(*Equal Remuneration Act, 1976*)、1961年《产妇福利法》(*Maternity Benefits Act*);6.与限制性劳动相关的法律如1986年《童工(禁止和管制)法》[*Child Labour (Prohibition & Regulation) Act*]等。[①]此外,从法律关系主体来看,印度劳动法可被归为两类,即个人劳动法和集体劳动法,前者处理员工在工作中的权利问题,如2016年《残疾人权利法》(*the Rights of Persons with Disabilities Act*);后者处理雇主、雇员和工会的三方关系,如1946年《工业就业(常设命令)法》[*Industrial Employment (Standing Orders) Act*]。

印度劳动法律对制造业的影响显著,尽管不能全盘否定其积极意义,但整体而言印度劳动法律制度对制造业的作用是负面和消极的——法律制度内容繁杂、执行标准不统一、过于僵硬和严格,使企业在雇用、解雇劳动者方面缺乏应有的灵活性和自主性。一方面,印度劳动法律主要由各地方政府负责实施,由于各邦劳动法律制度存在的差异以及在法律执行过程中的自由裁量空间,了解和遵守印度劳动法律需考虑各邦的情况,这增加了制造企业的合规难度和经营成本。另一方面。印度劳动法律制度对制造企业而言是苛刻的,如印度《工业争议法》主要对劳工停职、解雇及企业关闭、并购等情形下的应循事项进行规定,其要求拥有100名及以上雇员的企业在裁减或解雇任何员工时,必须获得政府许可,对于制造企业而言,这不仅是一种程序性负担,且属于实质性障碍,因为在实践中企业的裁员申请难以得到政府许可和批准。甚至1946年《工业就业(常设命令)法》[*Industrial Employment (Standing Orders) Act, 1946*]要求拥有100名及以上(某些邦要求50名及以上)雇员的企业在变更员工工作岗位时,也需获得许可。又如,1970

[①] Sulekha Kaul, "India: A Brief Guide To Labour And Industrial Laws Of India", 22 September 2017, https://www.mondaq.com/india/employee-rights-labour-relations/631074/a-brief-guide-to-labour-and-industrial-laws-of-india, 1 September 2021.

第五章 中印制造业贸易与投资合作面临的挑战

年的《合同劳工(规定和废除)法》[The Contract Labour (Regulation And Abolition) Act]从雇员工种上对企业用工制度进行干预,限制甚至禁止使用合同工人从事某些工作。此外,印度《工会法》(the Trade Unions Act)赋予了工会罢工权和代表工人处理与劳动法律纠纷的权利,但其允许一个企业内部成立多个工会,由此具有一定规模的制造企业内部多个工会并存的情况十分常见,同时应付多个工会导致企业大部分管理资源被消耗和浪费。如前所述,这些复杂、严苛的劳动法律制度极大阻碍了制造企业通过劳动密集型方法组织生产和获取利润,且变相激励印度制造企业维持小型的生产规模、"非正式"的组织形式和投资资本密集型产业。[1]因此就劳动法律制度所造成的影响而言,在印度,传统的劳动密集型制造业受到明显制约,资本密集型产业具有相对优势。过去30年中,印度就业市场多元化趋势明显增强,农业劳动力人口向其他产业的转移加速,但由于制造业不发达,多数农业富余劳动力进入服务业和建筑行业,仅有小部分转向制造业,在制造业领域,非正式性就业增长是主要特征。[2]而另一方面,印度劳动法给在印投资者带来的不仅是沉重的费用支出和难以防控的法律风险,企业对劳动法律问题的不当处理还可能导致企业声誉受损,甚至引发社会和政治争议。

对此,在印制造业部门的雇主需充分了解普遍和特定行业适用的劳动法律制度。企业应该充分意识到,劳动法及其执行不仅在印度各邦存在不同,各行业所应适用和遵守的规范也可能存在差异,雇主在评估法律要求时需要考虑多个因素,如行业、地点、雇员人数、雇佣形式等。值得注意的是,印度近年来也在逐步改变和放宽企业用工制度,改善印度营商环境,通过合并登记申报材料、在线门户网站等方式减少企业在劳动法律制度合规性方面的负担,如尽管1947年的《工业纠纷法》中有严格的条款,超过100人的企业进行裁减、解雇甚至重新分配雇员时,需得到政府许可,但哈里亚纳邦、马哈拉施特拉邦、中央邦等邦已将门槛提高到300人。

---

[1] Devashish Mitra, "how India labour regulations affect manufacturing in India", 18 March 2018, https://www.livemint.com/Opinion/53blF1v8tQKSap0crJ9YxL/How-labour-regulations-affect-manufacturing-in-India.html, 10 September 2021.

[2] 陈金英:"印度劳动法改革及其争议",《国际观察》,2017年第6期,第108页。

二、印度环境法律制度

印度环境法律制度的基本法律依据是《印度宪法》，《印度宪法》第48条、51条等条款规定了印度公民和政府部门在环境生态保护方面的基本权利、义务与职责，根据规定，每位印度公民都有责任保护和改善自然环境，包括森林、湖泊、河流和野生动物，并对生物抱有同情心；国家应努力保护和改善环境，保护国家的森林和野生动物。在宪法基本框架下，印度制定了一系列环境保护法律，主要包括：1974年《水（防止和控制污染）法》[Water (Prevention and Control of Pollution) Act]、1981年《空气（污染预防和控制）法》[Air (Prevention and Control of Pollution) Act]、1986年《环境（保护）法》[Environment (Protection) Act]，初步确定了环境管理机构（中央污染控制委员会和地方污染控制委员会）的权力、职能和等级，形成了印度环境污染控制基本制度。根据这些法律规定，印度政府还制定了大量环境保护和污染控制的规章制度，包括2016年《固体废物管理规则》(Solid Waste Management Rules)、2016年《塑料废物管理规则》(Plastic Waste Management Rules)、2019年《危险和其他废物（管理和越境移动）规则》[Hazardous and Other Waste (Management and Trans-boundary Movement) Rules]、2019年《沿海管制区通知》(Coastal Regulation Zone Notification)、2006年《环境影响评估通知》(Environment Impact Assessment Notification)等。其他环境和生态保护的重要立法还包括1972年《野生动物（保护）法》[Wild Life (Protection) Act]、1980年《森林（保护）法》[Forest (Conservation) Act]、2002年《生物多样性法》(Biological Diversity Act)、2010年《国家绿色法庭法》(National Green Tribunal Act)等。

综合观之，印度环境法律制度对水和空气等自然资源的污染、气候变化、自然资源的获取与利用等方面均作出了较为严格的规定。其中，《环境保护法》作为环保法律体系中的基本法，其重要性不言而喻，该法总计4章26条，是印度进一步执行与落实1972年斯德哥尔摩联合国人类环境会议决定①的产物，其对环境保护基本概念、中央政府的行政立法和执法权力、环境

---

① 即采取适当步骤保护和改善人类环境。

第五章　中印制造业贸易与投资合作面临的挑战

污染防治等事项进行了具体规定。根据该法规定,印度中央政府有权采取必要措施,保护环境和改善环境质量,为从事工业及其他活动者设定在大气中排放污染的标准,规制工业地点,管理危险废弃物,保护公众健康和福利等。《空气(污染预防和控制)法》制定了环境空气质量标准,通过禁止使用污染性燃料和物质、监管导致空气污染的设备来应对空气污染,并通过污染控制区的划定进行工业管控,其规定在污染控制地区建立或经营任何工业场地都需要得到污染控制委员会的同意。《水污染预防和控制法》旨在预防和控制水污染,维持或恢复国家的水质,禁止向水体排放超过规定标准的污染物,并规定了对不遵守规定的处罚。《森林保护法》旨在保护印度森林,严格限制和规范未经中央政府批准擅自采伐森林或将林地用于非森林用途的行为,同时该法规定了将森林土地转为非森林用途的条件。2010年《国家绿色法庭法》(National Green Tribunal Act)对环境纠纷的解决具有里程碑意义,其目标是设立一个准司法功能的国家绿色法庭,以有效和迅速处理与环境保护、森林及其他与自然资源养护有关的案件,包括对与环境和其他自然资源有关的任何法律权利,对人员和财产的损害以及与之有关的或附带的损害进行裁定、给予救济和赔偿。除了国内法律渊源,印度还签署加入了重要的国际环境公约,这也是印度环境法律渊源的重要组成部分,例如《联合国气候变化框架公约》《生物多样性公约》《控制危险废物越境转移及其处置的巴塞尔公约》《保护臭氧层维也纳公约》《关于消耗臭氧层的蒙特利尔议定书》《关于持久性有机污染物的斯德哥尔摩公约》《关于在国际贸易中对某些危险化学品和农药采用事先知情同意程序的鹿特丹公约》等。[1]

印度环境主管部门主要包括环境、森林和气候变化部(MoEFCC)、中央污染控制委员会(CPCB)和地方污染控制委员会(SPCBs),以及跨司法辖区的环境争议解决机构国家绿色法庭(NGT)。此外,不同的环境法律类别或环境治理任务分属不同的监管机构负责实施,如国家级环境影响评估局(State Level Environment Impact Assessment Authority)由印度中央政府组建,负责监督环境许可申请和环境影响评估报告;各级海岸带管理机构负责《监管海岸带通知》(Coastal Regulation Zone Notification)的实施。在环境

---

[1] 温源远、李宏涛、杜譞:"中印环保合作基础及政策建议分析",《环境保护》,2016年第13期,第66—69页。

治理具体措施方面,2019年国家绿色法庭要求中央和地方污染控制委员会严格执行并考虑此前处于休眠状态的综合环境污染指数(CEPI)。CEPI将环境污染评价权重分配到各种污染物、环境污染物浓度、受影响的人数和其他高风险元素,这种评估方式更具有公平性和科学性,根据CEPI标准,工业集群被分为:极其严重污染区、严重污染区、其他受污染区。污染控制委员会当前的主要目标是修复这些CEPI区域,并向污染企业寻求赔偿,同时在这些地区的任何扩建或开发都无法得到批准。

关于土地、空气和水污染物排放许可证问题,印度已在很大程度上实施了综合许可证制度,企业可根据法律直接向相关部门提交联合申请,如为简化环境许可证制度,污染控制委员会也不再要求工业单位在获得环境许可证(Environmental Clearance)之外取得独立的建筑许可证(Consent to Establish)。同时,在企业需要获得多个许可证的情况下,2016年起印度环境、森林和气候变化部(MoEFCC)采用了新的分类方法,即引入新的"白色产业"(即无污染的工业)类别,根据《环境影响评估通知》白色产业不再被要求取得运营许可(Consent to Operate)或环境许可证,仅需通知污染管理委员会[①],新的分类依据更具科学性,主要基于污染指数(PI),即排放(空气污染物)、废水(水污染物)和有害废物的量来决定,而先前工业类别(红色、橙色和绿色)的分类依据主要是工业规模。许可证的申请主要向地方污染控制委员会提出,部分许可证需要向中央部门提出,如环境、森林和气候变化部负责审查《环境影响评价通知》下的环境许可申请、2006年《危险废物和其他废物规则》下的危险废物进出口申请;中央地下水委员会(Central Ground Water Board)负责审查有关抽取地下水的申请。许可证的有效期由批准单位确定。印度环境法律对未能依法取得所需许可证的企业或个人规定了相应的法律后果,包括监禁、罚款、停业等处罚,如根据《水(防止和控制污染)法》规定,任何违反许可申请的人都将被处以18个月到6年的监禁,并处罚款,未经同意设立或运营的公司可由污染控制委员会责令关闭。除相关环境许可证外,特定行业还需要进行环境影响评估(Environmental Impact Assessments),如一些自然资源开采行业、纸浆和造纸业、制糖行业、建

---

① 建筑许可证和运营许可证的法律依据为《水(防止和控制污染)法》《空气(污染预防和控制)法》等。

第五章　中印制造业贸易与投资合作面临的挑战

筑和建设项目等。

针对污染环境的行为,在印度绿色法庭的指示下,污染控制委员会依据污染的严重程度、违反规定的时间(天数)、作业的规模和地点等,对违反环境保护的企业征收环境补偿;印度绿色法庭、邦高等法院和联邦最高法院也有权裁定要求企业支付高额的惩罚性赔偿费用。同时,根据《水(防止和控制污染)法》《空气(污染预防和控制)法》等规定,印度环境损害采取的是企业和个人双重责任制,除了企业需对其违反环境法律制度的行为负责外,企业负责人也可能被起诉并被要求支付罚款或承担其他法律责任。同时,为保证环境纠纷案件裁定的执行,2010年《国家绿色法庭法》还对执行印度绿色法庭裁定作出严格规定,拒不执行法庭作出的判决、裁定、命令的个人,将被处以3年以下监禁或/并处1亿卢比以下罚金;如仍继续实施违法行为,另处每日2.5万卢比罚款;如拒不执行的主体为公司法人,则被科处2.5亿卢比以下罚金,继续违法行为的,每日处罚10万卢比罚金。可见,印度对拒不执行国家绿色法庭相关判决或决定的当事人处以严苛的经济处罚,确保环境责任得以落实。[1]

与劳动法律制度不同的是,尽管印度环境立法较为严格,但相关法律制度难以落实是印度生态环境保护所面临的严峻挑战。尽管印度在环境治理方面作出一系列努力,包括设立专门处理环境案件的国家绿色法庭等,但这没有改变印度环境绩效指数(Environmental Performance Index)在180个国家中排名168位、落后于全球大多数国家的事实。[2]印度生态环境治理失效是多种因素叠加的结果,包括环境、森林和气候变化部等环境治理部门缺乏独立法律地位,受到较多的政治和政府干预;印度人口、资源压力大,公众环境保护意识不强;环境诉讼专业性强、成本高昂等。

就制造业跨国合作而言,一国制造业的对外转移往往会被视为环境污染、生态破坏等环境负担的横向转移,并被产业接受国视为"环境殖民主义",进而引起产业接受国政府尤其是民众对外国投资或相关贸易的敌意,甚至最终导致合作失败、带来巨大损失。因此,在中印制造业合作中,中国

---

[1] 杨翠柏、杨光:"印度国家绿色法庭制度及其对我国的启示",《法治论坛》,2020年第4期,第101—115页。

[2] 数据来源:2020年环境绩效指数(EPI), https://epi.yale.edu/epi-results/2020/component/epi。

企业必须更为谨慎地遵守印度环境法律制度,承担起企业的环境和社会责任,如严格履行环境影响评价机制、采用绿色技术实施生产活动、保证制造产品符合国际国内环境标准等。

三、印度土地法律制度

印度是一个土地资源极为紧张的国家,人地矛盾突出,不断增长的人口持续地向印度土地施加压力,且伴随着印度自由化和工业化进程,农民和企业家/政府间关于土地的斗争经常成为政治上的爆炸性事件,引发政治不稳定和社会动荡。[①]对于在印度投资制造业的企业而言,土地的获取是整个投资环节的核心环节,也是最大瓶颈。因投资者往往无法在合理时间内获得土地,项目拖延、成本增加现象十分常见;加之相关法律制度不明确,涉及土地的法律纠纷频繁发生,司法资源紧缺、土地案件久拖不决等问题突出。在印度,土地纠纷困扰着各级法院,无论从案件绝对数量还是未决数量分析,土地纠纷案件都在司法体系中占据主导地位。在印度最高法院审理的所有案件中,约有25%涉及土地纠纷,其中30%与土地征用有关,从土地征用纠纷的产生到法院作出裁决的平均时间为20年[②],同时,根据印度政策研究中心(The Centre for Policy Research)估算,印度有770万人受到超过250万公顷土地权利冲突的影响,并威胁到价值2000亿美元的外商投资,这些均与印度土地立法混乱和产权结构不明晰、司法拖延和司法资源紧张、行政效率低下和行政不作为等密切相关。

从制度本身来看,印度土地立法体系庞杂,其土地立法有超过1000项。2013年以前,规范印度土地征用的核心法律还是殖民时代的1894年的《土地征用法》(the Land Acquisition Act),2013年印度颁布了具有重要意义的《土地征用、重建和重新安置法》(Land Acquisition, Rehabilitation and

---

[①] Sarmistha Pal, Zoya Saher, "An Unintended Consequence of Historical Land Ceiling Legislations: Impact on Land Acquisition and Corporate Investment in India", 15 April 2017, https://ssrn.com/abstract=2953427, 20 September 2021.

[②] Namita Wahi, "Understanding Land Conflict in India and Suggestions for Reform", 26 June 2019, https://cprindia.org/news/understanding-land-conflict-india-and-suggestions-reform, 20 September 2021.

第五章　中印制造业贸易与投资合作面临的挑战

Resettlement Act），该法大大提高了土地所有者获得补偿的标准，并为其重新安置提供了额外的补助；该法还采纳了土地征用社会影响评估制度和事先同意程序，通过社会影响评估和在某些情况下获得土地所有者和其他受影响者的事先同意，征地过程的透明度得到很大提高。受土地征用影响的人不仅能得到更多补偿，且在是否应当进行土地征用方面也有发言权。此外，对于可能减少粮食生产和危及粮食安全的大规模农业土地收购，实施了保障措施。尽管新的立法使土地所有者和其他受影响的人获得了相当大的权利和利益，但一些过于严苛的土地制度却成为经济和企业发展过程中的绊脚石，如新引入的社会影响评估和事先同意程序将对基础设施建设以及工业化和城市化产生不利影响。[1]根据该立法，投资者取得土地面临诸多困难，如该法的同意条款要求执行公共目的的私人实体征用土地必须得到80%以上受影响家庭同意，执行公共目的的公私合作实体征用土地必须得到70%以上受影响家庭的同意，所有用于私人目的的征用都要求企业为受影响的人提供重新安置服务；且社会影响评估的烦琐程序使得征地过程缓慢、成本较高，且被征用的土地在5年内未利用的，需要进行归还。由于该法严重限制了印度工业用地，因此被批评为是"反工业性"的。在土地改革中，印度还采取了土地限额制度，即规定个人、家庭等主体拥有土地的上限，或者用于城市发展等特定用途的土地上限。其法律依据为1988年《贝纳米交易（禁止）法》[Benami Transactions（Prohibitions）Act]、1972年《新土地上限政策》（New Land Ceiling Policy）、1976年《城市土地（上限和规定）法》[The Urban Land（Ceiling and Regulation）Act 1976]等。实施土地最高限额的初衷是为了分散过于集中的土地，把从中获得的剩余土地分给下层农民，使更多人获得土地。[2]印度土地改革的总体承诺和土地限额的具体要求源自对社会正义的考虑，但有研究表明，土地限额制度对企业投资产生了意想不到的负面后果。在实施土地上限制度后，企业获取土地的交易成本增加，工业用地减少、土地溢价严重，最终导致投资减少和减缓印度工

---

[1] Anwarul Hoda, "Land use and Land Acquisition laws in India", *ICRIER Working Paper*, July 2018, http://icrier.org/pdf/Working_Paper_361.pdf, 22 September 2021.

[2] 殷永林："论印度土地改革的成败和影响"，《思想战线》，1995年第5期，第39页。

业化步伐。[①]

因此在印度,由于土地征用困难、侵占频发、权属冲突等,以及政治和司法带来的不确定性,项目延误、运营成本增加等问题突出,印度的制造产业和投资者深陷土地困境。不仅如此,印度特有的土地文化也是印度土地工业化利用的一大难题,在印度,宗教民族文化对土地的崇拜、农业文明对土地的依附、间接性受超验、神灵世界指引的印度人并不总以在市场经济下被认为的最理性方式行事,对土地的喜爱和土地私有制导致印度土地工业化利用难度显著增加。2015年印度政府提交了2013年《土地征用、重建和重新安置法》的修正案草案,对国防、农村基础设施、其他基础设施项目、工业走廊和经济适用房等5类项目,免除社会影响评估制度、所有者同意程序、多耕种土地获取上限限制。2015年,时任中国驻印度大使乐玉成曾表示,土地征用是企业在印度投资的"主要障碍",投资、工业园区、铁路、高速公路都需要用地,但印度土地价格高于预期、土地征用流程十分缓慢,期待印度政府能通过该法,为投资征地提供便利。[②]但2015年土地修正案草案被批评偏向于印度企业家,将社会财富从农村民众转移到企业界,在印度人民院获得通过后也未能在印度联邦院获得通过,草案最终"搁浅"。但对印度政府而言,其要兑现对投资者的承诺,土地法改革仍是至关重要的一环,当前,印度土地法律制度的改革仍在持续中。而为了鼓励外商投资,印度部分地方政府逐渐放宽了对一些投资领域项目的土地征用限制。

拥有明确所有权或适当使用权的土地是投资制造业和设立工厂的关键,而印度土地所有权、使用权、政府审批等方面的制度缺陷和运行不畅,可能使投资项目遭遇重大损失乃至失败。为规避印度土地法律制度带来的风险,投资者在投资前对土地进行充分的尽职调查甚有必要。印度政府允许查阅土地记录的最长期限为30年,拟在印度进行制造产业投资的投资者应

---

① Sarmistha Pal, Prabal Roy, Chowdhury Zoya Saher, "Land Ceiling Legislations, Land Acquisition and De-industrialisation: Theory and Evidence from the Indian States", July 2021, https://ftp.iza.org/dp14624.pdf, 25 September 2021.

② "Land acquisition major impediment for investing in India: China", *The Economic Times*, 10 June 2015, https://economictimes.indiatimes.com/news/economy/policy/land-acquisition-major-impediment-for-investing-in-india-china/articleshow/47617034.cms?utm_source=contentofinterest&utm_medium=text&utm_campaign=cppst, 25 September 2021.

第五章　中印制造业贸易与投资合作面临的挑战

对相关土地进行全面的所有权和其他附属权的尽职调查,确保所有权明确,土地没有抵押贷款和诉讼等负担,或这些风险处于完全可控之中;在土地权利交易和流转过程中,应草拟专业性文件,付清相关税费(如印花税、注册费等),所有原始文件应妥善保管,以便后期查阅和使用。同时,相比直接获取土地,在印度工业园区租赁或购买土地比从私人渠道获取土地更可取,选择在工业园区投资可减轻获取私有土地时与产权相关的风险。[①]此外,就中国投资者和中国公民而言,印度储备银行实施的获取不动产所有权和使用权的特殊政策仍在产生持续影响,根据印度储备银行的规定,巴基斯坦、孟加拉国、中国(包括澳门和香港特别行政区)的公民,未经印度央行事先许可,不得在印度购买或转让不动产,且不动产租赁期5年及以上的,也需得到事先批准。

四、印度贸易法律制度

印度1992年《外贸(发展与管理)法》[Foreign Trade (Development and Regulation) Act]、《2015—2020年对外贸易政策》(Foreign Trade Policy 2015—2020)等对印度进出口贸易基本规则和具体政策作出规定,印度对外贸易政策是指导货物和服务进出口的具体方针,政策通知期间为5年,受新冠肺炎疫情等因素影响,《2015—2020年对外贸易政策》有效期延至2021年9月30日。印度1962年《海关法》(Customs Act)、1975年《海关关税法》(Customs tariff Act)、1995年《海关关税规则》[Customs Tariff (Identification, Assessment and Collection of Anti-Dumping Duty on Dumped Articles and for Determination of Injury) Rules]、1997年《海关关税规则》[Customs Tariff (Identification and Assessment of Safeguard Duty) Rules 1997]等对进出口货物的关税征用核定与征用、调查、搜查、扣押、处罚,以及反倾销、保障措施、补贴与反补贴等作出规定。

在机构设置方面,印度对外贸易总局(Directorate General of Foreign

---

① Parveen Arora, Shloka Vaidialingam, "India: Setting Up New Factories In India – Legal And Land Issues", 20 November 2020, https://www.mondaq.com/india/corporate-and-company-law/1007962/setting-up-new-factories-in-india-legal-and-land-issues, 30 September 2021.

Trade）负责制定和实施印度的对外贸易政策、采取经济制裁措施,《2015—2020 年对外贸易政策》的制定及其修正即属于印度对外贸易总局职权范围。①货物出口同时受到印度储备银行的监管,2015 年 7 月 1 日印度储备银行发布了《关于货物和服务出口的总通告》(不时修订)(The Master Circular on Exports of Goods and Services)包含了出口款项支付等条款。印度间接税和海关中央委员会(Central Board of Indirect Taxes and Customs)隶属于财政部税收司,是负责执行和管理印度海关、中央消费税、服务税和麻醉品立法的国家机构。商务部下属的贸易救济总干事(Directorate General of Trade Remedies)是准司法机关,负责调查进口商品倾销和补贴指控等。

近来,在"印度制造"的目标和政策推动下,加之新冠肺炎疫情的不利影响,印度从限制或禁止进口货物清单、货物进口关税等方面对货物进口采取了更为严格的限制措施,以期促进国内就业和提升印度制造业。如 2020 年 10 月,印度对外贸易总局增加了进口限制清单,减少非必需品进口,禁止进口"含制冷剂的空调",中国作为印度最大的空调出口国受到明显影响。2021 年 2 月,印度还提高了电子产品、玩具、家具等一系列产品的进口关税。②此外,许可证、标签、包装、卫生和检疫要求等非关税壁垒也是印度实施进口产品限制的有效手段。如根据印度进出口贸易分类(协调)制度(Indian Trade Classification (Harmonised System) of Exports and Imports),属于限制类别的物品只有在获得进出口贸易署的许可证或授权后才能进口。③同时印度制定了"出口产品关税或税收减免计划"(Remission of Duties or Taxes on Export Products scheme),以出口退税方式促进出口。④

印度在公共采购方面对中国企业和产品施加了特殊限制。2020 年 7 月

---

① 相关贸易政策参见印度对外贸易总局网站:https://www.dgft.gov.in/CP/。
② Aditya Kalra, Chandini Monnappa, "India raises import taxes in move set to spook some foreign firms",1 February 2020, https://www.reuters.com/article/us-india-budget-import-taxes-idUSKBN1ZV3OD, 3 October 2021.
③ "Import, Export and SCOMET Policy", Directorate General of Foreign Trade, Ministry of Commerce and Industry, Government of India, https://www.dgft.gov.in/CP/?opt=itchs-import-export, 4 October 2021.
④ "Remission of Duties and Taxes on Exported Products (RoDTEP) Scheme gets implemented from 01.01.2021", 31 December 2020, https://webdata.khaitanco.com/forkcoweb/Mumbai/Ergo27082021/PIB1January2021announcement.pdf, 4 October 2021.

第五章　中印制造业贸易与投资合作面临的挑战

23日,印度政府修订了《2017年财政通则》(*the General Financial Rules*)①,修订后的通则允许所有政府机构以国防和与国防直接或间接相关的事项（包括国家安全）为由,对来自与印度接壤国家的投标者施加限制。根据新的规则,只有当投标人在印度工业和国内贸易促进部设立的登记委员会处注册登记后,与印度相接壤国家的投标人才有资格投标货物、服务、工程等政府公共采购项目。该命令的采购人涵盖了从政府处获得财政支持的所有公共部门、自治机构等。在采购的责任主体上,印度中央政府认为,尽管各邦政府采购由各邦主管当局负责,但各邦有义务维护国家政治与安全,考虑到各邦政府在印度国家安全和国防中的关键作用,印度中央政府援引《印度宪法》第257条第1款②之规定,要求邦政府和相关单位在政府采购中执行新规定。③同时,印度开支部（The Department of Expenditure）制定了一份关于公共采购的详细命令,以限制邻国投标者的方式来保障印度国防和国家安全。印度对《2017年财政通则》的修改同样对中国投资者产生歧视性影响,中国投资在政府采购相关项目中被重点限制,可以推定,印度试图在政府采购相关环节大范围排除中国企业。④

当前,在印度看来,中印间制造业竞争关系远大于合作,印度需要承接从中国转移的全球制造业,以使印度成为全球制造业中心;印度也要限制从中国进口制造产品,以制造本土化方式保护国内制造产业。而由于中印两国在世界贸易组织框架之外尚未达成进一步的双边或区域贸易协定,且印度国内的贸易保护主义和贸易法律政策的易变性、随意性,中印间的制造业贸易仍面临诸多法律困难。因此,对中国而言,在制造业方面与印度进行合

---

① "Restrictions on Public Procurement from certain countries," 23 July 2020, https://pib.gov.in/PressReleasePage.aspx?PRID=1640778, 4 October 2021.

② 印度《宪法》第257条为"在特定事项上联邦对邦的管理",其第1款具体规定为：各邦行政权的行使不应妨碍或者损害联邦的行政权的行使,联邦的行政权包括在印度政府认为必要的情形下向邦发布命令的权力。参见《世界各国宪法》编辑委员会编译:《世界各国宪法·亚洲卷》,北京：中国检察出版社,2012年,第824页。

③ 在一些有限的情形下,印度政府也采取了灵活的处理方式,如放宽为遏制COVID-19疫情的医疗用品采购的限制,免除了印度政府提供额度或发展援助国家投标者的事先登记要求。

④ "印度限制中企参与政府采购项目",参考消息网,2020年7月31日,http://www.cankaoxiaoxi.com/world/20200731/2417124.shtml,2021年10月5日。

作存在诸多难以克服的难题,中国制造企业必须随时关注印度外贸政策的变化,可以通过贸易救济措施、强化产品标准,采用本土化生产和运营等方式规避其中法律与政策风险。

五、印度外商投资法律制度[①]

与制造业投资相关的法律以印度1999年《外汇管理法》[Foreign Exchange Management Act, 1999]及相关规则为基础框架,包括2002年《竞争法》(Competition Act, 2002)等反垄断立法和1951年《工业(发展和管制)法》[Industries (Development & Regulation) Act, 1951]等特定行业立法。在外商投资主管机构和权力划分上,根据1999年《外汇管理法》规定,印度中央政府所属部门负责制定外商投资制度,印度储备银行(Reserve Bank of Indian, RBI)制定有关证券发行或转让、外汇管制规则,这导致两部门在规则制定和外商投资监管上长期存在权力重叠、权限不清和冲突的现象(印度储备银行的外汇管制规则往往涉及外商投资制度)。2015年,印度修改了《金融法》(the Finance Act, 2015)[②],其第143、144条对1999年《外汇管理法》第6条"资本账户交易"、第46条"中央政府指定规则的权力"、第47条"印度储备银行指定规则的权力"作出调整,弥合了外商投资规则制定权和监管权的划分漏洞。根据新规定,印度储备银行负责债务工具类(Debt Instruments,包括政府和公司债券、贷款等)外商投资监管和规则制定;而印度政府负责非债务工具类(Non-debt Instruments,如公司股权投资、不动产交易等)监管和规则制定,且债务和非债务工具的区分由印度中央政府与印度储备银行协商后决定,这实际上扩大了印度中央政府的外商投资管理权限。

[①] 关于制造业贸易与投资法律制度的部分内容参考了《印度对外直接投资法律制度的变化与中国应对》一文,文章对印度近来投资政策尤其是对中国投资者的政策基本内容和变化进行了较为全面的分析,该研究成果同样适用于中印制造业合作事宜。参见杨翠柏、张雪娇:"印度对外直接投资法律制度的变化与中国应对",《南亚研究季刊》,2021年第2期,第60—78页。

[②] "The Finance Act, 2015", 14 May 2015, https://www.sebi.gov.in/db165382-a8d3-4ec3-a61c-1a67afa23442, 6 October 2021.

第五章　中印制造业贸易与投资合作面临的挑战

据此,2019年10月,印度财政部发布了《外汇管理(非债务工具)规则》[①],印度储备银行发布了《外汇管理(非债务工具支付和报告方式)条例》。[②]此外,具体的、综合性的外商投资制度主要由印度工业和国内贸易促进部(the Department for Promotion of Industry and Internal Trade,DPIIT)制定。[③]2020年10月,印度工业和国内贸易促进部根据前述规则和条例,更新了其2017年《综合外商直接投资政策》,新政策于2020年10月15日生效。2020年11月,印度工业和内部贸易促进部又发布了修订后的《处理FDI申请的标准操作程序》[Standard Operating Procedure（SOP）for Processing FDI Proposals,简称《标准操作程序》][④],进一步明确了投资审判流程。

当前印度外商投资法律制度整体表现为对"国家安全""公共利益"强调和保护。其主要表现为,在国防领域,2020年《外商直接投资综合政策》[⑤]规定,国防部门的安全许可证由印度内政部根据印度国防部的指导方针授予,同时印度政府保留审查国防部门中影响或可能影响"国家安全"的任何外国投资的权力。同时拓宽了敏感国家范围及限制。2020年4月,印度工业和国内贸易促进部发布2020年第3号文件,修订了《2017年外商直接投

---

① "Foreign Exchange Management (Non-debt Instruments) Rules, 2019", 17 October 2019, https://taxguru.in/rbi/foreign-exchange-management-non-debt-instruments-rules-2019.html, 6 October 2021.

② "Foreign Exchange Management (Debt Instruments) Regulations, 2019", 17 October 2020，https://taxguru.in/rbi/foreign-exchange-management-debt-instruments-regulations-2019.html, 7 October 2021. 新的规则取代了此前的《印度境外居民外汇管理(转让或发行证券)规定》(the Foreign Exchange Management (Transfer or Issue of Security by a Person Resident outside India) Regulations, 2017)、《外汇管理(印度不动产的收购和转让)条例》(the Foreign Exchange Management (Acquisition and Transfer of Immovable Property in India) Regulations, 2018)等制度。

③ "Consolidated FDI Policy Circular of 2020", 15 October 2020，https://dipp.gov.in/sites/default/files/FDI-PolicyCircular-2020-29October2020.pdf, 7 October 2021.

④ "Standard Operating Procedure (SOP) for Processing FDI Proposals", 9 November 2020, https://fifp.gov.in/Forms/SOP.pdf, 8 October 2021.

⑤ 2020年《综合外商直接投资政策》基本原则是鼓励外商投资,其将"自动路径"下的投资限额从此前的49%放宽至74%,"政府路径"下可实现外商100%控股,但该政策对中国投资者施加了诸多限制。

资综合政策》①第3.1.1条②的规定(该文件内容已纳入2020年《外商直接投资综合政策》中),其目的是遏制新冠病毒大流行期间外国投资者对印度公司进行的机会主义收购,③针对性地提高了来自中国等与印度接壤国家投资者在印度投资的门槛。按照新规定,凡与印度接壤国家的实体或投资的实际受益人(the beneficial owner)④位于该接壤国家或属于该类国家公民的,其投资只能通过"政府路径"进行,而此前只有巴基斯坦和孟加拉国两国受此"政府路径"的限制。同时,新投资法律制度加强了对权益所有权(the beneficial ownership)转让与取得的限制,如果直接或间接地转让印度境内某一实体任何现有或将来的投资权益,导致实际受益人属于第3.1.1(a)款限制范围内,则该实际所有权变更也需得到政府批准。

---

① "Review of Foreign Direct Investment (FDI) policy for curbing opportunistic takeovers/acquisitions of Indian companies due to the current COVID-19 pandemic, Press Note No. 3(2020 Series)", 17 April 2020, https://dipp.gov.in/sites/default/files/pn3_2020.pdf, 8 October 2021.

② 原3.1.1条款规定,除被禁止投资的部门/活动外,非居民实体根据印度直接投资政策在印度进行投资。但孟加拉国和巴基斯坦公民以及在孟加拉国和巴基斯坦设立的实体只能通过"政府路径"才能在印投资。同时,禁止巴基斯坦公民或在巴基斯坦成立的实体投资国防、航天和原子能等领域。而修订后第3.1.1条(a)款将国家范围由孟加拉国和巴基斯坦扩大到所有与印度接壤的国家,且将"投资者"范围界定为与印度接壤国家的实体,或投资的实际受益人位于该接壤国家或属于该类国家公民。同时,修订后第3.1.1条增加了第(b)款,根据这一条款规定,如果直接或间接地转让印度境内某一实体的任何现有或将来的外国直接投资所有权,导致实际所有权人属于第3.1.1(a)款的限制范围,则该实际所有权的变更也需得到政府批准。

③ "Government amends the extant FDI policy for curbing opportunistic takeovers/acquisitions of Indian companies due to the current COVID-19 pandemic", 18 April 2020, https://pib.gov.in/PressReleasePage.aspx?PRID=1615711, 9 October 2021.

④ 文件修订内容尚未对"所有权""权益所有权人"等概念进行界定,有印度学者指出具体概念可参考其他文件的定义内容,例如,对"所有权"的定义可以参考《主方向——印度境内的外国投资》(the Master Direction——Foreign Investment in India)中的规定,即印度公司的所有权指该公司资本总计50%以上的实际持有。对"权益所有权人"的界定可以参考印度2013年《公司法》(the Companies Act, 2013)第90节、2018年《公司(重要实际所有权人)规则》[the Companies (Significant Beneficial Owners) Rules, 2018]以及2002年《防洗钱法》(Prevention of Money Laundering Act, 2002)的相关规定,即最终拥有或控制某一实体或者代表某一实体进行交易的人(包括对法人行使最终有效控制的人)。参见: Jidesh Kumar, Prithiviraj Senthil Nathan, "Review of Foreign Direct Investment (FDI) Policy of India for Curbing Opportunistic Takeovers/ Acquisitions of Indian Companies Due to The Current COVID-19 Pandemic", 18 April 2020, https://ksandk.com/investment/9226/, 9 October 2021.

第五章　中印制造业贸易与投资合作面临的挑战

印度外商投资法律制度的国家利益倾向不仅体现在对前述"投资者—国家争端解决"机制的限制或否定上,还表现在投资仲裁裁决的执行中。由于印度并未加入《关于解决国家与他国国民间投资争端公约》(简称《华盛顿公约》),公约第 53 条第 1 款关于国际投资仲裁裁决执行的规定尚不适用于印度。同时,德里高等法院在 Union of India v Vodafone Group PLC United Kingdom & Anor (2017)[①]与 Union of India v Khaitan Holdings (Mauritius) Ltd & Ors (2019)[②]两个案件的判决中指出,尽管印度签署了 1958 年《承认及执行外国仲裁裁决公约》(简称《纽约公约》),但印度作出了"商事保留",德里高等法院认为投资仲裁是非商事性质的,因此法院没有义务适用《纽约公约》的规定强制执行国际投资仲裁裁决;在印度国内法层面,投资仲裁既不属于国际商事仲裁,也不是国内仲裁,印度《仲裁和调解法》中的仲裁裁决执行机制也不能适用[③],因此,在司法实践中,国际投资仲裁裁决难以在印度得到强制执行。这既是一项制度缺陷,也可以说是印度有意采取的向制度漏洞"逃逸"的策略,变相阻止外国投资者提起投资仲裁,引导投资者与政府进行协商解决争端,整体来看,当前印度总体上对投资仲裁呈现出反对态度,印度屡次作为国际投资仲裁被申请方的经历最终可能将印度推向保护主义和国家中心主义。[④]

近年来,由于中印地缘政治等原因,中国被置于印度国家安全战略的首要地位,这也集中反映在印度投资法律制度制定、修改过程中对"中国"的针对性,以及专门对中国投资者"量身定制"的歧视性条款。如尽管 2020 年 4 月印度工业和国内贸易促进部发布的 2020 年第 3 号文件表面上将所有与印度接壤的国家列为"敏感国家"并实施限制措施和特殊审查,但因为巴

[①] "CS(OS) 383/2017 & I.A.No.9460/2017", 7 May 2018, http://lobis.nic.in/ddir/dhc/MMH/judgement/07-05-2018/MMH07052018S3832017.pdf, 9 October 2021.

[②] "CS (OS) 46/2019, I.As. 1235/2019 & 1238/2019", 29 January 2019, http://lobis.nic.in/ddir/dhc/PMS/judgement/29-01-2019/PMS29012019S462019.pdf, 10 October 2021.

[③] 印度《仲裁和调解法》第一部分"仲裁"规定了国内仲裁裁决的执行,第二部分"外国仲裁裁决的执行"规定了国际商事仲裁和外国商事仲裁裁决的执行。参见杨翠柏、张雪娇:"印度商事仲裁裁决执行制度",《南亚研究季刊》,2017 年第 2 期,第 77 页。

[④] Simon Weber, "What Happened to Investment Arbitration In India?", 27 March 2021, http://arbitrationblog.kluwerarbitration.com/2021/03/27/what-happened-to-investment-arbitration-in-india/, 11 October 2021.

基斯坦和孟加拉国一直属于"敏感国家"范围,而尼泊尔、阿富汗、不丹和斯里兰卡等邻国对投资印度的兴趣不大,因此普遍认为印度此举主要针对中国。[1]同时,根据新的《标准操作程序》,前述来自"敏感国家"的投资者和投资除按照"政府路径"取得投资项目主管部门政府审批手续外,必须接受印度内政部的强制性安全审查并取得安全许可。

除以传统国家安全为由对采取中国限制性政策外,印度投资法律制度的变革也切准了与投资相关的经济、科技、数据、互联网等非传统安全领域,以及中国在这些领域的显著优势。当前数据处理业务和商业化出售等使得数据成为数据密集型潜在投资者寻求收购的关键资产之一,数据引起的互联网和数据安全、个人数据保护等难题也成为印度投资法律制度所关注的重点,2019 年 12 月,印度电子和信息技术部向印度议会提交了《2019 年个人数据保护法》(the Personal Data Protection Bill, 2019)[2],标志着继《2000 年信息技术法》(Information Technology Act, 2000)和《2011 年信息技术规则》后,印度进一步巩固和完善数据立法;在禁用 59 款中国应用程序几天后,印度政府曾针对此事重申在印度开展数字和互联网业务的国际公司必须遵守印度有关数据安全和个人数据隐私的法规,外国投资者在互联网技术和设备等领域的投资,必须符合印度政府建立的规则和监管框架,[3]印度对中国企业采取限制性措施即是为了其所谓的经济安全。当前印度对中国投资的思维模式正如印度商业与外交政策研究智库平台梵门阁(Gateway House)中所提到的,中国科技巨头公司和风险投资资金已成为中国投资印度(尤其是印度初创企业)的主要工具,尽管中国对印直接投资规模仅有约 62 亿美元,但已全面渗透进印度的社会、经济和科技生态系统中,中国对印

---

[1] Remya Nair, "Govt revises FDI policy over fears of Chinese takeover of Indian firms amid Covid-19 crisis", 18 April 2020, https://theprint.in/economy/govt-revises-fdi-policy-overs-fears-of-chinese-takeover-of-indian-firms-amid-covid-19-crisis/404438/, 11 October 2021.

[2] "The Personal Data Protection Bill, 2019. Bill", No. 373 of 2019, http://164.100.47.4/BillsTexts/LSBillTexts/Asintroduced/373_2019_LS_Eng.pdf, 11 October 2021. 印度《2019 年个人数据保护法》涵盖了个人数据保护机制,对数据本地化和商业化、"数据受托人"模式、尽职调查和收购、数据跨境转移等方面作了规制。

[3] Nayanima Basu, "Foreign firms have to follow India's rules pertaining to data security and privacy: MEA", 2 July 2020, https://theprint.in/india/foreign-firms-have-to-follow-indias-rules-pertaining-to-data-security-and-privacy-mea/453466/, 12 October 2021.

第五章　中印制造业贸易与投资合作面临的挑战

度科技行业形成了远超其投资规模和投入价值的不成比例的影响力。①

此外,还值得一提的是,2017年3月,印度修订并通过了新的《敌产法》[The Enemy Property (Amendment And Validation) Act, 2017],根据其规定,如中印之间发生战争或武装冲突,印度政府有权对我国及我国公民在印财产采取监管甚至没收措施。②近来,印度屡次挑起中印边境争端,中印关系的紧张局势下新《敌产法》明显加剧了中国投资者的恐慌。印度方面有观点认为由于中国在印度的大规模投资,新《敌产法》对中国对印发动战争产生了巨大的威慑作用,甚至有激进的民族主义者建议印度政府直接依据《敌产法》对中国在印度的投资予以没收。③因此,尽管印度政府尚未适用新《敌产法》对中国在印投资采取措施,但毫无疑问,该部法律已然是悬在中国投资者头上的"达摩克利斯剑"。

就印度投资法律制度对中国制造企业在印投资的影响而言,首先,印度针对中国采取的歧视性投资法律制度,将中国投资全部被纳入"政府路径",并增加印度内政部的安全审批程序,中国投资者投资印度的难度与阻力,提高了中国投资者和投资的准入门槛,增加了中国投资者的时间、资金成本,并带来投资项目的不确定性。同时,受中印特殊地缘政治关系影响,当投资项目本身与政治问题、行政腐败等因素发生聚合时,中国投资者所面临的投资成本和风险将被成倍放大并可能处于不可控状态。整体而言印度对中国投资者的投资法律制度是歧视性的,印度的新政策将削弱中国投资者及其投资在印度市场的竞争力甚至被迫"出局"。其次,印度投资条约理念和制度上的变化也将对中国投资者在印投资产生普遍性的不利影响。一是受到印度终止双边投资协定浪潮的影响,2006年中印间签署的《中华人民共和

---

① 如字节跳动(Byte Dance)旗下的TikTok已经超过YouTube成为印度最受欢迎的应用程序之一;小米手机规模比三星智能手机更大;华为路由器也被印度广泛使用;在30家印度独角兽公司中,有18家有中国投资。参见Amit Bhandari, Aashna Agarwal, "China's strategic tech depth in India", 14 November 2019, https://www.gatewayhouse.in/chinas-tech-depth/, 12 October 2021.

② 杨翠柏、张雪娇:"印度《敌产法》的修订及对中国在印投资的影响",《南亚研究季刊》,2018年第2期,第77页。

③ Amit Agrahari, "What holds China back from waging war on India? The Enemy Property Act. And the fear is real", 2 July 2020, https://tfipost.com/2020/07/what-holds-china-back-from-waging-war-on-india-the-enemy-property-act-and-the-fear-is-real/, 14 October 2021.

213

国政府和印度共和国政府关于促进和保护投资的协定》(简称《中印投资协定》)[①]于2018年10月3日被印度单方面终止,且由于印度未能加入RCEP,中印间在投资者保护上缺乏基本的国际投资保护法律框架,中国投资者在印投资也陷入投资条约保护缺失的窘境;印度政府制定的对中国投资者不利的法律制度和采取的歧视性、专断性行为将难以直接在国际法层面加以评判。二是印度对国际投资仲裁的排斥,将导致中国投资者在面临投资争端时难以得到有效、公平的解决。印度对用尽当地救济和东道国国内解决的重视,中国投资者将国际投资争端提交国际仲裁解决时将可能面临更多的来自印度政府法律制度和司法判决的制约,代表性的是印度"禁仲裁令"(anti-arbitration injunction)[②]制度,印度政府利用该制度,向印度国内法院提起诉讼,拖延或阻止投资者将投资争端诉诸国际投资仲裁解决;同时,由于国际投资仲裁裁决难以在印度国内得到强制执行,因此即便中国投资者取得有利的仲裁裁决,该裁决也难以得到充分履行。

对此,中国制造业在对印投资过程中需采取适当、妥善的应对措施。当下,由于"投资者—国际争端解决"机制被广泛认可和适用,国际投资中投资者母国的外交保护作用已然极为弱化,中国在印投资者也必须脱离国家"父爱主义"的思维模式,妥善管控投资法律风险,积极应对国际投资争端。一是,中国投资者需做好投资前准备工作,熟悉印度相关法律制度,做好项目尽职调查。要保持对中印关系和印度投资法律制度变化的敏感性、警惕性,及时掌握印度投资法律制度动态,注重投资全流程的尽职调查,了解"政府路径"下所需申报材料和相关程序,避免不必要地增加审批时间或导致审批无法通过。尤为重要的是,中国投资者必须构建完善的合规审查机制,遵守印度有关投资、劳工、环境、税收等方面的一般性法律制度和相关行业的特殊规定和政策,确保合法合规经营。二是,中国投资者应适时调整投资策

---

① 根据《中印投资协定》第16条第1款,协议有效期为10年,期满后除非一方通知另一方终止本协议,协议有效期自动延长10年,并以此顺延。

② "禁仲裁令"(anti-arbitration injunction)是指由一国国内法院向当事人甚至仲裁庭或仲裁员颁布的终止或暂停仲裁程序的命令。参见[法]伊曼纽尔·盖拉德:《国际仲裁的法理思考和实践指导》,黄洁译,北京大学出版社,2010年,第63页。印度政府在McDonald's India Pvt. Ltd. v. Vikram Bakshi & Ors. 以及 Union of India v. Vodafone Group PLC United Kingdom & ANR CS(OS)等国际投资争端中多次试图使用"禁仲裁令"制度禁止外国投资者寻求国际投资仲裁。

第五章 中印制造业贸易与投资合作面临的挑战

略和布局,理性构建投资模式、合理配置投资资源,提前研判法律和政策风险,制订应急性与替代性方案。要自身投资合同的谈判与签署工作,实现投资合同中自身利益的最大化。对中小投资者而言,由于自身风险管控和承受能力不足,应尽量避开到印度等高风险国家进行投资,即便是资金实力雄厚的投资者,也应注重在印投资的"轻资产"运营,注重具有竞争力的核心业务,避免"长线投资",在紧急情况下及时撤离投资和转移在印资产,将与印度国家利益和国家安全领域的风险作为防范重点,以更加灵活、高效、建设性的方式开展经营活动。同时,在印投资企业要主动承担和履行其社会责任,加强企业"本土化"运营,培养与当地社区的良好关系,塑造良好的企业形象。三是,面对印度采取禁用中国应用软件等歧视性、专断性措施,中国投资者仍可考虑利用现行有效的争端解决机制与投资保护制度解决投资争端,维护自身合法权益。当前,尽管2006年《中印投资协定》已经终止,但根据协定第16条第2款"本协定终止之日前作出或取得的投资,本协定应自本协定终止之日起继续适用15年"之规定,中国投资者在2018年10月3日协定终止前完成的投资仍然受到2006年《中印投资协定》的保护,如印度政府的任何行动影响到中国投资者在上述日期之前的投资,投资者仍有权利用《中印投资协定》的相关条款提起投资仲裁。即便不能援引《中印投资协定》维护合法权益,也要及时与相关部门沟通、谈判,并向有管辖权的司法机关提起诉讼,多途径并用以维护自身合法权益。

综上所述,当前,印度对外商投资和国际贸易的政策既鼓励又限制,尤其是对中国等具有地缘政治关系国家的企业而言,印度"国家安全""公共利益"的法律如同悬在这些投资者头顶的"达摩克利斯剑",其将法律问题与政治问题挂钩,将经济、法律事务政治化处理,显著增加了中国企业的投资和贸易风险,并造成重大损失。另一方面,土地、劳动力法律制度俨然成为阻碍制造产业在印度发展的主要难题,私人工厂土地收购迟延、限制性劳动法等使许多制造业投资者望而却步。多年来,制造产业一直在寻求印度政府采取改革措施,从而可以更为低廉的价格、更为简捷的流程获得土地,并允许企业采取更为灵活的雇员模式、减轻企业雇佣劳动者的负担和成本。莫迪政府上台后,曾试图推动土地和劳动法律制度改革,但受制于政党影响和工会反对,改革不得不被搁置。而环境法律制度不仅涉及环境保护本身,还与企业社会责任、土地权利的获取、工会组织和社区组织、货物进出口等事项息息相关,而制造业对环境的影响又十分广泛、制造产品与环境之间关系密切,因此制造企业必须重视环境法律制度对其投资的影响。而在中印制造产品贸易方面,双方必须坚持发展和共赢,发挥各自优势,为两国制造业贸易合作寻求到更优路径。

第六章 中印制造业贸易与投资合作潜力实证分析

2015年中国提出了"中国制造2025"计划,并大力推动"中国制造"转变为"中国智造",2014年印度政府提出了"印度制造"计划,欲全方位推动制造业发展,可以看出中印两国政府均想大力推动本国制造业发展,促进实体经济繁荣,实现国强民富。中印两国在制造业方面各有优势,体现在技术、劳动力、资金等方面,这些因素在一定条件下能构成互补,中印两国制造业合作潜力无限,未来有关合作值得期许。围绕制造业合作方式,中印两国除了科研合作之外,亦可通过贸易和投资展开全方位的合作。围绕制造业合作产业,中印两国具有广阔的探索空间。比如,双方可在医药、电子产品、机械等领域展开深度合作,携手迈向产业链中高端。但中印两国在合作之前,有必要评估一下投资贸易合作潜力如何,从而避免决策错误导致资源浪费。因此,本章将会从双边的角度构建模型实证探讨中印制造业贸易合作潜力和投资合作潜力,为今后的学习和研究提供参考借鉴。

第一节 中印制造业贸易合作潜力实证分析

随机前沿分析法(Stochastic Frontier Analysis,SFA)最早在1977年由Meeusen和Van den Broeck [1]以及Aigner等人[2]所提出,用于分析生产函数中的技术效率问题,特别是能实证分析导致效率无法完全实现的因素。该方法将传统的随机扰动项分解为随机误差项和技术无效率项。研究技术无

---

[1] W. Meeusen, J. van den Broeck, "Efficiency Estimation from Cobb-Douglas Production Functions with Composed Error," *International Economic Review*, Vol. 18, No. 2, 1977, pp. 435–444.

[2] D. Aigner, C.A.K. Lovell, and P. Schmidt, "Formulation and Estimation of Stochastic Frontier ProductionFunction Models," *Journal of Econometrics*, No. 6, 1977, pp. 21-37.

效率项的方法则由两阶段估计法发展到一阶段估计法。由于经济体之间的贸易量可以看作既定距离、经济规模等变量的函数,而这与企业在既定投入下的最大化产出的生产函数相似,所以经济学家将该模型与引力模型结合,引入了国际贸易领域中,用于分析国家间贸易潜力以及其无法完全实现的原因。根据随机前沿方法计算得到的贸易效率的范围为 [0,1],越接近 1 代表贸易实现越充分,贸易潜力越小。反之,贸易潜力越大。相比运用传统的贸易引力模型估计潜力,该方法有以下优势:第一,有严格的理论基础。第二,能直接得到贸易效率值,而非通过计量估算得到理论值,从而将实际值与理论值进行比较。第三,该模型考虑了个体的非效率项,能对潜力不能完全实现的因素进行实证分析。[1]第四,计算得到的贸易潜力为最大可能的值而非平均值,潜力值是在"前沿"水平下获得,此时贸易无摩擦。[2]第五,不会出现实际贸易值大于潜力值的情况。因此,根据随机前沿分析法的上述优势以及研究需要,本节在中国与各贸易国组成的面板数据基础上,采用随机前沿方法分析中印制造业贸易合作潜力。

一、模型构建

借鉴 Armstrong[3]针对贸易潜力的研究,提出适用于本文的两个随机前沿引力模型,分别如下。

中国对贸易国制造业出口模型:

$$\ln(EXPM_{jt}) = \beta_0 + \beta_1 \ln(GDP_{it}) + \beta_2 \ln(P_{it}) + \beta_3 \ln(GDP_{jt}) + \beta_4 \ln(D_{ij}) + \beta_5 \ln(P_{jt}) + \beta_6 \ln(DPGDP_{ijt}) + \beta_7 \ln(B_{ij}) + \beta_8 \ln(LG_{ij}) + \beta_9 \ln(LL_{ij}) + \upsilon_{ijt} - u_{ijt}$$

---

[1] 李计广、李彦莉:"中国对欧盟直接投资潜力及其影响因素——基于随机前沿模型的估计",《国际商务——对外经济贸易大学学报》,2015 年第 5 期,第 73 页。

[2] 鲁晓东、赵奇伟:"中国的出口潜力及其影响因素——基于随机前沿引力模型的估计",《数量经济技术经济研究》,2010 年第 10 期,第 24 页。

[3] Shiro Armstrong, "Measuring Trade and Trade Potential: A Survey," *Asia Pacific Economic Papers*, No. 368, 2007, pp.10-11.

第六章　中印制造业贸易与投资合作潜力实证分析

中国从贸易国制造业进口模型：

$$\ln(IMM_{jt}) = \beta_0 + \beta_1 \ln(GDP_{it}) + \beta_2 \ln(P_{it}) + \beta_3 \ln(GDP_{jt}) + \beta_4 \ln(D_{ij}) + \beta_5 \ln(P_{jt}) + \beta_6 \ln(DPGDP_{ijt}) + \beta_7 \ln(B_{ij}) + \beta_8 \ln(LG_{ij}) + \beta_9 \ln(LL_{ij}) + \upsilon_{ijt} - u_{ijt}$$

其中各变量的含义见表6.1。另外 β 为待估计参数向量，υ_{ijt} 代表统计中的随机误差项，且服从均值为0的正态分布，u_{ijt} 代表贸易非效率项。

二、数据说明及来源

数据类型是2005—2019年中国与29个贸易国制造业相关变量构成的面板数据。其中贸易国由两部分组成，第一部分为中国2020年出口排名前23的国家，第二部分为除印度和不丹外的南盟国家。各变量具体说明见表6.1。

表6.1　随机前沿引力模型变量说明及来源

变量	含义	解释	预期影响	来源	单位
$EXPM_{jt}$	第t年中国对j国制造业出口	中国对贸易国制造业出口	/	OECD数据库	现价百万美元
IMM_{jt}	第t年中国从j国制造业进口	中国从贸易国制造业进口	/	OECD数据库	现价百万美元
GDP_{it}	第t年中国国内生产总值	中国的经济规模代表中国市场的供给能力和进口潜力	+	世界银行WDI数据	现价百万美元
P_{it}	第t年中国人口数量	中国人口越多意味着中国的生产能力越强或者消费需求越高	+	世界银行WDI数据	百万人
GDP_{jt}	第t年j国国内生产总值	代表j国市场的供给能力和进口潜力	+	世界银行WDI数据	现价百万美元
D_{ij}	中国与j国间距离	距离越远，贸易成本越高，贸易越难以开展	−	CEPII的distwces加权距离	百公里

续表

变量	含义	解释	预期影响	来源	单位
LG_{ij}	虚拟变量,中国与j国是否使用相同语言	语言相通,文化相近,有助于贸易开展	+	CEPII	1/0
LL_{ij}	虚拟变量,j国是否为内陆国家	处于内陆不利于贸易开展	−	CEPII	1/0

三、中印制造业双边贸易潜力研究

(一)中国对印制造业出口潜力实证检验与结果分析

1. 模型结果

使用Frontier4.1进行估计时,由于研究不涉及对效率影响因素的分析,直接使用复合误差模型进行检验和估计,并根据估计结果中各变量的显著性,决定剔除何种变量再次展开估计,三次估计结果见表6.2。

表6.2 Frontier4.1估计结果

类别	未剔除变量 系数	标准误	t值	剔除P_{jt}、B_{ij}、LL_{ij} 系数	标准误	t值	剔除P_{jt}、B_{ij}、LL_{ij}、D_{ij} 系数	标准误	t值
常数	8.140	0.990	8.230	12.280	0.991	12.386	15.527	2.230	6.963
GDP_{it}	0.557	0.048	11.600	0.655	0.063	10.340	0.617	0.046	13.492
P_{it}	−2.510	0.233	−10.800	−3.076	0.426	−7.215	−4.000	0.274	−14.584
GDP_{jt}	1.140	0.070	16.400	1.011	0.050	20.382	1.055	0.032	32.549
D_{ij}	−0.788	0.215	−3.670	−0.657	0.644	−1.022			
P_{jt}	−0.089	0.096	−0.926						
$DPGDP_{ijt}$	−0.101	0.022	−4.600	−0.078	0.022	−3.581	−0.112	0.024	−4.707

第六章 中印制造业贸易与投资合作潜力实证分析

续表

类别	未剔除变量			剔除 P_{jt}、B_{ij}、LL_{ij}			剔除 P_{jt}、B_{ij}、LL_{ij}、D_{ij}		
B_{ij}	0.527	0.350	1.510						
LG_{ij}	1.610	0.756	2.130	1.389	0.818	1.699	2.044	0.977	2.093
LL_{ij}	−0.485	0.759	−0.639						
σ^2	0.404	0.099	4.090	0.728	0.122	5.967	0.996	0.274	3.637
γ	0.921	0.014	67.100	0.955	0.006	147.327	0.967	0.008	118.419
对数似然函数值	62.953			55.713			20.322		
单边似然比检验标准误	722.051			785.586			893.117		

注：t ≥ 2.576,99% 概率下拒绝原假设;t ≥ 1.96,95% 概率下拒绝原假设。

剔除不显著的 P_{jt}、B_{ij}、LL_{ij}、D_{ij} 变量后，中国对 29 个贸易国制造业出口效率见表 6.3。

表 6.3 Frontier4.1 输出的出口效率（以 2012—2019 年为例）

年份	2012	2013	2014	2015	2016	2017	2018	2019
美国	0.19	0.19	0.19	0.19	0.18	0.18	0.18	0.18
日本	0.25	0.25	0.24	0.24	0.24	0.24	0.24	0.23
越南	1.00	1.00	1.00	1.00	1.00	1.00	1.00	1.00
大韩民国	0.61	0.61	0.60	0.60	0.60	0.60	0.60	0.59
德国	0.19	0.19	0.18	0.18	0.18	0.18	0.17	0.17
荷兰	0.72	0.72	0.71	0.71	0.71	0.71	0.71	0.71
英国	0.17	0.17	0.16	0.16	0.16	0.16	0.16	0.15
印度	0.20	0.20	0.20	0.19	0.19	0.19	0.19	0.19
新加坡	0.24	0.23	0.23	0.23	0.23	0.22	0.22	0.22

续表

年份	2012	2013	2014	2015	2016	2017	2018	2019
马来西亚	0.13	0.13	0.13	0.12	0.12	0.12	0.12	0.12
澳大利亚	0.29	0.29	0.28	0.28	0.28	0.28	0.28	0.27
俄罗斯联邦	0.19	0.18	0.18	0.18	0.18	0.18	0.17	0.17
泰国	0.53	0.52	0.52	0.52	0.52	0.51	0.51	0.51
墨西哥	0.16	0.16	0.16	0.16	0.15	0.15	0.15	0.15
加拿大	0.17	0.17	0.17	0.17	0.17	0.16	0.16	0.16
菲律宾	0.61	0.61	0.61	0.61	0.60	0.60	0.60	0.60
印度尼西亚	0.28	0.28	0.28	0.27	0.27	0.27	0.27	0.27
法国	0.10	0.10	0.10	0.10	0.09	0.09	0.09	0.09
西班牙	0.10	0.10	0.09	0.09	0.09	0.09	0.09	0.09
意大利	0.13	0.13	0.13	0.13	0.12	0.12	0.12	0.12
阿拉伯联合酋长国	0.89	0.89	0.89	0.89	0.89	0.89	0.89	0.89
沙特阿拉伯	0.24	0.23	0.23	0.23	0.23	0.23	0.22	0.22
西班牙	0.14	0.14	0.14	0.14	0.14	0.14	0.13	0.13
阿富汗	0.21	0.20	0.20	0.20	0.20	0.20	0.19	0.19
巴基斯坦	0.42	0.42	0.42	0.41	0.41	0.41	0.41	0.40
尼泊尔	0.46	0.46	0.46	0.46	0.45	0.45	0.45	0.45
孟加拉国	0.54	0.54	0.54	0.54	0.53	0.53	0.53	0.53
斯里兰卡	0.43	0.42	0.42	0.42	0.42	0.41	0.41	0.41
马尔代夫	0.31	0.31	0.31	0.30	0.30	0.30	0.30	0.29

2. 结果分析

（1）随机前沿引力模型适用性检验

适用性检验的目的是判断选择不同变量后贸易非效率项 u_{ijt} 是否存在。使用 Frontier4.1 进行广义似然比检验（LR）时，直接使用复合误差模型进行检验。从表6.4可知，未剔除变量和剔除变量后的三种情况 LR 统计量均大

第六章 中印制造业贸易与投资合作潜力实证分析

于1%显著性水平下的混合卡方分布临界值 $\chi^2_{1-0.05}(3)=10.50$，应拒绝原假设，即模型存在贸易非效率项，均可以采用随机前沿引力模型进行分析。

表6.4 假设检验结果汇总

检验	假设	LLF	LR	自由度 κ	$\chi^2_{1-0.05}(\kappa)$	结论
未剔除变量	$H1:\gamma\neq 0$ $H0:\gamma=0$	62.95 -298.07	722.10	3	10.50	拒绝
剔除 P_{jt}、B_{ij}、LL_{ij}	$H1:\gamma\neq 0$ $H0:\gamma=0$	55.71 -337.08	785.58	3	10.50	拒绝
剔除 P_{jt}、B_{ij}、LL_{ij}、D_{ij}	$H1:\gamma\neq 0$ $H0:\gamma=0$	20.32 -426.24	893.12	3	10.50	拒绝

经过以上检验，可以得到模型设定的基本结论：研究2005年以来，中国对29个贸易国出口效率的问题，随机前沿引力模型具有适用性，这是因为检验结果证明无效率项的确存在且服从更加一般化的截断正态分布。剔除变量后，最终的模型方程为：

$$\ln(EXPM_{jt})=\beta_0+\beta_1\ln(GDP_{it})+\beta_2\ln(P_{it})+\beta_3\ln(GDP_{jt})+\beta_4\ln(DPGDP_{ijt})+\beta_5\ln(LG_{ij})+v_{ijt}-u_{ijt}$$

（2）随机前沿引力模型分析

根据表6.2的估计结果，得到的中国对29个贸易国制造业出口的随机前沿引力模型表达式如下：

$$\ln(EXPM_{jt})=15.527+0.617\ln(GDP_{it})+4.000\ln(P_{it})+1.055\ln(GDP_{jt})-$$
$$\qquad\quad(2.230)\qquad\quad(0.046)\qquad\qquad(0.274)\qquad\qquad(0.032)$$
$$0.112\ln(DPGDP_{ijt})+2.044\ln(LG_{ij})+v_{ijt}-u_{ijt}$$
$$\quad(0.024)\qquad\qquad\quad(0.977)$$

其中，括号内的值为标准误。各估计系数解释见表6.5。

表 6.5 估计系数解释

变量	系数	解释
GDP_{it}	0.617**	中国 GDP 有非常显著的正估计弹性,与预期一致,说明中国市场的供给能力越高,越能促进对贸易国出口制造业产品。
P_{it}	-4.000**	中国人口数对出口产生了极显著的负效应,与预期不一致,这可能是中国人口越多,内需就越旺盛,出口的产品就越少。
GDP_{jt}	1.055**	中国出口与贸易国 GDP 具有正相关性,与预期一致,说明贸易国的市场规模越大,从中国进口的制造业产品越多。
$DPGDP_{ijt}$	-0.112**	中国与贸易国的人均 GDP 差值为负的估计弹性,与预期不一致,这可能是需求重叠的原因。
LG_{ij}	2.044*	中国出口与共同语言具有正相关性,与预期一致,这表示与贸易国相通的语言文化环境能促进中国出口。

注:** 代表 1% 的水平下显著,* 代表 5% 的水平下显著。

3. 出口效率及潜力分析

通过出口效率可计算得到出口潜力。由表 6.6 可知,中国对印制造业出口效率近年来不断降低,这表明中国对印制造业出口所受到的人为设置的贸易障碍越来越多。总体上中国对印制造业出口效率维持在 0.2 的水平,远未接近 1 的水平,表明出口效率非常低,潜力远未实现。以 2019 年为例,中国对印制造业实际出口额为 744.58 亿美元,但出口潜力却能达到 3918.83 亿美元,人为设置的贸易障碍导致实际和最优之间差距巨大,这也说明了中国对印出口潜力巨大。部分学者的研究也表明,中国对印出口效率接近 0.3,[1] 这与本章制造业出口效率相差不大。也有研究显示,中国对印出口效率在亚洲国家中排名倒数第二[2],这验证了本文的中国对印出口潜力巨大的观点。不过用传统引力模型展开分析却会得出中国对印出口潜力为开拓型的结论[3],这是传统引力模型的缺陷所导致。

---

[1] 谭秀杰、周茂荣:"21 世纪'海上丝绸之路'贸易潜力及其影响因素——基于随机前沿引力模型的实证研究",《国际贸易问题》,2015 年第 2 期,第 10 页。

[2] 鲁晓东、赵奇伟:"中国的出口潜力及其影响因素——基于随机前沿引力模型的估计",《数量经济技术经济研究》,2010 年第 10 期,第 30 页。

[3] 王秋红、侯雯雯:"中国与其他金砖国家的贸易潜力研究",《开发研究》,2015 年第 6 期,第 143 页。

第六章 中印制造业贸易与投资合作潜力实证分析

表6.6 2005—2019年中国对印制造业出口效率及潜力

年份	2005	2006	2007	2008	2009
出口效率	0.22	0.21	0.21	0.21	0.21
实际出口（百万美元）	8562.84	14163.93	23817.60	31064.71	29227.21
出口潜力（百万美元）	38921.99	67447.28	113417.12	147927.17	139177.20
年份	2010	2011	2012	2013	2014
出口效率	0.21	0.20	0.20	0.20	0.20
实际出口（百万美元）	40578.00	50084.07	47303.11	48064.13	53845.37
出口潜力（百万美元）	193228.57	250420.33	236515.57	240320.65	269226.85
年份	2015	2016	2017	2018	2019
出口效率	0.19	0.19	0.19	0.19	0.19
实际出口（百万美元）	57627.34	57981.13	67561.62	76508.58	74457.68
出口潜力（百万美元）	303301.81	305163.86	355587.46	402676.76	391882.54

（二）中国从印制造业进口实证检验与结果分析

1. 模型结果

与上文研究类似，使用Frontier4.1进行估计时，由于研究不涉及对效率影响因素的分析，直接使用复合误差模型进行检验和估计，并根据估计结果中各变量的显著性，决定剔除何种变量再次展开估计，三次估计结果见表6.7。

表6.7 Frontier4.1估计结果

类别	未剔除变量			剔除GDP_{it}、P_{jt}、$DPGDP_{ijt}$			剔除GDP_{it}、P_{jt}、$DPGDP_{ijt}$、B_{ij}		
	系数	标准误	t值	系数	标准误	t值	系数	标准误	t值
常数	−54.900	22.396	−2.451	54.580	10.819	−5.045	−51.322	11.356	−4.519
GDP_{it}	0.005	0.137	0.039						
P_{it}	7.913	3.336	2.372	7.984	1.564	5.105	7.538	1.624	4.642

227

续表

类别	未剔除变量			剔除 GDP_{it}、P_{jt}、$DPGDP_{ijt}$			剔除 GDP_{it}、P_{jt}、$DPGDP_{ijt}$、B_{ij}		
	系数	标准误	t值	系数	标准误	t值	系数	标准误	t值
GDP_{jt}	0.791	0.103	7.658	0.784	0.079	9.874	0.771	0.083	9.289
D_{ij}	−0.840	0.154	−5.437	−0.826	0.167	−4.938	−0.789	0.144	−5.462
P_{jt}	0.136	0.123	1.104						
$DPGDP_{ijt}$	−0.026	0.043	−0.603						
B_{ij}	−0.677	0.301	−2.251	−0.597	0.316	−1.887			
LG_{ij}	1.057	0.258	4.101	0.944	0.219	4.301	0.932	0.224	4.167
LL_{ij}	−2.757	0.811	−3.399	−3.071	0.786	−3.906	−3.472	0.798	−4.352
σ^2	13.080	4.411	2.965	11.728	3.569	3.287	13.568	7.523	1.803
γ	0.985	0.006	170.417	0.983	0.006	161.307	0.985	0.009	110.168
对数似然函数值	−332.207			−332.737			−333.328		
单边似然比检验标准误	560.090			575.043			574.319		

注：$t \geq 2.576, 99\%$ 概率下拒绝原假设；$t \geq 1.96, 95\%$ 概率下拒绝原假设。

剔除不显著的 GDP_{it}、P_{jt}、$DPGDP_{ijt}$、B_{ij} 变量后，中国从29个贸易国制造业进口效率见表6.8。

表6.8 Frontier4.1 输出的进口效率（以2012—2019年为例）

年份	2012	2013	2014	2015	2016	2017	2018	2019
美国	0.47	0.48	0.49	0.50	0.51	0.51	0.52	0.53
日本	0.50	0.50	0.51	0.52	0.53	0.54	0.54	0.55
越南	0.43	0.44	0.44	0.45	0.46	0.47	0.48	0.49
大韩民国	0.83	0.83	0.84	0.84	0.84	0.85	0.85	0.85
德国	0.91	0.91	0.91	0.91	0.92	0.92	0.92	0.92
荷兰	0.27	0.28	0.28	0.29	0.30	0.31	0.32	0.33
英国	0.21	0.21	0.22	0.23	0.24	0.25	0.25	0.26

续表

年份	2012	2013	2014	2015	2016	2017	2018	2019
印度	0.12	0.13	0.13	0.14	0.15	0.15	0.16	0.17
新加坡	0.59	0.60	0.61	0.61	0.62	0.63	0.63	0.64
马来西亚	0.88	0.88	0.88	0.88	0.89	0.89	0.89	0.89
澳大利亚	0.34	0.35	0.36	0.37	0.37	0.38	0.39	0.40
俄罗斯联邦	0.23	0.23	0.24	0.25	0.26	0.26	0.27	0.28
泰国	0.91	0.91	0.91	0.91	0.91	0.92	0.92	0.92
墨西哥	0.24	0.25	0.25	0.26	0.27	0.28	0.29	0.29
加拿大	0.36	0.36	0.37	0.38	0.39	0.40	0.41	0.42
菲律宾	0.74	0.74	0.75	0.75	0.76	0.76	0.77	0.77
印度尼西亚	0.37	0.38	0.38	0.39	0.40	0.41	0.42	0.43
法国	0.35	0.36	0.37	0.38	0.39	0.39	0.40	0.41
西班牙	0.30	0.31	0.32	0.33	0.34	0.35	0.36	0.36
意大利	0.31	0.32	0.33	0.34	0.34	0.35	0.36	0.37
阿拉伯联合酋长国	0.18	0.19	0.20	0.21	0.21	0.22	0.23	0.24
沙特阿拉伯	0.39	0.40	0.41	0.41	0.42	0.43	0.44	0.45
西班牙	0.13	0.14	0.14	0.15	0.16	0.16	0.17	0.18
阿富汗	0.02	0.02	0.02	0.02	0.02	0.03	0.03	0.03
巴基斯坦	0.12	0.13	0.13	0.14	0.14	0.15	0.16	0.16
尼泊尔	0.16	0.16	0.17	0.18	0.19	0.19	0.20	0.21
孟加拉国	0.02	0.02	0.02	0.02	0.03	0.03	0.03	0.03
斯里兰卡	0.02	0.02	0.02	0.02	0.03	0.03	0.03	0.03
马尔代夫	0.00	0.00	0.00	0.00	0.00	0.00	0.00	0.00

2．结果分析

（1）随机前沿引力模型适用性检验

与上文研究一样,进行适用性检验以判断选择不同变量后贸易非效率项 u_{ijt} 是否存在。使用 Frontier4.1 进行 LR 检验时,直接使用复合误差模型进行检验。从表 6.9 可知,未剔除变量和剔除变量后的三种情况 LR 统计量均大于1%显著性水平下的混合卡方分布临界值$\chi^2_{1-0.05}(3)=10.50$，应拒绝原假设，即模型存在贸易非效率项，均可以采用随机前沿引力模型进行分析。

表6.9 假设检验结果汇总

检验	假设	LLF	LR	自由度κ	$\chi^2_{1-0.05}(\kappa)$	结论
未剔除变量	$H1:\gamma\neq 0$	−332.21	560.08	3	10.50	拒绝
	$H0:\gamma=0$	−612.25				
剔除GDP_{it}、P_{jt}、$DPGDP_{ijt}$	$H1:\gamma\neq 0$	−332.74	575.04	3	10.50	拒绝
	$H0:\gamma=0$	−620.26				
剔除GDP_{it}、P_{jt}、$DPGDP_{ijt}$、B_{ij}	$H1:\gamma\neq 0$	−333.33	574.32	3	10.50	拒绝
	$H0:\gamma=0$	−620.49				

经过以上检验，可以得到模型设定的基本结论：研究2005年以来，中国从29个贸易国进口效率的问题，随机前沿引力模型具有适用性，这是因为检验结果证明无效率项的确存在且服从更加一般化的截断正态分布。剔除四个变量后，最终的模型方程为：

$$\ln(IMM_{jt})=\beta_0+\beta_1\ln(P_{it})+\beta_2\ln(GDP_{jt})+\beta_3\ln(D_{ij})+\beta_4\ln(LG_{ij})+\beta_5\ln(LL_{ij})+\upsilon_{ijt}-u_{ijt}$$

（2）随机前沿引力模型分析

根据表6.7的估计结果，得到的中国从29个贸易国制造业进口的随机前沿引力模型表达式如下：

$$\ln(IMM_{jt})=-51.322+7.538\ln(P_{it})+0.771\ln(GDP_{jt})-0.789\ln(D_{ij})$$
$$(11.356)\quad\quad(1.624)\quad\quad\quad(0.083)\quad\quad\quad\quad(0.144)$$
$$+0.932\ln(LG_{ij})-3.472\ln(LL_{ij})+\upsilon_{ijt}-u_{ijt}$$
$$(0.224)\quad\quad\quad(0.798)$$

其中，括号内的值为标准误。各估计系数解释见表6.10。

第六章 中印制造业贸易与投资合作潜力实证分析

表6.10 估计系数解释

变量	系数	解释
P_{it}	7.538**	中国人口数有非常显著的正估计弹性,与预期一致,说明中国市场的需求越旺盛,越能促进中国从贸易国进口制造业产品。
GDP_{jt}	0.771**	中国进口与贸易国GDP具有正相关性,与预期一致,说明贸易国的供给能力越强,中国进口的制造业产品越多。
D_{ij}	−0.789**	中国与贸易国的距离对进口产生了极显著的负效应,与预期一致,这是因为距离越远,运输成本越高,中国进口的产品就越少。
LG_{ij}	0.932**	中国进口与共同语言具有正相关性,与预期一致,这表示与贸易国相通的语言文化环境能促进中国进口制造业产品。
LL_{ij}	−3.472**	贸易国是否为内陆国家为负的估计弹性,与预期一致,这是因为中国从内陆国家进口会受到海运不便利的制约。

注:** 代表1%的水平下显著,* 代表5%的水平下显著。

（3）进口效率及潜力分析

通过实际进口值比上进口效率可得到进口潜力。由表6.11可知,中国从印制造业进口效率近年来不断升高,这表明中国从印进口制造业产品所受到的人为因素影响逐渐变少,这反映出我国政府扩大开放、加大进口的努力。但需要注意的是,总体上中国从印进口制造业产品效率维持在0.2的水平,远未接近1的水平,表明进口效率非常低,潜力远未实现。也就是说,印度对华出口潜力非常大。以2019年为例,中国从印制造业实际进口额为133.91亿美元,但进口潜力却能达到787.68亿美元,实际进口额和最优进口额之间差距巨大,这也说明了印度对华出口潜力巨大。

表6.11 2005—2019年中国从印制造业进口效率及潜力

年份	2005	2006	2007	2008	2009	2010	2011	2012
进口效率	0.08	0.09	0.09	0.10	0.10	0.11	0.11	0.12
实际进口(百万美元)	3722.61	3887.79	4587.69	4532.78	4932.96	6912.43	9679.54	10696.42
进口潜力(百万美元)	46532.60	43197.64	50974.29	45327.80	49329.57	62840.30	87995.85	89136.80

续表

年份	2013	2014	2015	2016	2017	2018	2019
进口效率	0.13	0.13	0.14	0.15	0.15	0.16	0.17
实际进口（百万美元）	11642.25	12357.25	11216.15	9350.04	12807.04	15672.20	13390.54
进口潜力（百万美元）	89555.75	95055.77	80115.34	62333.61	85380.29	97951.24	78767.91

第二节 中印制造业投资合作潜力实证分析

1962年，丁伯根（Tinbergen）首次将万有引力公式应用到国际贸易领域，后天其他经济学家不断对引力模型理论进行发展，Linnemann则首次对引力模型进行了扩展运用。[①]后来济学家则将引力模型应用于国际投资领域，分析了投资与经济总量和地理距离的关系。

投资引力模型可以表示为：

$$FDI_{ij} = A(GDP_i GDP_j) / DIST_{ij}$$

FDI_{ij}表示i国对j国的投资流量，GDP_i、GDP_j分别表示i国和j国的国内生产总值（GDP），$DIST_{ij}$表示i、j两国之间的距离，A为比例系数。

为使投资引力模型由非线性形式变为线性形式，对其取自然对数，可得到：

$$\ln FDI_{ij} = \alpha_0 + \alpha_1 \ln(GDP_i \times GDP_j) + \alpha_2 \ln(DIST_{ij}) + u_{ij}$$

其中 $\ln FDI_{ij}$、$\ln(GDP_i \times GDP_j)$、$\ln(DIST_{ij})$分别为FDI_{ij}、GDP_i、GDP_j、

---

① 吴沁：《中国与"一带一路"国家贸易潜力研究》，硕士学位论文，南京大学，2016年，第25页。

$DIST_{ij}$ 的自然对数形式,α_0 为常数,α_1 和 α_2 为回归系数,u_{ij} 为标准随机误差。

一、模型构建

在上述投资引力模型基础上,参考龚秀国和谢向伟[①]关于影响中国企业对印直接投资的因素研究,添加新的变量,删除两国间距离等不适用变量,得到适用于本文的中印投资模型。由于中印两国制造业双边投资流量数据无法获取,因此本节从中印两国双边投资潜力与两国制造业双边投资潜力具有相关性的角度出发,通过研究前者来体现出中印两国制造业双边投资潜力。

中国对印投资模型:

$$\ln(OFDI_c) = \alpha_0 + \alpha_1 \ln(GDP_i) + \alpha_2 \ln(GDPP_i) + \alpha_3 \ln(ME_c) + \alpha_4 \ln(LF_i) + \alpha_5 \ln(EXP_i) + \alpha_5 RDB_i + u_c$$

其中 $OFDI_c$ 表示中国对印投资,GDP_i 表示印度的国内生产总值(GDP),$GDPP_i$ 表示印度人均 GDP,ME_c 表示中国制造业出口占商品出口的比重,LF_i 表示印度劳动力总数,RDB_i 表示印度营商环境排名,EXP_i 表示中国对印出口,α_0 为常数,α_1、α_2、α_3、α_4、α_5 为回归系数,μ_c 为随机扰动项。

印度对华投资模型:

$$\ln(OFDI_i) = \alpha_0 + \alpha_1 \ln(GDP_c) + \alpha_2 \ln(GDPP_c) + \alpha_3 \ln(ME_i) + \alpha_4 \ln(LF_c) + \alpha_5 \ln(EXP_c) + \alpha_5 RDB_c + u_i$$

其中 $OFDI_i$ 表示印度对华投资,GDP_c 表示中国的国内 GDP,$GDPP_c$ 表示中国人均 GDP,ME_i 表示印度制造业出口占商品出口的比重,LF_c 表示中国劳动力总数,RDB_c 表示中国营商环境排名,EXP_c 表示印度对华出口,α_0 为常数,α_1、α_2、α_3、α_4、α_5 为回归系数,μ_i 为随机扰动项。

---

① 龚秀国、谢向伟:"中国企业对印度直接投资的决定因素研究",《商业研究》,2018 年第 5 期,第 90 页。

二、数据说明及来源

数据类型为时间序列数据,选取的时间跨度为 2005—2019 年。模型中各变量的说明与来源等情况如表 6.12 所示。由于 2009 年中国对印投资为负数,无法取自然对数,为此假设其为 0。中印两国营商环境各年排名以世界银行相应年份发布的《全球营商环境报告》为准。

表 6.12 变量说明

代号	含义	预期影响	来源	单位
$OFDI_c$	中国对印投资	/	各年度《中国对外直接投资统计公报》	万美元
$OFDI_i$	印度对华投资	/	各年度《中国统计年鉴》	万美元
GDP_c GDP_i	衡量中国或印度的市场规模和经济状况	+	世界银行数据库	现价美元
$GDPP_c$ $GDPP_i$	衡量中国或印度人民生活水平	+	世界银行数据库	现价美元
ME_c ME_i	衡量中国或印度制造业的国际竞争力	+	世界银行数据库	%
LF_c LF_i	衡量中国或印度的劳动力资源	+	世界银行数据库	人
RDB_c RDB_i	衡量中国或印度国内营商环境	+	历年《全球营商环境报告》	名
EXP_c EXP_i	衡量出口对投资的影响	+	UN Comtrade	现价美元

三、中印双边投资潜力研究

(一)中国对印投资潜力实证分析

1. 平稳性检验

在对各变量数据进行回归之前,需要检查其平稳性,避免出现伪回归。使用 Eviews 10.0 进行 ADF 单位根检验。由表 6.13 可知,$\ln OFDI_c$、$\ln GDP_i$、

第六章 中印制造业贸易与投资合作潜力实证分析

$\ln GDPP_i$、$\ln ME_c$、$\ln EXP_i$ 这 5 个变量均在 1%、5% 或 10% 的水平下平稳,但 $\ln LF_i$、RDB_i 这 2 个解释变量不平稳,因此需要对其进行一阶差分,消除其单位根。一阶差分之后,RDB_i 平稳,$\ln LF_i$ 依旧不平稳,因此,剔除变量 LF_i。

表 6.13 ADF 单位根检验结果

变量	截距	时间趋势	滞后阶数	ADF 值	1% 临界值	5% 临界值	10% 临界值	结论
$\ln OFDI_c$	有	有	3	−4.0990	−4.8001	−3.7912	−3.3423	趋势平稳
$\ln GDP_i$	有	有	3	−3.6687	−5.1249	−3.9334	−3.4200	趋势平稳
$\ln GDPP_i$	有	有	3	−3.6626	−5.1249	−3.9334	−3.4200	趋势平稳
$\ln ME_c$	有	无	3	−2.8955	−4.0044	−3.0989	−2.6904	含截距项平稳
$\ln LF_i$	有	无	3	2.0523	−4.0044	−3.0989	−2.6904	含截距项单位根过程
RDB_i	有	无	3	1.1131	−4.0044	−3.0989	−2.6904	含截距项单位根过程
$\ln EXP_i$	有	有	3	−4.2621	−4.9923	−3.8753	−3.3883	趋势平稳
$D(\ln LF_i)$	有	无	3	−1.4114	−4.0579	−3.1199	−2.7011	含截距项单位根过程
$D(RDB_i)$	无	无	3	−2.1439	−2.7550	−1.9710	−1.6037	不含截距项和时间趋势项平稳

2. 最小二乘法多元线性回归

通过 Eviews 10.0 进行最小二乘法多元线性回归(LS),由于 RDB_i 回归结果不理想,因此剔除。同时由于从 2005 年开始回归,结果依旧不理想,因此改为从 2009 年开始 LS 回归,回归结果见表 6.14。

表 6.14 2009—2019 年模型回归结果

变量	系数
$\ln GDP_i$	−144.3083**
$\ln GDPP_i$	164.2949**

续表

变量	系数
$\ln ME_c$	420.5418**
$\ln EXP_i$	15.88588*
C	587.8069
R^2	0.923481
调整 R^2	0.872469

注：*、**、*** 分别代表统计量在 10%、5%、1% 的水平下显著。

线性表达式为：

$$\ln(OFDI_c) = 587.8069 - 144.3083\ln(GDP_i) + 164.2949\ln(GDPP_i) + 420.5418\ln(ME_c) + 15.8859\ln(EXP_i) + \mu_c$$

从回归结果可以看出，调整 R^2 为 0.872469，说明模型拟合优度高，该模型从整体上能很好地反映被解释变量与解释变量之间的关系。从结果可以看出，印度人均 GDP、中国制造业出口占商品出口的比重、中国对印出口对中国对印投资有正向促进作用；印度 GDP 对中国对印投资有负向作用，这可能是因为中国对外投资偏向发展落后的国家或地区，如果印度经济发展越好，对其投资就会越少。

3. 投资潜力测算及结果分析

（1）投资潜力测算

本研究参考程惠芳和阮翔[①]、陈伟光和郭晴[②]、吴福象和汪丽娟[③]的测算方法，通过对外投资引力系数来衡量潜力的大小，研究中国对印投资潜力。具体方法如下。

---

① 程惠芳、阮翔："用引力模型分析中国对外直接投资的区位选择"，《世界经济》，2004 第 11 期，第 27—28 页。
② 陈伟光、郭晴："中国对"一带一路"沿线国家投资的潜力估计与区位选择"，《宏观经济研究》，2016 年第 9 期，第 155—158 页。
③ 吴福象、汪丽娟："解码中国 OFDI：历史轨迹、发展潜力与布局优化——基于国内国际双循环视角"，《经济学家》，2021 年第 4 期，第 72—73 页。

第六章　中印制造业贸易与投资合作潜力实证分析

首先根据上文研究可知,中国对印直接投资与 ME_c、$GDPP_i$、EXP_i 正相关,与 GDP_i 负相关,我们将这种相关性用中国对印直接投资引力系数 G_1 表示:

$$G_1 = ME_c * GDPP_i * EXP_i / GDP_i$$

考虑到不同变量对投资的贡献程度不一样,因此需要计算出各变量的权数。采用变异系数为权的方法来计算各变量的权数,各项指标的变异系数公式如下:

$$V_j = \sigma_j \Big/ \overline{X}_j \quad (j=1,2,3,4)$$

其中 V_j 是第 j 项指标的变异系数,σ_j 是第 j 项指标的标准差,$\overline{X}$ 是第 j 项指标的平均数。

各项指标的权重为:

$$W_j = V_j \Big/ \sum_{j=1}^{n} V_j, \quad n=4$$

由于上述变量属于异量纲数据,需将其标准化,采用直线无量纲化方法,公式如下:

$$Y_{jz} = 60 + \frac{X_{jz} - \overline{X}_j}{\sigma_j} \times 10, \quad z=1,2,\ldots,11$$

其中 Y_{jz} 为指标评价值,X_{jz} 为指标实际值。

经计算,ME_c、$GDPP_i$、EXP_i、GDP_i 各变量的权数分别为 0.0059、0.2801、0.3803、0.3336。

将权数和标准化的数据代入对外投资引力系数公式,G_1 值见表 6.15。

表 6.15 中国对印直接投资引力系数 G_1

年份	2009	2010	2011	2012	2013	2014
G_1 值	4.47	5.49	5.54	7.07	7.30	7.80
年份	2015	2016	2017	2018	2019	
G_1 值	9.11	7.23	7.37	6.93	6.09	

（2）结果分析

根据上述的 G_1 结果以及吴福象和汪丽娟[①]的分类方法，本文将潜力大小分为三类：

第一类：$G_1>6$ 时，潜力巨大，可知 2012 年、2013 年、2014 年、2015 年、2016 年、2017 年、2018 年、2019 年这 8 年中国对印投资潜力巨大，相应地中国对印制造业投资潜力巨大。

第二类：$5<G_1<6$ 时，潜力一般，可知 2010 年、2011 年这 2 年中国对印投资潜力一般，相应地中国对印制造业投资潜力一般。

第三类：$G_1<5$ 时，潜力不足，可知 2009 年中国对印投资潜力不足，相应地中国对印制造业投资潜力也不足。

有学者基于贸易便利化视角，研究发现中国对印投资效率低，潜力很高[②]，这与本文结论类似。但也有研究认为中国对印投资"正常"，投资适中[③]，这主要是因为运用的研究方法为传统引力模型，而这种研究方法往往会出现"投资过度"的结论，但实际投资超过潜力往往与常识不符，不利于经济开放和投资发展。

（二）印度对华投资潜力实证分析

1. 平稳性检验

同上文一样，在对各变量数据进行回归之前，需要检查其平稳性，避免出现伪回归。使用 Eviews 10.0 进行 ADF 单位根检验。由表 6.16 可知，

[①] 吴福象、汪丽娟："解码中国 OFDI：历史轨迹、发展潜力与布局优化——基于国内国际双循环视角"，第 73 页。

[②] 才凌惠：《中国出口贸易及对外直接投资潜力研究》，博士学位论文，中南财经政法大学，2019 年，第 134 页。

[③] 庞若婷、翟翠娟："'一带一路'背景下中国对亚洲国家直接投资影响因素及潜力分析"，《金融理论探索》，2018 年第 5 期，第 67 页。

第六章　中印制造业贸易与投资合作潜力实证分析

$\ln OFDI_i$、$\ln GDP_c$、$\ln GDPP_c$、RDB_c这四个变量均在1%、5%或10%的水平下平稳，但$\ln ME_i$、$\ln LF_c$、$\ln EXP_c$这三个解释变量不平稳，因此需要对其进行一阶差分，消除其单位根。一阶差分之后，$\ln ME_i$、$\ln LF_c$、$\ln EXP_c$均平稳。因此，保留各变量进行下一步分析。

表6.16　ADF单位根检验结果

变量	截距	时间趋势	滞后阶数	ADF值	1%临界值	5%临界值	10%临界值	结论
$\ln OFDI_i$	有	无	3	−3.1214	−4.2001	−3.1754	−2.7290	含截距项平稳
$\ln GDP_c$	有	无	3	−4.7738	−4.0044	−3.0989	−2.6904	含截距项平稳
$\ln GDPP_c$	有	无	3	−4.7509	−4.0044	−3.0989	−2.6904	含截距项平稳
$\ln ME_i$	有	无	3	−1.4724	−4.0044	−3.0989	−2.6904	含截距项单位根过程
$\ln LF_c$	无	无	3	−0.5860	−2.7550	−1.9710	−1.6037	不含截距项和时间趋势项单位根过程
RDB_c	无	无	3	−1.8477	−2.7406	−1.9684	−1.6044	不含截距项和时间趋势项平稳
$\ln EXP_c$	有	无	3	−2.5833	−4.0044	−3.0989	−2.6904	含截距项单位根过程
$D(\ln ME_i)$	无	无	3	−3.3611	−2.7550	−1.9710	−1.6037	一阶不含截距项和时间趋势项平稳
$D(\ln LF_c)$	无	无	3	−1.9565	−2.7550	−1.9710	−1.6037	一阶不含截距项和时间趋势项平稳
$D(\ln EXP_c)$	无	无	3	−3.8100	−2.7550	−1.9710	−1.6037	一阶不含截距项和时间趋势项平稳

2. 最小二乘法多元线性回归

通过 Eviews 10.0 进行最小二乘法（LS）多元线性回归，由于 $GDPP_c$、RDB_c 回归结果不理想，因此剔除，同时由于从 2005 年开始回归，结果不理想，因此改为从 2008 年开始 LS 回归，回归结果见表 6.17。

表 6.17　2008—2019 年模型回归结果

变量	系数
$\ln EXP_c$	3.081312***
$\ln GDP_c$	−5.510168***
$\ln LF_c$	292.2858***
$\ln ME_i$	9.945134***
C	−5926.434
R^2	0.8371
调整 R^2	0.744015

注：*、**、*** 分别代表统计量在 10%、5%、1% 的水平下显著。

线性表达式为：

$$\ln(OFDI_i) = -5926.434 - 5.5102\ln(GDP_c) + 292.2858\ln(LF_c) + 9.945\ln(ME_i) + 3.0813\ln(EXP_c) + \mu_i$$

从回归结果可以看出，调整 R^2=0.744015，模型拟合优度良好。该模型从整体上能反映被解释变量与解释变量之间的关系。从结果可以看出，印度对华出口、中国劳动力总数、印度制造业出口占商品出口的比重对印度对华投资有正向促进作用；中国 GDP 对印度对华投资有负向作用，这可能是因为印度对外投资偏向非发达的国家或地区，如果中国经济发展越好，对其投资就会越少。

投资潜力测算及结果分析

（1）投资潜力测算

与前文方法一样，通过对外投资引力系数来衡量潜力的大小，研究印度

第六章 中印制造业贸易与投资合作潜力实证分析

对华投资潜力。具体方法如下：

首先根据上文研究可知，印度对华直接投资与 ME_i、LF_c、EXP_c 正相关，与 GDP_c 负相关，我们将这种相关性用印度对华直接投资引力系数 G_2 表示：

$$G_2 = ME_i * LF_c * EXP_c / GDP_c$$

考虑到不同变量对投资的贡献程度不一样，因此需要计算出各变量的权数。采用变异系数为权的方法来计算各变量的权数，各项指标的变异系数公式如下：

$$V_j = \sigma_j \big/ \overline{X}_j \ (j=1,2,3,4)$$

其中 V_j 是第 j 项指标的变异系数，σ_j 是第 j 项指标的标准差，$\overline{X}$ 是第 j 项指标的平均数。

各项指标的权重为：

$$W_j = V_j \bigg/ \sum_{j=1}^{n} V_j, n=4$$

由于上述变量属于异量纲数据，需将其标准化，采用直线无量纲化方法，公式如下：

$$Y_{jz} = 60 + \frac{X_{jz} - \overline{X}_j}{\sigma_j} \times 10, z=1,2,\ldots,12$$

其中 Y_{jz} 为指标评价值，X_{jz} 为指标实际值。

经计算，ME_i、LF_c、EXP_c、GDP_c 各变量的权数分别为 0.1065、0.0107、0.3198、0.5630。

将权数和标准化的数据代入对外投资引力系数公式，G_2 值如下表：

表 6.18 印度对华直接投资引力系数 G_2

年份	2008	2009	2010	2011	2012	2013
G_2 值	2.25	1.94	2.30	2.45	2.21	1.85
年份	2014	2015	2016	2017	2018	2019
G_2 值	2.05	2.23	2.22	2.65	2.67	2.51

（2）结果分析

与中国对印投资潜力的分类方法一样，可知印度对华投资潜力属于第三类，即：$G_2<5$ 时，潜力不足。可知从2008—2019年以来印度对华投资潜力均不足，相应地印度对华制造业投资潜力也不足。从权数占比的角度分析，可知中国GDP对印度对华投资的负向影响较大。这可以理解，因为发展落后经济体对发展靠前的经济体的投资量一般会偏少。

第三节 中印制造业贸易与投资合作潜力小结

本章通过构建中印制造业贸易与投资模型并采用随机前沿分析法和最小二乘法等方法，分别研究中印制造业贸易合作潜力和中印制造业投资合作潜力，双向分析了中印制造业贸易与投资合作的潜力，对中印制造业贸易与投资合作研究有一定的参考价值。下面将具体总结和分析有关结论。

关于中印制造业贸易合作潜力，主要通过随机前沿分析法分析进出口效率，然后得到潜力。贸易合作潜力分为两部分。第一部分是中国对印制造业出口潜力：总体上，中国对印制造业出口效率近年来不断降低，这表明中国对印制造业出口所受到的人为障碍越来越多，这主要是因为中国长期对印贸易逆差以及中印边界问题导致印度心存芥蒂，故意设置各种贸易障碍。但印方这样做是非常不明智的，一部分原因是总体上中国对印制造业出口效率维持在0.2的水平，远未接近1的水平，表明效率非常低，潜力非常大。若能实现大部分潜力，对双方都有巨大好处。第二部分是中国从印度的制造业进口潜力：中国从印度的制造业进口效率近年来不断升高，这表明中国从印度进口制造业产品所受到的人为阻碍因素逐渐变少，这反映出中

第六章　中印制造业贸易与投资合作潜力实证分析

国政府对全球扩大开放、加大进口的不懈努力，印方也是受益国之一。我们也可以发现，总体上中国从印进口制造业产品效率维持在 0.2 的水平，远未接近 1 的水平，表明进口效率非常低，潜力巨大。反过来就是说，印度对华制造业产品出口潜力非常大。

  关于中印制造业投资合作潜力，主要通过研究中印双边投资潜力来体现中印制造业双边投资潜力，由于中印制造业投资占两国总投资比例较大，所以两者具有一定相关性。另外，也通过研究两国间投资引力来表示投资潜力大小。投资合作潜力分为两部分。第一部分是中国对印制造业投资潜力：在 2009—2019 年期间，中国对印制造业投资潜力从 2009 年开始增加，到 2015 年达到最高，后面又开始呈现出下降趋势。这与中印两国关系变化具有一定的相似之处，说明投资潜力受到政治因素的影响。具体来看，2009 年中国对印制造业投资潜力不足，2010 年、2011 年中国对印制造业投资潜力一般，在 2012—2019 年这 8 年间中国对印制造业投资潜力巨大。因此，未来中国企业对印制造业投资空间广阔。第二部分是印度对华制造业投资潜力：在 2008—2019 年期间，2009 年和 2013 年这两年的投资潜力均较低，2014—2019 年投资潜力呈现增加趋势。从上文的潜力分类来看，2008—2019 年期间印度对华制造业投资潜力均属于潜力不足这一类。从权数占比的角度分析原因，这主要是中国 GDP 对印度对华投资的负向影响较大，这说明发展落后经济体对发展靠前的经济体的投资量一般会偏少。不过，随着经济状况的变化，印度对华制造业投资潜力也会发生改变。

第七章 中印制造业贸易与投资合作的对策建议[①]

---

① 本章关于投资的内容部分参考了罗建的硕士毕业论文,参见罗建:《21世纪以来中印双边直接投资研究》,硕士学位论文,四川大学,2021年。

中印制造业贸易与投资合作尚有很大的潜力,但要把潜力变为现实就需要中印两国抓住机遇并携手应对各项挑战。目前,中国正处于工业化向后工业化过渡阶段,而印度才处于工业化发展初期阶段,"中国智造"和"印度制造"处于不同的发展阶段,两国制造业竞争并不激烈。因此需把握好中印两国制造业发展阶段性差异且中印制造业综合互补性强的特点,采取错位或不同质的差异性发展战略,努力扩大中印制造业异质性的双边贸易与投资往来规模,拓展中印制造业贸易与投资合作空间。本章就中印制造业贸易与投资合作提出了5条建议:增强中印政治互信、发挥政府主导作用,加强合作机制建设、拓宽制造业合作渠道,支持中小企业对印投资、增强对印企投资引导,减少投资壁垒扩大贸易规模、实现中印合作潜力,以及加强金融发展合作、助力企业对外贸易与投资。

第一节 增强中印政治互信 发挥政府主导作用

政治不互信是中印制造业贸易与投资面临缺乏长期稳定支持等诸多问题的根源。所以,增进中印政治互信是解决中印制造业双边贸易与投资问题、扩大双边贸易与投资规模的关键所在。关于如何增进中印政治互信,主要有两个方面的建议:其一,中印两国政府应该重点关注边境问题,为边境问题设立更为全面的沟通机制。近些年,中印边境冲突如2017年中印"洞朗危机"和2020年中印边境"加勒万河谷冲突"都是因为边境建设(主要是修建公路等基础设施)引起的,但实质上却有更复杂深刻的原因。建议两国政府可以在这方面多下功夫,例如建立一些边境建设沟通机制,在中印双方建设边境基础设施时中印两国政府都能有心理预期,避免引发在边境地区的"竞赛"式扩建,从而导致安全困境。为防止因在边境修建道路而产生敌对行为,中印两国政府都应尽早提出关切,争取在早期沟通中解决分歧和冲突,避免冒险行为。其二是,中印两国政府还应该推进中印两国在学术层面的沟通机制,让中印学者将两国政府的核心关切在非官方交流中传达给对方。中印边境问题是一个具有高度政治敏感性的问题,在官方交流中双方局限于外交礼仪和外交形象,很难在边境问题上有所深入探讨。这个问题在中印两国学者中间可以有更多的讨论空间,两国学者可将中印两国的意愿传达给对方从而避免因信息不对称引发矛盾甚至冲突。

除了增强中印政治互信之外,还应充分发挥政府在推进中印制造业贸易与投资合作中的主导作用。首先,尽管中印制造业贸易与投资合作存在着如双边贸易关系的非对称性、制造业贸易结构失衡、制造业投资壁垒等诸多问题,但影响与制约中印制造业贸易与投资合作关系发展的非经济因素同样不可小觑。这些制度和规则因素会一直影响着包括中印制造业贸易与投资合作在内的全方位的中印经济合作良性发展。因此,在增强中印两国政府间政治互信的基础上发挥两国政府主导作用是推动中印制造业贸易与投资合作的重要前提条件之一。在"一带一路"倡议的新时代背景下,中印两国拥有着深化中印制造业贸易与投资合作等多项共同议题。加强政府主导下的各类中印制造业贸易合作平台建设,能推动实现互利共赢。两国政府还应制定与促进中印制造业贸易与投资合作相关的系列支持政策,简化与中印制造业贸易与投资相关的程序,减少贸易壁垒与摩擦,强化贸易与投资纠纷调解与仲裁作用,公开与制造业贸易与投资合作发展中的相关信息,为中印制造业贸易与投资创造便利化条件。此外,中印两国也需要合力应对新冠肺炎疫情的全球蔓延,开展助力双边制造业贸易与投资的合项医疗合作。

第二节 加强合作机制建设 拓宽制造业合作渠道

中印制造业贸易与投资合作离不开中印两国政府的大力支持,扩大制造业等领域的贸易与投资一直是中印两国政府开展经贸合作的重点方向。早在1988年12月,中印签署经济科技合作协定,并成立了部长级经贸、科

第七章 中印制造业贸易与投资合作对策建议

技联合小组,定期举行会议,研究和促进双方在经贸和科技领域的交流与合作。[①]2006年11月,中印两国政府签署《中华人民共和国政府和印度共和国政府关于促进和保护投资的协定》。[②]2010年12月,国务院总理温家宝访问印度并与印度政府一起发表了《中华人民共和国和印度共和国联合公报》,中印双方同意建立"战略经济对话机制"。[③]值得注意的是,中印政府的合作机制的进展与中印相互投资进展有时会出现重合的情况。在2016年和2018年,中印第四次和第五次战略经济对话成功举行。在2018年3月中印经贸联合小组第十一次会议也在印度举行。根据第二章第二节研究可知,中国对印直接投资流量额在2016年和2018年大幅度下降后,在2017年和2019年又迅速上升,这证明中印合作机制可能发挥了重要作用。所以加强中印投资合作机制的建设,将有利于中印双边直接投资的发展。鉴于缺乏制造业贸易与投资领域的固定合作机制,为此建议两国在制造业相关部门之间分别设立制造业投资合作小组和制造业贸易合作小组,加强海关等各部门的制度协调力度,为中印制造业贸易与投资合作中的各项事务提供直接高效的合作方式,为两国企业提供官方权威有效的制造业贸易与投资合作信息。

除了加强制造业贸易与投资合作机制建设以外,中印两国还应尽可能地打造各种形式的中印制造业贸易与投资合作通道。首先,要充分发挥上合组织、金砖国家峰会等政府组织或峰会以及各种商会、行业协会、学术团体等民间组织的中间作用,同时也要发挥亚投行、上合组织开发银行、中国进出口银行等金融机构服务作用,为中印制造业贸易与投资合作提供金融服务与资金支持功能。其次,推动中印制造业双边跨境电商合作发展。跨境电子商务作为新型的贸易往来方式,为各国间的跨境贸易提供了便捷的渠道。因此,应大力推广能促进中印制造业双边跨境电子商务网络信息服

---

① 杨文武主编:《中国与印度共赢性发展互动机制研究》,成都:四川大学出版社,2019年,第79页。
② "中华人民共和国政府和印度共和国政府关于促进和保护投资的协定","一带一路"法治地图,2006年11月21日,http://qhsk.sz.gov.cn/qhbr/treaty/detail/60,2021年2月11日。
③ 杨文武主编:《中国与印度共赢性发展互动机制研究》,成都:四川大学出版社,2019年,第81—82页。

务平台建设，以降低企业交易成本，强化双边制造业线上和线下贸易，使中印制造业双边贸易合作方式更加多样化，提高中印制造业贸易合作绩效。再次，加强能促进中印制造业贸易合作关系发展的各类通道建设。比如在现有贸易通道基础上，扩大陆上、海上交通运输线，增加机场航线、强化基础设施服务功能，为中印制造业贸易合作提供更为便利的交通环境。最后，应为中印制造业贸易与投资合作打造良好的外部合作渠道。中印两国同属世贸组织成员，两国应积极遵守世贸组织的相关规定，树立良好的国际贸易与投资声誉。同时，中印两国也可不局限于双边合作，可同南亚区域国家、甚至亚洲其他国家保持政策沟通、加强制造业合作，融入亚洲制造业产业链。

第三节 支持中小企业对印投资增强对印企投资引导

中国对印直接投资面临的主要问题就包括印度对中资企业的不信任，其主要原因是中国国有企业对外投资较多和印度对中国政府的猜忌。对于这一问题，中国政府可以从减少印度猜忌入手，即减少国有企业和大型企业对印度独角兽企业的投资。虽然从投资效益的角度来看，中国企业对印度独角兽企业的投资无疑可以带来巨大的收益，但这种收益使印度政府缺乏利益获得感，从而导致印度政府不愿意看到大型中资企业对印开展投资。所以，建议中国政府加强本国中小企业对印制造业投资方面的支持，以打消印度的顾虑。由于印度复杂的市场环境，中国政府需要在资金和经验方面加强对中小企业的支持。在资金支持方面，中国政府可以增强中小企业在银行的贷款能力。实际上中国一些中小企业，虽然有较强技术，也希望进入印度市场，但苦于资金压力，无法进行跨国投资。针对这一情况，中国政府可以增强中小企业的贷款能力，以帮助这些企业进入印度市场。在经验支持方面，中国驻印使领馆应当发挥积极作用，帮助中小企业融入印度当地的市场环境。中国驻印外交机构可以给有意愿进入印度市场的中小企业科普当地与经营相关的法律法规，避免中小企业因不了解印度当地情况而遭受巨大损失。政府也需引导中小企业合理选择对印制造业投资行业。从中印双边直接投资的现状来看,中国对印投资行业分布存在不合理现象。这里的不合理主要是指,中国对印直接投资的行业与印度重点引资的行业不匹配,容易失去印度政府的支持,甚至引起印度政府的猜忌。所以,中国政府应采取的对策主要是合理选择制造业投资领域,正确把握印度政府的引资需求,适当推动印度当地经济的发展,实现中印两国双赢的局面。

从中印双边直接投资的规模来看,印度对华直接投资与中国对印直接投资相比规模也较小,这使得中印双边直接投资发展极不平衡。同时,从投资的贸易效应来看,印度对华直接投资规模的增长对于促进中印贸易平衡发展也具有积极作用,对于促进中印经贸关系发展也有重要意义。从印度对华直接投资的主要问题来看,缺乏中印政府长期稳定的支持和中国复杂的投资环境是阻碍印度对华直接投资发展的重要原因。所以,中国政府可以增强对印度企业的投资引导,促进印度对华直接投资的发展。关于增强对印企的投资引导,主要可以从两个方面进行:其一,加强我国地方政府与印度企业的沟通,帮助印度企业了解地方政府的法律法规。由于历史上英国曾殖民印度的原因,印度是英美法系国家,与大陆法系或社会主义法系有较大差距。所以,中国各地政府可以派专业的投资方面的法律人士,同印企对接,帮助印度企业了解经营相关的法律法规,使其能快速适应中国的营商环境。其二,增强地方商会与印度企业的沟通,帮助印度企业了解我国不同省市和自治区的习俗及消费习惯。由于中印文化存在较大差异,中国和印度的生活习俗和消费习惯也存在较大区别,印度企业想要成功进入中国市场,就必须了解中国各地的生活习俗和消费习惯。因此,中国政府可以作为各地商会和印企的桥梁,加强双方沟通,以帮助印企顺利进入并快速适应中国市场。

第四节 减少投资壁垒扩大贸易规模 实现中印合作潜力

根据前文研究可知,中国对印制造业投资潜力巨大,远远未达到一般水平,但这并不是因为中方企业不愿去印度投资,而是由于印方对中企设置的

中印制造业贸易与投资合作研究

投资壁垒过多,严重阻碍了中国对印度制造业的投资。印方应从以下三个方面加以调整或者改进。第一,在投资准入方面,放宽对中企投资的歧视性限制,严格遵照《WTO协定》等双多边条款制定中企对印投资相关法律法规,做到一视同仁,从而让更多有能力和有意愿的中企进入印度,为印度的制造业发展添砖加瓦。第二,在投资经营方面,努力为中企在经营的各个环节提供切实便利,不刻意针对中企开展不合理的国家安全审查,让中企放心投资、安心经营,吃下"定心丸"。第三,在投资退出环节,亦不应该设置附带条件,让中企能顺利退出,获取合法经营利润,减少投资亏损。虽然印度对华制造业投资潜力并非巨大,但仍然有一些投资空间,中方对印企等全球企业均比较开放,因此印企面临来自中方的投资限制相对较少。中印两国需要严格遵守共同加入的多边投资条约或双边达成的相关协定,积极消除各项人为投资障碍,一起为两国双边制造业投资合作保驾护航,让制造业投资合作潜力无限迸发。

中印两国除了需要扩大制造业相互投资规模外,努力实现制造业贸易合作潜力也同样有必要。随着中印制造业贸易合作关系的不断发展,丰富中印制造业双边贸易合作内涵、拓展合作空间显得尤为必要。首先,中印制造业企业需进一步优化中印两国制造业内部各行业间的分工结构,特别是需在制造业贸易产品外观设计、内在质量、规格、品种、商标、牌号或价格等方面的差异化或多样化发展方面下功夫,以更好地满足中印两国国内市场的消费者偏好,使中印制造业间形成"垂直分工与水平型分工"相结合得更为紧密的分工协作关系,拓展中印制造业产业内贸易空间。其次,需加强技术创新,提升产品技术含量,努力形成能满足中印双方最终消费需要,努力形成以资本和技术密集型相结合的制造业产品贸易。然后,要进一步扩大中印双方制造业出口贸易合作的竞争力提升效应,同时充分拓展中印制造业贸易合作发展的各种机遇,充分挖掘市场扩大效应。对印度而言,需进一步提升对中国制造业出口的市场扩大效应。特别是要根据中国国内市场的收入增长情况、需求的收入弹性、需求的交叉价格弹性以及互补品和替代品价格的相对变化等情况,更好地满足中国国内市场需求,扩大印度对中国制造业出口贸易规模。在中国保持对印度制造业的市场扩大效应和竞争力提升效应并存的同时,应该努力挖掘并释放其对印度制造业出口的竞争力潜力。最后,要充分挖掘差异性市场的互补潜力。中印制造业在食品加工和制造业、石油加工及炼焦业、化学原料及化学制品制造业和医药制造业等行业的显示性比较优势具有互补性。因此中印两国需进一步挖掘这些制造行业的差异性市场的互补潜力,增进双方的贸易利得,促进双方制造业贸易的可持续发展。此外,随着"印度制造"计划政策的贯彻执行,印度制造相关产业的产量持续增长,印度制造业产品生产可能性边界向外移动,其制造业产品的相对供给曲线向右移动,这使得印度制造业产品出口偏向型增长趋势愈益明显。事实上,近年来,印度制造业部门的多个行业产品出口额均保持了快速增长的势头。我们可以扩大印度(出口增长较快的如烟草、仪器仪表及文化办公用机械、木材加工及家具和医药制造品等制造产品)对中国的出口额,以进一步达到缩减中印制造业贸易差额之目的。

第五节 加强金融发展合作 助力企业对外贸易与投资

中印两国的部分制造业企业面临着融资约束难题,而这会制约企业的对外直接投资。以中国为例,中国的部分民营中小企业很难获得银行的贷款,这些企业无法顺利开展对外投资,难以开拓海外市场。因此,中印两国推动本国制造业金融发展并加强双边合作十分有必要。有研究表明,金融发展一方面能间接地通过促进生产率的提高推动企业对外直接投资,另一方面还能直接推动企业对外直接投资。[1]为推动制造业相关金融发展促进双边投资,中印两国除了扩大制造业金融规模外,还要从调整金融结构和提升金融效率两方面入手,促进三者协调发展。在金融规模发展方面,一方面要求中印两国大力发展本国经济,让本国涌现更多的经济中心,然后在此基础上建设相应的金融中心,助力两国制造业双边投资。另一方面,需要两国的金融中心携手合作,培育制造业相互投资有关的金融服务市场。比如,上海和孟买这两大金融中心就可以围绕中印制造业双边投资设立中印金融服

---

[1] 徐清:《金融发展、生产率与中国企业对外直接投资》,博士学位论文,南开大学,2014年,第129—131页。

务中心，破解制造业企业融资约束难题。在金融结构调整方面，中印两国对内需要纠正失衡的金融市场结构，打造多元化金融市场体系，推动储蓄、债券、股票、期货和金融衍生品市场的协调发展，为不同风险偏好的制造业企业提供可供选择的金融产品及服务。中印两国金融机构也可联手推出更加多元的与制造业投资相关的金融产品，打造跨国品牌效应，助力制造业双边投资。在金融效率提升方面，中印两国需要适度开放制造业相关金融市场，让国内的金融机构面临一定的市场竞争，从而倒逼其内部改革，提高金融效率。同时，也需要金融机构主动在管理体制和决策方法上加以改革，适应中印制造业双边投资的实际需求。

金融发展不仅会推动投资发展，还会促进贸易发展。在新冠肺炎疫情背景下，加强中印制造业贸易金融发展及合作，显得尤为必要。中印两国可以从以下四点入手，推动制造业贸易金融发展。第一，要紧跟时代需求，加强贸易金融管理体制方面的改革创新，提升对制造业贸易企业的服务水平。首先，需要适当放开金融机构的业务范围限制，让更多的金融机构能参与制造业企业的贸易金融服务中来。其次，需要加强信贷管理体制创新，不要再像以前那样只注重资产抵押，以后应更加关注制造业企业的创新性、成长性和发展潜力。然后，还要简化信贷审批手续，让中印两国制造业企业能"一站式"快速办理，不断提升贸易服务效率，降低制造业企业贸易成本。最后，还需要紧跟时代变化，不断创新信贷业务，重点要关注制造业跨境电商的信贷业务需求。另外，应加强中印两国制造业贸易相关信用担保制度的建设。要建立匹配两国制造业企业的信用担保体系以及完善的担保基金制度，同时还要有配套的风险分散机制。第二，两国制造业贸易企业需要紧紧依托全球资本市场，要增加制造业相关企业在国内外的上市数量。为此，可对有需求、运营良好的制造业企业提供上市辅导，避免企业违反相关国家金融监管政策。同时，需要合理提高制造业贸易企业在债券等金融产品方面的融资比例。第三，还需要对两国制造业中小贸易企业适度给予政策倾斜。要做好中小贸易企业调研，从企业的紧迫需求出发，围绕货币供给、金融机构设置和信贷资金分配三方面，出台差异化的贸易金融扶持政策。第四，两国需要加强制造业领域的贸易金融协调发展，加强信贷合作和金融监管，共同防范有关金融风险。

参考文献

中文文献

著作

[美]保罗·R.克鲁格曼、毛瑞斯·奥伯斯法尔德、马克·J.梅里兹:《国际经济学》(第十版),丁凯等译,北京:中国人民大学出版社,2016年版。

耿明斋主编:《投资学》,上海:上海财经出版社,2016年版。

顾丽姝:《中国对东盟新四国直接投资研究》,昆明:云南大学出版社,2015年版。

黄丽鸣、潘晓云、熊琼编著:《国际商务》,上海:立信会计出版社,2002年版。

贾金思、郎丽华、姚东旭:《新编国际贸易通论》,北京:首都经济贸易大学出版社,2010年版。

郎荣桑、裘国根:《投资学》,北京:中国人民大学出版社,2014年版。

刘军梅等编:《贸易便利化:金砖国家合作的共识》:上海:上海人民出版社,2014年版。

刘志伟等编著:《国际投资学》,北京:对外经济贸易大学出版社,2017年版。

[美]罗伯特·吉尔平:《全球政治经济学——解读国际经济秩序》,上海:上海人民出版社,2006年版。

綦建红编著:《国际投资学教程》,北京:清华大学出版社,2005年版。

商务部国际贸易经济合作研究院、中国驻印度大使馆经济商务处、商务部对外投资和经济合作司:《对外投资合作国别(地区)指南-印度》,2020年版。

苏丽萍:《对外直接投资:理论、实践和中国的战略选择》,厦门:厦门大学,2006年版。

孙久文主编：《中国区域经济发展报告（2017）——新时代区域协调发展的理论与实践》，北京：中国人民大学出版社，2017年版。

冼国明主编：《国际投资概论》，北京：首都经济贸易大学，2004年版。

杨海明、王燕：《投资学》，上海：上海人民出版社，1998年版。

杨文武主编：《后金融危机时代中印经贸合作研究》，北京：时事出版社，2016年版。

杨文武主编：《中国与印度共赢性发展互动机制研究》，成都：四川大学出版社，2019年版。

赵春明：《国际贸易学》，北京：石油工业出版社，2003年版。

中华人民共和国商务部：《国别贸易投资环境报告2014》，上海：上海人民出版社，2014年版。

期刊

阿斯耶姆·尤力瓦斯："中印巴非均衡性互补及产能合作研究"，《合作经济与科技》2020年第24期。

包益红："发展机电产品贸易 促进中印经贸合作"，《世界机电经贸信息》2003年第8期。

曾奕迪等："中印土方机械安全标准对比分析"，《大众标准化》2019年第13期。

曾铮、周茜："贸易便利化测评体系及对我国出口的影响"，《国际经贸探索》2008年第10期。

陈德洲："中国与印度农业投资合作的基本状况与完善途径"，《对外经贸实务》2018年第2期。

陈凤兰、黄梅波："中印两国制造业国际竞争力比较分析"，《亚太经济》2018年第3期。

陈富豪、朱翠萍："中印贸易发展的阻碍因素与对策研究"，《南亚东南亚研究》2020年第1期。

陈金英："印度劳动法改革及其争议"，《国际观察》2017年第6期。

陈钧浩："全球化经济的要素流动与国际贸易理论的发展方向"，《世界经济研究》2013年第11期。

参考文献

陈利君、杨凯:"'一带一路'背景下的中印产能合作",《学术探索》2016年第10期。

陈利君、杨荣静:"2016年南亚地区经济发展形势与展望",《东南亚南亚研究》2017年第1期。

陈伟光、郭晴:"中国对'一带一路'沿线国家投资的潜力估计与区位选择",《宏观经济研究》2016年第9期。

程惠芳、阮翔:"用引力模型分析中国对外直接投资的区位选择",《世界经济》2004年第11期。

代俊:"中国对印度投资现状分析",《现代商业》2019年第26期。

丁一:"到斯里兰卡投资应该知道的法律法规",《中国对外贸易》2017年第2期。

董思雁:"制造业构建动态比较优势的路径选择",《湖南科技学院学报》2016年第11期。

窦鹏鹏:"改革开放40年中国对外贸易理论的演进",《现代管理科学》2019年第2期。

杜莉:"谢皓中美货物贸易互补性强弱及性质的动态变化研究",《世界经济研究》2011年第4期。

杜玉琼"'一带一路'倡议下中国企业投资印度的法律风险及防范研究",《江海学刊》2018年第2期。

杜运苏:"中国-澳大利亚制成品贸易的实证研究",《亚太经济》2007年第2期。

高巍:"中国和印度纺织业竞争力比较与合作建议",《国际贸易》2006年第8期。

高萱:"中国与印度双向直接投资分析",《对外经贸》2020年第6期。

龚秀国、谢向伟:"中国企业对印度直接投资的决定因素研究",《商业研究》2018年第5期。

辜益娟:《中印高技术产业出口复杂度及其影响因素分析》,西南财经大学,2019年。

何莎:"中印工业制成品竞争与互补关系研究",《合作经济与科技》2012年第9期。

洪银兴:"我国经济长期持续快速增长的动力因素分析",《辽宁大学学报（哲学社会科学版）》2012年第1期。

胡凤雅："中国制造2025"与"印度国家制造政策"的战略对接研究，《经济体制改革》2017年第5期。

胡瑞："印度宗教文化对中国企业投资的影响"，《南亚研究季刊》2020年第1期。

胡颖："'贸易便利化'的学术论争与中国的改革路径"，《国际商务（对外经济贸易大学学报）》2016年第1期。

黄梅波、王珊珊："后危机时代中印相互投资的前景展望"，《南亚研究季刊》2013年第1期。

黄梅波、陈凤兰：《一带一路框架下中印贸易投资关系》，"2018-2019年南亚形势研讨会"论文及摘要，成都，2018年11月。

黄梅波、王珊珊："中国与印度相互投资的现状及前景"，《东南亚纵横》2013年第2期。

黄征学、潘彪："深入推进中国和印度经贸合作的建议"，《中国经贸导刊》2019第12期。

金缀桥、杨逢珉："中韩双边贸易现状及潜力的实证研究"，《世界经济研究》2015年1期。

孔庆峰、董虹蔚："'一带一路'国家的贸易便利化水平测算与贸易潜力研究"，《国际贸易问题》2015年第12期。

赖瑾瑜："论产业内贸易的形成机制与我国的对外贸易竞争力"，《国际贸易问题》2001年第6期。

李计广、李彦莉："中国对欧盟直接投资潜力及其影响因素——基于随机前沿模型的估计"，《国际商务——对外经济贸易大学学报》2015年第5期。

李洁："世界制造业发展趋势与中国制造业的发展对策"，《世界经济与政治论坛》2004年第3期。

李锦、王必达："国际贸易理论的新发展：一个文献综述"，《兰州商学院学报》2005年第6期。

李涛、秦卫娜："'一带一路'倡议下中印制造业产能合作——基于价值链与比较优势视角"，《南亚研究季刊》2019年第4期。

李涛、秦卫娜："'印度制造'与'中国制造'并非零和"，《环球时报》，2019年2月21日第14版。

李天泉:"中印制药业实力发展对比",《中国食品药品监管》2019年第9期。

李艳芳:"印度莫迪政府经济发展战略转型的实施、成效与前景",《南亚研究》2016年2期。

李毅中:"加快产业结构调整 促进工业转型升级",《求是》2010年第6期。

李豫新、郭颖慧:"边境贸易便利化水平对中国新疆维吾尔自治区边境贸易流量的影响——基于贸易引力模型的实证分析",《国际贸易问题》2013年第10期。

李准锡、王立杰:"石化装备企业现状及发展对策分析",《企业活力》2003年第7期。

梁榜、张建华:"对外经济开放、金融市场发展与制造业结构优化",《华中科技大学学报(社会科学版)》2018年第4期。

刘冬冬、孙利华:"中印原料药产业竞争力比较研究",《中国药事》2008年第11期。

刘祥生:"边际产业扩张理论介评及其启示",《国际贸易问题》2009年第12期。

刘小雪:"'印度制造',火得起来吗",《世界知识》2020年第15期。

刘晓冬:"中印企业应共享两国经贸合作发展机遇",《中国贸易报》2020年7月9日,第4版。

刘雪梅:"'中国造'——玉柴的理想",《中国工业报》,2004年5月31日。

刘岩:"中印相互投资的关联性研究",《商场现代化》2013年第19期。

楼春豪:"新冠肺炎疫情与印度对外战略新态势",《外交评论(外交学院学报)》2020年第5期。

楼春豪:"中印经贸合作面临的新挑战",《亚非纵横》2009年第4期。

卢岐、张曙霄:"中印两国制造业可以互利共赢",《人民日报》,2015年5月26日,第7版。

卢晓昆:"论云南与印度的贸易合作",《学术探索》2001年第5期。

鲁晓东、赵奇伟:"中国的出口潜力及其影响因素——基于随机前沿引力模型的估计",《数量经济技术经济研究》2010年第10期。

骆立刚等:"金砖国家家具领域标准化比较分析——以中国和印度为

吕赛、钟昌标："新国际关系格局下中印经贸协调与合作研究"，《印度洋经济体研究》2019年第6期。

麦丽谊等："中印仿制药出海之路对比及对我国医药国际化的启示"，《中国医药工业杂志》2018年第5期。

牛学利："'一带一路'背景下中国对印度直接投资风险的原因浅析"，《经济师》2020年第6期。

潘为华等："中国制造业转型升级发展的评价指标体系及综合指数"，《科学决策》2019年第9期。

潘怡辰、袁波、王蕊："RCEP背景下印度对中国贸易逆差及合作潜力"，《亚太经济》2021年第3期。

庞若婷、翟翠娟："'一带一路'背景下中国对亚洲国家直接投资影响因素及潜力分析"，《金融理论探索》2018年第5期。

彭蕙、亢升："'一带一路'建设与中印制造业共赢合作"，《宏观经济研究》2017年第7期。

彭沛："从上海合作组织视角看中印战略合作伙伴关系"，《学理论》2010年第33期。

任佳："金融危机背景下的中印贸易发展趋势及合作建议"，《东南亚南亚研究》2010第1期。

任佳："印度的港口导向型发展战略及其影响"，《南亚东南亚研究》2020年第2期。

任佳："中国云南与印度经济的互补性及合作潜力"，《云南社会科学》2001年第6期。

任育锋、李哲敏、李俊杰："'一带一路'倡议背景下加强中印两国农业合作的构想"，《价格月刊》2020年第3期。

申现杰："中印经贸合作：新一轮经济开放下面临的机遇"，《国际经济合作》2014年第10期。

沈铭辉、余振："APEC贸易便利化进展及变化"，《国际经济合作》2009年第2期。

盛晓白："竞争优势学说——西方国际贸易理论体系的新框架"《审计与经济研究》1998年第6期。

参考文献

宋周莺、韩梦瑶："'一带一路'背景下的中印贸易关系分析",《世界地理研究》2019年第5期。

孙红权、张晓敏："浅谈中印经贸合作现状、问题及对策",《现代商业》2015年8期。

谭秀杰、周茂荣："21世纪'海上丝绸之路'贸易潜力及其影响因素——基于随机前沿引力模型的实证研究",《国际贸易问题》2015年第2期。

汤莉："中印医药贸易合作：新挑战蕴含新机遇",《国际商报》2020年7月3日。

田丰："中印经贸合作前景展望及政策建议",《国际经济合作》2014年第10期。

田曦、柴悦："特别贸易关注视角下技术性贸易措施对我国出口贸易的影响",《国际贸易问题》2019年第3期。

涂远芬："中国双边服务贸易成本的测度及影响因素分析",《国际商务——对外经济贸易大学学报》2016年第1期。

涂庄："中国与印尼贸易互补性和竞争性研究——基于显示性比较优势指数分析",《北方经济》2012年第15期。

屠年松、朱光亚："'印度、越南制造'会取代'中国制造'吗？——GVC视角下中印越制造业国际竞争力的对比",《未来与发展》2020年第5期。

王帆、沈玉芳："中印投资环境比较研究及前景展望",《亚太经济》2007年第5期。

王丽丽："中国对印度直接投资潜力探讨",《南亚研究季刊》2006年第1期。

王丽萍、周红彬、沈云："教育国际贸易对我国高等教育的影响及对策",《西南科技大学学报（哲学社会科学版）》2003年第3期。

王伶："中国与非洲贸易的比较优势和互补性实证分析",《价格月刊》2015年第8期。

王秋红、侯雯雯："中国与其他金砖国家的贸易潜力研究",《开发研究》,2015年第6期。

王蕊、潘怡辰、朱思翘："印度对华经济脱钩的动因及影响",《国际贸易》2020年第10期。

王是业、李灿："印度贸易投资保护主义与我国对印经贸合作战略",《南亚研究季刊》2019年第2期。

王中美："全球贸易便利化的评估研究与趋势分析",《世界经济研究》2014年第3期。

温源远、李宏涛、杜譞："中印环保合作基础及政策建议分析",《环境保护》2016年第13期。

吴福象、汪丽娟："解码中国OFDI：历史轨迹、发展潜力与布局优化——基于国内国际双循环视角",《经济学家》2021年第4期。

吴琳："印度对中美竞争的认知与应对",《国际问题研究》2020年第4期。

吴杨伟、李晓丹："论贸易优势理论的当代发展",《云南财经大学学报》2020年第3期。

肖军："中国对印投资态势及影响因素",《成都大学学报（社会科学版）》2015年第5期。

谢向伟、龚秀国："'一带一路'背景下中国与印度产能合作探析",《南亚研究》2018年第4期。

杨翠柏、杨光："印度国家绿色法庭制度及其对我国的启示",《法治论坛》2020年第4期。

杨翠柏、张雪娇："印度《敌产法》的修订及对中国在印投资的影响",《南亚研究季刊》2018年第2期。

杨润宇："'一带一路'下的中印投资贸易",《中国外资》2017年第21期。

杨文武、蒲诗璐："后金融危机时代中印贸易合作研究",《西南民族大学学报（人文社科版）》2017年第2期。

杨文武、王彦、文淑惠："后金融危机时代中印投资合作研究",《南亚研究季刊》2017年第1期。

杨文武、徐菲："后危机时代中印经贸合作研究现状探析",《南亚研究季刊》2012年第4期。

殷永林："论印度土地改革的成败和影响",《思想战线》1995年第5期。

于津平："中国与东亚主要国家和地区间的比较优势与贸易互补性",《世界经济》2003年第5期。

于蕾："中印经贸关系的竞争性与互补性研究：基于竞合理论的分析",《社会科学》2012年第10期。

余贵媛、刘会红："中菲贸易合作发展研究",《现代经济信息》2018年第

23 期。

袁境:"'再工业化'战略与中印制造业发展分析",《西南金融》2016 年第 4 期。

袁利勇、王明辉:"中国对其他金砖国家出口贸易潜力测算——基于面板数据引力模型",《闽南师范大学学报(自然科学版)》2019 年第 4 期。

岳鹭:"中国企业赴印度投资的机遇与挑战分析",《对外经贸》2014 年第 4 期。

张涵冰、周健:"简评跨国公司直接投资的诱发要素组合理论",《社会科学论坛》2005 年第 4 期。

张涵冰:"简评跨国公司直接投资的诱发要素组合理论",《社会科学论坛》2005 年第 4 期。

张辉:"中国—印度混凝土搅拌站标准对比分析",《装备制造技术》2020 年第 6 期。

张慧:"'印度制造'难以取代'中国制造'?",《青年参考》2015 年 9 月 2 日第 13 版。

张家栋:"'一带一路'战略倡议现状与发展趋势",《印度洋经济体研究》2017 年第 2 期。

张雷:"后危机时代印度制造业政策调整及中国应对",《理论月刊》2015 第 6 期。

张立:"'一带一路'背景下中印安全困境的变化及应对",《南亚研究》2020 年第 3 期。

张茉楠:"全球价值链中的位置决定竞争力",《中国经贸》2013 年第 3 期。

张中华、谢进城:《投资学》,北京:中国出版社,2001 年。

中国社会科学院城市与竞争力研究中心课题组(倪鹏飞、袁匡济、康珂):"中国与印度的国家竞争力比较——《2010 国家竞争力蓝皮书》成果系列",《中国市场》2011 年第 3 期。

钟晓君、刘德学:"经典对外直接投资理论对服务业的适用性研究",《岭南学刊》2015 年第 5 期。

钟新才:"中印汽车排放标准及出口对策研究",《时代汽车》2020 年第 12 期。

钟新才:"中印汽车碰撞安全法规研究与对策",《汽车零部件》2020 年第 9 期。

周松兰:"从产业内贸易指数看中韩日制造业分工变化",《南京财经大学学报》2005 年第 1 期。

祝树金、陈艳、谢锐:"'龙象之争'与'龙象共舞'——基于出口技术结构的中印贸易关系分析",《统计研究》2009 年第 4 期。

庄媛媛、郭琼琼、常乖:"'一带一路'倡议下中国与南亚标准化合作探析",《南亚研究季刊》2018 年第 4 期。

学位论文

才凌惠:《中国出口贸易及对外直接投资潜力研究》,中南财经政法大学,2019 年。

曹红涛:《中国对外直接投资对先进制造业发展的影响研究》,武汉大学,2017 年。

查文仙:《印度的"人口红利"研究》,云南大学,2019 年。

陈富豪:《中印贸易不平衡的影响因素与对策研究》,云南财经大学,2020 年。

储玲:《中国与印度纺织品贸易竞争与合作研究》,东华大学,2007 年。

董硕:《中国区域制造业碳排放的收敛性与空间计量分析》,哈尔滨工程大学,2020 年。

高军:《黑龙江省对外贸易结构优化研究》,首都经济贸易大学,2017 年。

韩师光:《中国企业境外直接投资风险问题研究》,吉林大学,2014 年。

洪洞洞:《中印制造业产业内贸易及影响因素实证研究》,云南财经大学,2011 年。

回凤雯:《企业社会责任对制造企业竞争力的影响研究》,哈尔滨工程大学,2014 年。

贾贺敬:《金融支持中国制造业产业升级研究——基于金融规模–结构–效率的视角》,天津财经大学,2019 年。

金冥羽:《南亚国家贸易便利化水平的测算及其对中国的影响》,四川大学,2019 年。

孔令岩:《中印汽车制造业产业内贸易发展问题探讨》,山西财经大学,

2006年。

李晨:《中国与丝绸之路经济带六国贸易竞争性与互补性研究》,河南大学。

李静:《中印制造业产业内贸易及影响因素研究——基于引力模型》,云南财经大学,2020年。

李启迪:《产业全球化下中印制造业发展研究》,四川大学,2008年。

李松虹:《中国与印度间投资障碍的制度经济学分析》,云南大学,2015年。

李晓欢:《我国文化产品产业内贸易的影响因素及对策研究》,南昌大学,2014年。

刘岩:《中印双边对外直接投资问题研究》,河北大学,2014年。

罗建:《21世纪以来中印双边直接投资研究》,四川大学,2021年。

马梦婧:《南亚国家投资便利化及其对中国对南亚直接投资的影响研究》,四川大学,2019年。

马文霞:《中印贸易失衡的特征、原因及对策研究》,云南大学,2016年。

孟建:《武汉市制造业的空间分布及变化》,华中师范大学,2012年。

苗玲:《产业内贸易与产业间贸易的环境效应比较研究——基于中国工业行业的实证分析》,南京农业大学,2010年。

牛志信:《贸易利益冲突视角下的印度对华贸易保护预测及应对研究》,河北大学,2021年。

秦卫娜:《中印制造业互补性与竞争性研究》,四川大学,2017年。

任同莲:《中印制造业出口复杂度及其影响因素的比较研究》,云南师范大学。

汪长炳:《中国制造业升级对收入分配的影响问题研究》,华中师范大学,2020年。

王常凯:《中国制造业新型化动态特征及收敛性研究》,东南大学,2015年。

王丹丹:《中印贸易竞争力分析》,延边大学,2017年。

吴冬冬:《中美电子类产品产业内贸易影响因素实证研究》,辽宁大学,2016年。

吴沁:《中国与"一带一路"国家贸易潜力研究》,南京大学,2016年。

徐清:《金融发展、生产率与中国企业对外直接投资》,南开大学,2014年。

于纯容:《产品生命周期理论与雁形发展模式之比较》,首都经济贸易大学,2006年。

张可可:《美国"印太"战略背景下的中印关系研究》,辽宁大学,2020年。

张芊芊:《中国制造业"新型化"及其驱动因素研究》,东南大学,2016年,第22页。

张颖:《中国制造业的区域格局及其演变》,云南财经大学,2019年。

赵伟东:《"一带一路"下中国企业对印度投资的困境及对策研究》,河北大学,2019年。

赵雅文:《"一带一路"背景下中国与其他金砖国家贸易合作研究》,陕西师范大学,2018年。

周水洁:《中国对其他金砖国家出口贸易潜力研究》,辽宁大学,2017年。

网络文献

"2008年宏观经济政策重大调整:审时度势 果断决策",中国政府网,2008年12月08日,http://www.gov.cn/jrzg/2008-12/08/content_1171885.htm。

"百年瞬间丨习近平首提'一带一路'重大倡议",央视新闻,2021年2月1日,http://m.news.cctv.com/2021/01/31/ARTIqeAE7xxsh9Lm6XqVUIVi210131.shtml。

"复星医药并购格兰德制药——药企牵手,创造中印优势产业合作典范",人民网,2018年5月24日,http://world.people.com.cn/n1/2018/0524/c1002-30009498.html。

"国务院关于鼓励外商投资的规定",中国政府网,1986年10月11日,http://www.gov.cn/zhengce/2020-12/25/content_5574119.htm。

"蒋耀平:中印贸易不平衡主要是由经济结构差异造成",新华网,2013年5月17日,http://world.xinhua08.com/a/20130517/1174562.shtml。

"面对中印边境冲突,中国如何做好危机管理",澎湃新闻,2020年6月18日,参见 https://www.thepaper.cn/newsDetail_forward_7896509_1。

参考文献

"日澳印建供应链联盟 全球打响供应链争夺战？"，欧洲时报网，2020年9月4日，http://www.oushinet.com/china/eiec/20200904/362232.html。

"外交部长：外交部将为中国企业'走出去'牵线搭台"，中国政府网，2015年4月28日，http://www.gov.cn/xinwen/2015-04/28/content_2854620.htm。

"外媒：中国重新成为印度最大贸易伙伴，且为最大贸易逆差来源"，环球网，2021年2月23日，https://baijiahao.baidu.com/s?id=1692469095994860612&wfr=spider&for=pc。

"外媒：中印搁置争端、促进贸易增长符合两国共同利益"，中国日报网，2014年8月8日，http://world.chinadaily.com.cn/2014-08/08/content_18273071.htm。

"西部战区发言人张水利大校就中印边防人员位加勒万河谷地区冲突发表声明"，中国军网，2020年6月16日，http://www.81.cn/jmywyl/2020-06/16/content_9836202.htm。

"西普拉与江苏创诺成立合资企业"，美通社，2019年7月18日，https://www.prnasia.com/story/252056-1.shtml。

"印度国家战略力挺制造业"，中华人民共和国驻印大使馆，2006年4月19日，https://www.fmprc.gov.cn/ce/cein/chn/jjmy/jmxw/t247289.htm。

"印度收紧领土接壤国外国直接投资规则"，中国贸易资讯网，2020年4月21日，http://www.tradeinvest.cn/information/5738/detail。

"质检总局关于印度修订进口玩具政策的警示通告"，原国家质检总局检验监管司网站，2017年9月25日 http://jyjgs.aqsiq.gov.cn/wjgg/zjwj/201709/t20170927_498625.htm。

"中华人民共和国和印度共和国关系原则和全面合作的宣言"，中国政府网，2003年6月23日，http://www.gov.cn/gongbao/content/2003/content_62251.htm。

"中印制造业合作潜力巨大"，中国贸易新闻网，2019年10月22日，http://www.ccpit.org/Contents/Channel_4117/2019/1022/1213393/content_1213393.htm。

"驻印度大使孙卫东接受印度报业托拉斯专访谈中印加勒万河谷事件"，中国驻印大使馆，2020年6月25日，http://in.china-embassy.org/chn/

sgxw/t1792379.htm。

"制造业",百度百科,2021年9月14日,https://baike.baidu.com/item/%E5%88%B6%E9%80%A0%E4%B8%9A/523699?fr=aladdin。

蔡一飞:"中国生产力'磁铁'效应 印度重工巨头扎堆中国",2004年9月1日,http:finance.sina.com.cn/g/20040901/0757990675.shtml。

"2017国民经济行业分类注释(网络版)",国家统计局,2018年9月30日,http://www.stats.gov.cn/tjsj/tjbz/201809/P020181204357029428548.pdf。

"跨境贸易",世界银行,http://chinese.doingbusiness.org/zh/methodology/trading-across-borders。

王海霞:"莫迪着力打造'印度世纪'",北京周报网,2016年1月11日,http://www.beijingreview.com.cn/shishi/201601/t20160111_800046435.html。

"中华人民共和国政府和印度共和国政府关于促进和保护投资的协定",一带一路法治地图,2006年11月21日,http://qhsk.sz.gov.cn/qhbr/treaty/detail/60。

"中印产能合作面临'天时、地利、人和'良机——驻印度大使乐玉成在'莫迪访华助推中印产能合作'研讨会上的讲话",中国外交部,2015年6月11日,https://www.fmprc.gov.cn/web/gjhdq_676201/gj_676203/yz_676205/1206_677220/1206x2_677240/t1272226.shtml。

英文文献

著作

Bureau of Indian Standards, *Annual Report 2016-17*, New Delhi: BIS, 2017.

India Brand Equity Foundation, *Indian Manufacturing Sector In India Industry Report*, 2019, https://www.ibef.org/industry/manufactur-presentation.

International Monetary Fund, *World Economic Outlook: Too Slow for Too*

Long, Washington, DC: International Monetary Fund, 2016.

Kojima K., *Direct foreign investment: A Japanese model of multinational business operations*, London: Croom Helm, 1978.

National Crime Investigation Bureau, *Labour Laws in India*, https://ncib.in/pdf/ncib_pdf/Labour%20Act.pdf.

United Nations Industrial Development Organization, *International Yearbook of Industrial Statistics 2014*, Cheltenham: Edward Elgar Publishing Limited, Northampton: Edward Elgar Publishing, Inc, 2014.

World Bank, *Doing Business 2020: Comparing Business Regulation in 190 Economies*. Washington, DC: World Bank, 2020.

期刊

"Modi Turns to the Supply Side", *The Wall Street Journal*, 12 June 2014.

Amita Batra, "India's Global Trade Potential: The Gravity Model Approach", *Global Economic Review*, Vol. 35, No. 3, 2006.

Amitendu Palit, Shounkie Nawani, "India–China Trade: Expliaining the Imbalance", *ISAS working Paper*, No.95.

Chuanwang Sun, Tiemeng Ma, and Meilian Xu, "Exploring the prospects of cooperation in the manufacturing industries between India and China: A perspective of embodied energy in India-China trade(Article)", *Energy Policy*, Vol.113, 2018.

Claire Jones, "Growth in manufacturing activity fuels global recovery hopes", *Financial Times*, 3 January 2014.

D. Aigner, C.A.K. Lovell, and P. Schmidt, "Formulation and Estimation of Stochastic Frontier ProductionFunction Models," *Journal of Econometrics*, No. 6, 1977.

David Hummels, "Toward Geography of Trade Costs", *GTAP Working Paper*, Mimeo Purdue University, 2001.

David Hummels, "Transportation Costs and International Trade in the Second Era of Globalization", *Journal of Economic Perspectives*, 2007.

Deep K. Datta-Ray, "Sino-India trade relations: understanding the bilateral and regional implications", *ISAS Brief*, No.46.

Dennis Novy, "Gravity Redux: Measuring International Trade Costs with Panel Data", *Economic Inquiry*, Vol. 51, No. 1.

Dennis Novy, "Is the Iceberg Less Quickly?", *International Trade Costs after World War II, Working Paper.*, University of Warwick, 2006.

Ghulam Ali, "The Russia-Sino-Indo Triangle: Retrospect and Prospect", *IPRI Journal*, Vol. 6, No.1, Winter 2006.

Hualin Pu and Ting Li, "A Cross-Countries Research on the Duration of Export Trade Relationships in Manufacturing Industry", *American Journal of Industrial and Business Management*, No.4, 2018.

James E. Anderson, Eric van Wincoop, "Gravity with Gravitas: A Solution to the Border Puzzle", *American Economic Review*, Vol. 93, No. 1, March 2003.

James E. Anderson, Eric van Wincoop, "Trade Costs", *Journal of Economics Literature*, 2004.

John S. Wilson, Catherine L. Mann, and Tsunehiro Otsuki, "Trade Facilitation and Economic Development: A New Approach to Quantifying the Impact", *The World Bank Economic Review*, Vol.17, No.3.

Kangkang Li, "China and India Trade Competition and Complementary: Analysis of the 'Belt and Road' Background", *Modern Economy*, No.7, 2018.

Lucio Castro, Marcelo Olarreaga, Daniel Saslavsky, "The Impact of Trade with China and India on Argentina's Manufacturing Employment", *World Bank Policy Research Working Paper No. 4153*, March 2007.

Rizvi, Syed Zia Abbas, and Muhammad Nishat, "The Impact of Foreign Direct Investment on Employment Opportunities: Panel Data Analysis: Empirical Evidence from Pakistan, India and China," *The Pakistan Development Review*, Vol.48, No.4, 2009.

Shang-Jin Wei, "Intra-National versus International Trade: How Stubborn are Nations in Global Integration?" *NBER Working Paper No. 5531*, 1996.

Shiro Armstrong, "Measuring Trade and Trade Potential: A Survey," *Asia Pacific Economic Papers*, No. 368, 2007.

Silvio Beretta and Renata Targetti Lenti, "India and China: Trading with the World and Each Other", *Economic and Political Weekly*, Vol. 47, No. 44, November 2012.

W. Meeusen, J. van den Broeck, "Efficiency Estimation from Cobb-Douglas Production Functions with Composed Error," *International Economic Review*, Vol. 18, No. 2, 1977.

Yanrui Wu, Zhangyue Zhou, "Changing bilateral trade between China and India", *Journal of Asian Economics*, Vol. 17, No. 3, June 2006.

网络文献

"Consolidated FDI Policy Circular of 2020", 15 October 2020, https://dipp.gov.in/sites/default/files/FDI-PolicyCircular-2020-29October2020.pdf.

"CS (OS) 46/2019, I.As. 1235/2019 & 1238/2019", 29 January 2019, http://lobis.nic.in/ddir/dhc/PMS/judgement/29-01-2019/PMS29012019S462019.pdf.

"CS(OS) 383/2017 & I.A.No.9460/2017", 7 May 2018, http://lobis.nic.in/ddir/dhc/MMH/judgement/07-05-2018/MMH07052018S3832017.pdf.

"Foreign Exchange Management (Debt Instruments) Regulations, 2019", 17 October 2020, https://taxguru.in/rbi/foreign-exchange-management-debt-instruments-regulations-2019.html.

"Foreign Exchange Management (Non-debt Instruments) Rules, 2019", 17 October 2019, https://taxguru.in/rbi/foreign-exchange-management-non-debt-instruments-rules-2019.html.

"Government amends the extant FDI policy for curbing opportunistic takeovers/acquisitions of Indian companies due to the current COVID-19 pandemic", 18 April 2020, https://pib.gov.in/PressReleasePage.aspx?PRID=1615711.

"Government of India Ministry of Commerce & Industry Department for Promotion of Industry and Internal Trade FDI Policy Section", DIPP, April

2020, https://dipp.gov.in/sites/default/files/pn3_2020.pdf.

"Import, Export and SCOMET Policy", Directorate General of Foreign Trade, Ministry of Commerce and Industry, Government of India, https://www.dgft.gov.in/CP/?opt=itchs-import-export.

"India pharmaceuticals- a formula for success", Invest India, https://www.investindia.gov.in/sector/pharmaceuticals.

"Land acquisition major impediment for investing in India: China", The Economic Times, 10 June 2015, https://economictimes.indiatimes.com/news/economy/policy/land-acquisition-major-impediment-for-investing-in-india-china/articleshow/47617034.cms?utm_source=contentofinterest&utm_medium=text&utm_campaign=cppst.

"Remission of Duties and Taxes on Exported Products (RoDTEP) Scheme gets implemented from 01.01.2021", 31 December 2020, https://webdata.khaitanco.com/forkcoweb/Mumbai/Ergo27082021/PIB1January2021announcement.pdf.

"Restrictions on Public Procurement from certain countries", 23 July 2020, https://pib.gov.in/PressReleasePage.aspx?PRID=1640778.

"Review of Foreign Direct Investment (FDI) policy for curbing opportunistic takeovers/acquisitions of Indian companies due to the current COVID-19 pandemic, Press Note No. 3(2020 Series)", 17 April 2020, https://dipp.gov.in/sites/default/files/pn3_2020.pdf.

"Standard Operating Procedure (SOP) for Processing FDI Proposals", 9 November 2020, https://fifp.gov.in/Forms/SOP.pdf.

"The Finance Act, 2015", 14 May 2015, https://www.sebi.gov.in/db165382-a8d3-4ec3-a61c-1a67afa23442.

"The Personal Data Protection Bill, 2019. Bill", No. 373 of 2019, http://164.100.47.4/BillsTexts/LSBillTexts/Asintroduced/373_2019_LS_Eng.pdf.

Aditya Kalra, Chandini Monnappa, "India raises import taxes in move set to spook some foreign firms", 1 February 2020, https://www.reuters.com/article/us-india-budget-import-taxes-idUSKBN1ZV3OD.

参考文献

Amit Agrahari, "What holds China back from waging war on India? The Enemy Property Act. And the fear is real", 2 July 2020, https://tfipost.com/2020/07/what-holds-china-back-from-waging-war-on-india-the-enemy-property-act-and-the-fear-is-real/.

Anwarul Hoda, "Land use and Land Acquisition laws in India", ICRIER Working Paper, July 2018, http://icrier.org/pdf/Working_Paper_361.pdf.

Devashish Mitra, "how India labour regulations affect manufacturing in India", 18 March 2018, https://www.livemint.com/Opinion/53blF1v8tQKSap-0crJ9YxL/How-labour-regulations-affect-manufacturing-in-India.html.

Government of India Ministry of Commerce & Industry, "National Manufacturing Policy", 25 October 2011, http://commerce.nic.in/writereaddata/pressrelease/National_Manfacruring_Policy2011.pdf.

Namita Wahi, "Understanding Land Conflict in India and Suggestions for Reform", 26 June 2019, https://cprindia.org/news/understanding-land-conflict-india-and-suggestions-reform.

Nayanima Basu, "Foreign firms have to follow India's rules pertaining to data security and privacy: MEA", 2 July 2020, https://theprint.in/india/foreign-firms-have-to-follow-indias-rules-pertaining-to-data-security-and-privacy-mea/453466/.

Parveen Arora, Shloka Vaidialingam, "India: Setting Up New Factories In India – Legal And Land Issues", 20 November 2020, https://www.mondaq.com/india/corporate-and-company-law/1007962/setting-up-new-factories-in-india-legal-and-land-issues.

Rajat Dhawan, Gautam Swaroop, and Adil Zainulbhai, "Fulfilling the promise of India's manufacturing sector", https://www.mckinsey.com/business-functions/operations/our-insights/fulfilling-the-promise-of-indias-manufacturing-sector.

Remya Nair, "Govt revises FDI policy over fears of Chinese takeover of Indian firms amid Covid-19 crisis", 18 April 2020, https://theprint.in/economy/govt-revises-fdi-policy-overs-fears-of-chinese-takeover-of-indian-firms-amid-covid-19-crisis/404438/.

Ristina Maza, "Tech giants eye India. Can it compete with China's manufacturing industry?", Christian Science Monitor, 10 August 2015, https://www.csmonitor.com/Business/2015/0810/Tech-giants-eye-India.-Can-it-compete-with-China-s-manufacturing-industry.

Ristina Maza, "Tech giants eye India. Can it compete with China's manufacturing industry?", Christian Science Monitor, 10 August 2015, https://www.csmonitor.com/Business/2015/0810/Tech-giants-eye-India.-Can-it-compete-with-China-s-manufacturing-industry.

Sarmistha Pal, Prabal Roy, Chowdhury Zoya Saher, "Land Ceiling Legislations, Land Acquisition and De-industrialisation: Theory and Evidence from the Indian States", July 2021, https://ftp.iza.org/dp14624.pdf.

Sarmistha Pal, Zoya Saher, "An Unintended Consequence of Historical Land Ceiling Legislations: Impact on Land Acquisition and Corporate Investment in India", 15 April 2017, https://ssrn.com/abstract=2953427.

Simon Weber, "What Happened to Investment Arbitration In India?", 27 March 2021, http://arbitrationblog.kluwerarbitration.com/2021/03/27/what-happened-to-investment-arbitration-in-india/.

Sulekha Kaul, "India: A Brief Guide To Labour And Industrial Laws Of India", 22 September 2017, https://www.mondaq.com/india/employee-rights-labour-relations/631074/a-brief-guide-to-labour-and-industrial-laws-of-india.

WTO, "Trade facilitation", https://www.wto.org/english/tratop_e/tradfa_e/tradfa_e.htm#II.

后记

作为全球重大公共卫生突发事件——新冠肺炎疫情,不仅极大地威胁着人民群众的生命健康,还通过全球制造业供应链条各个环节产生负面涟漪效应,进而对全球范围的制造产业内部及各行业之间产生广泛而又深刻的影响,并进一步将制造业供给端受到的限制逐渐传递到制造业需求端,导致全球制造业产业链的所有环节,包括制造业原材料生产、加工制造到物流运输和销售等都受到了前所未有的冲击和破坏。中国与印度两国的制造业也不例外,尤其是印度受到新冠肺炎疫情的影响更为严重。印度制造业想要取代中国,并企图与中国"脱钩"以及积极配合美国推动全球产业链"去中国化"的行为都将成为梦幻。事实上,中印经贸关系没有受到新冠肺炎疫情以及中印边界等事件特别严重的影响,2020年中国重新成为印度最大贸易伙伴,中印制造业贸易与投资合作成为中印经贸关系的最为重要的组成部分。为此,中印建立"制造业伙伴关系",鼓励双方在具有潜力的领域相互投资,进一步挖掘两国制造业合作潜力,必将成为中印国际商务和国际贸易合作的新推力。

正是在这种背景下,本著作是在作者硕士研究生阶段所取得的前期研究成果基础上,进一步收集、整理与扩充了大量的国内外相关文献资料,以及部分作者在攻读博士学位期间进一步研究与探索的集体智慧的结晶。

本书由肖进杰负责篇章结构的设计和组织协调工作,其中各章节及其撰写人员分别如下:

绪论(肖进杰)

第一章　核心概念及理论基础(肖进杰,罗建)

第二章　中印制造业贸易与投资合作现状(肖进杰,罗建)

第三章　中印制造业贸易与投资便利化——基于南亚国家面板数据的测算与实证(金冥羽,马梦婧)

第四章　中印制造业贸易与投资合作面临的机遇(肖进杰,罗建)

第五章　中印制造业贸易与投资合作面临的挑战（肖进杰，梁淋渊，张雪娇）

第六章　中印制造业贸易与投资合作潜力实证分析（梁淋渊，肖进杰）

第七章　中印制造业贸易与投资合作的对策建议（梁淋渊，肖进杰，罗建）

参考文献（梁淋渊）

另外，该书写作过程中得到了四川大学经济学院导师马德功教授、南亚研究所曾祥裕副教授、李建军副教授等老师的大力支持与帮助，在此深表谢意！

中印制造业贸易与投资合作潜力巨大，但真正建立"制造业伙伴关系"还任重而道远。与此同时，充分揭示与研判中印制造业贸易与投资合作与发展的基本规律，还需进一步将理论与实践相结合，进一步展开调研并拓展学术空间与理论研究维度，并提出可供参考的咨询决策建议。

最后，限于部分资料难以获得和作者研究水平及能力，我们也深感本书相关研究成果存在不足之处，敬请广大读者批评指正。

作者

2021年11月于四川大学经济学院